Hartwig Schiller

DIE SUCHE NACH DEM UNVERLORENEN

Hartwig Schiller

Die Suche nach dem Unverlorenen

Von der Gegenwart des Christus in der Wirklichkeit

Verlag Freies Geistesleben

1. Auflage 2011

Verlag Freies Geistesleben
Landhausstraße 82, 70190 Stuttgart
Internet: www.geistesleben.com

ISBN 978-3-7725-2481-3

Abbildung Umschlag: Renate Schiller
Gestaltung & Satz: Patricia Hagel
Druck & Bindung: DZA Druckerei zu Altenburg GmbH
Printed in Germany

Inhalt

Wohin soll ich mich wenden?

Die Welt erscheint zerrissen und bedroht. Einerseits ziehen Ausstellungen großer Künstler, archäologische Befunde, bedeutende Konzerte und Mitteilungen ungewöhnlicher Menschen ein großes Publikum an. Opfer von Naturkatastrophen erfahren unerwartete Hilfe, das ökologische Gewissen ist weltweit bleibend erwacht. Andererseits prägt allgegenwärtiger Kampf das Bild der Berichterstattung vom lokalen Kreisblatt bis zum weltweiten Ganzen. Beobachter beschreiben einen Kampf der Kulturen, der Religionen, der Systeme, Organisationen, der Reichen und Armen oder eines Jeden gegen Jeden.

Alte Sinnstiftungen gehen verloren, Fundamentalismen und Nihilismen treten an ihre Stelle, Dogmen sind zu individuell-kollektivem Wahn ohne Überzeugungskraft verkommen. Inszenierungen der Nichtigkeit sind allgegenwärtig. Kommunikationstechnologie macht jeden für jeden allzeit verfügbar. Ein neues Esperanto wird weltweit geübt: Alle sagen sich etwas, ohne etwas zu sagen.

Der Einzelne fühlt sich in diesem Spiel ohnmächtig und brutalisiert zugleich. Small is beautiful und spielt keine Rolle, das Individuum fühlt sich wie Gulliver unter den Riesen. Wohin soll ich schauen?

Unter der Oberfläche rumort es seit der Mitte des 19. Jahrhunderts. Eine ständig zunehmende Anzahl Suchender ringt darum, der Blendung durch Zerstreuung und Leere zu widerstehen. An die Stelle von Macht durch Technik, von Berechenbarkeit und Nützlichkeit setzen sie die Suche nach dem Menschsein. Sie arbeiten nicht «gegen» etwas, denn ihre

Suche ist «auf» das Menschentum, «nach» dem Sinnzusammenhang gerichtet. Auf diesem Weg machen sie Fortschritt über Fortschritt. Der Mainstream mag davon keine Notiz nehmen, sie finden dennoch einen Zugang zu der inneren, geistigen Welt, die in den Erscheinungen verborgen liegt und künden davon in neuen Formen der Kunst, spiritualisiertem Denken und menschenwürdigem Handeln. Sie bemerken das Unverlorene ihres Menschentums und machen die geistige Erfahrung, dass sie in ihrer Suche nicht allein sind. Vielmehr kommt ihnen etwas entgegen, das dem Wesen dieser Suche entspricht. Der Geist der Menschlichkeit, nach dem der Mensch sucht, beginnt sich ihm dort zu offenbaren, wo er ehrlich, rückhaltlos und wahrhaftig sucht. Das Unverlorene tritt ihm als Helfer zur Seite.

Diese Erfahrungswelt ist kein Stoff für Teegesellschaften, Zyniker oder Spötter. Es ist die nackte Lebenserfahrung von Menschen, die in ihrer inneren Suche aufs Ganze gehen und sich nicht mit bequemen Zuschauerpositionen begnügen. Das Fin de Siècle hat eine beeindruckende Vielzahl solcher Getriebener, besser: Treibender, hervorgebracht. Es sind Sucher nach dem Geist, die an Grenzerfahrungen herankamen und ein Zukunftsprojekt der Menschwerdung begannen, das auf weite Zukunft angelegt ist. Eine vielgestaltige Suche nach Spiritualität bestimmte diese Epoche. Das meiste war Anfang, vieles blieb unerfüllt.

Eine hervorragende und fragwürdige Rolle zugleich spielte dabei die Theosophische Gesellschaft. Ambivalent in Formen und Inhalt, gab sie der Geistsuche eine erste konkrete Gestalt und ruinierte das Geschaffene sogleich wieder durch Ambitionen und Machination. Sie wollte das gemeinsam Gültige in allen Religionen anerkennen und verfiel doch modischer Parteilichkeit. Statt das geistig Gemeinsame zu identifizieren und wesenhaft zu pflegen, verfiel sie in einen dekorativen Nominalismus alter spiritueller Überlieferungen. Als die europäische

Menschheit sich an diesem Projekt zu beteiligen begann und die Frage nach dem Christus virulent wurde, bemühte sie eine diffuse Reinkarnationslehre, um die aus dem Osten assimilierten Theoreme nicht zu riskieren. Schließlich wurde dem verblüfften Publikum eine physische Wiedergeburt des Christus präsentiert, welche den Aufbau der Theosophischen Gesellschaft weltweit innerhalb weniger Jahre zerstörte.

Der sogenannte «Krishnamurti-Skandal» macht dabei auf ein anhaltendes Problem aufmerksam, das über die theologische Interpretation der «Wiederkunft Christi» hinausgeht. Innerhalb der Theosophischen Gesellschaft war es Rudolf Steiner, der ohne zu zögern direkt und entschieden Stellung bezog, indem er darlegte inwiefern eine physische Wiederkunft des Christus nicht nur unmöglich und irrig ist, sondern zugleich den Hinweis auf ein ganz und gar unverstandenes «Christentum» gibt. In einer großen Zahl mündlicher und schriftlicher Darstellungen wurden diese Zusammenhänge schließlich ausgeführt.

Dabei wurde auf die in der Gegenwart erfahrbare Wirksamkeit des Christus-Wesens im «Ätherischen» hingewiesen. Zugleich wurde vor «falschen Propheten» gewarnt, die zahlreich auftreten würden, um eine möglichst stark in den Bereich physischer Vorstellungen verzerrte Auffassung vom Christus-Wesen hervorzurufen. Zeitgleich werde beides um das Jahr 1933 herum verstärkt zur Erscheinung kommen. Die Geschichte hat die eine Seite dieser Angaben inzwischen auf schrecklichste Weise bestätigt. Für die andere, die sich im übersinnlich Ätherischen abspielende Erfahrung, fehlt es noch immer an ausreichendem Beurteilungs- und Erfahrungsvermögen. Den falschen Propheten ist nach wie vor Tür und Tor geöffnet.

Insbesondere die Anthroposophische Gesellschaft ist aufgefordert, diese Thematik zum Gegenstand ihrer Forschung und Selbsterforschung zu machen. Die Geschichte der Theosophischen Gesellschaft ist, wenn auch in zum Teil komplementärem

Verhältnis, ein Teil anthroposophischer Gesellschaftsgeschichte und gehört aufgearbeitet. An den Ereignissen um Krishnamurti kann sich der geistige Blick schulen und die Urteilsfähigkeit schärfen, um künftigen Versuchungen zu wiederstehen, die mit großer Sicherheit auftreten werden.

Damit würde zugleich etwas geleistet, was weit über die Grenzen der Anthroposophischen Gesellschaft hinausgeht. Denn eine verstehende Annäherung an die Christus-Wesenheit legt die Unterscheidung nahe zwischen dem, was in der Welt heute weitgehend als westliche Ideologie aufgefasst wird und dem, was als echtes Christentum bezeichnet werden kann. Dieses Christentum kommt ohne theologische Nomenklatur aus und gewinnt sein Leben aus der Wirklichkeit wahrer Menschlichkeit. Pfarrer als Kirchenbeamte und Klerus als Verwaltungshierarchien sind zur Verwirklichung einer solchen Christlichkeit ebenso wenig notwendig wie dogmatische Glaubensvorschrift und erkenntnisfeindliche Gehorsamsdoktrin.

Ein solches Christentum müsste seine Inhalte nicht wie ein politisches Parteiprogramm in die Welt posaunen, würde andere Auffassungen nicht um der eigenen Einflusssphäre willen verunglimpfen und nicht um weltliche Macht kämpfen. Es würde vielmehr im Stillen wirken, die Verständigung mit allem suchen, das sich gleichfalls rein für Entwicklung des Menschlichen einsetzt und entscheidend gegen jene Prophezeiung anarbeiten, die Samuel P. Huntington in seinem Buch *Kampf der Kulturen* verkündet hat.[1]

Zu den inneren Wegen dieses Strebens gehört das Bemühen, den Christus-Geist in das geistige Leben aufzunehmen. Eine Vielfalt von Wegen und Zugängen steht dafür offen. Sie gehen weit über das hinaus, auf was sich die Auffassung vom Religiösen in der Neuzeit verengt hat. So akzeptieren sie zum Beispiel die willkürliche Trennung zwischen den Kulturgebieten von Wissenschaft, Kunst und Religion nicht. Vielmehr erkennen sie überall Anknüpfungspunkte, um die Auffassung von der Christus-Wesenheit zu erweitern. Das Verständnis für Entwicklung, das Wesen der Zeit, von Rhythmus und Lebensgestaltung können dabei ebenso wichtige Themen sein wie die Fragen nach dem «Woher» und «Wohin» des Menschen, die Gesetzmäßigkeiten des Lebenslaufes und die Grenzerfahrungen von Leben und Tod.

In einer größeren Dimension gehören zu dem Umkreis dieser Thematik aber auch die geistesgeschichtlichen Perspektiven der Mysteriengeschichte mit ihren unterschiedlichen Menschheitsströmen. Im Norden Europas haben sich ganz andere Erfahrungen und Zugänge zum Christus-Wesen entwickelt als im Süden. Die Kenntnis solcher Perspektiven mit ihren unterschiedlichen geistigen Wegen erscheinen zur Entwicklung eines zukünftigen Christentums unerlässlich.

Sie eröffnen den Blick auf die Entwicklung des inneren Menschen selbst und zeigen, welche Zusammenhänge zwischen dem wirkenden Christus und der Evolution des Menschen bestehen. Unausweichlich wird der Blick auf das Menschenwesen dabei intimer und meditativer. Was in den Blick kommt, geht ihn etwas an. Selbsterkenntnis wird zu einer eingreifenden Erfahrung von Tiefe und Grenzen des Seelenlebens. Dabei tritt eine paradoxe Erfahrung auf. Schmerzhafte Erlebnisse des Gegenwartsmenschen sind Einsamkeit, Isolation und Fremdheit. Selbsterkenntnis stürzt den Übenden unvermeidlich in diesen Abgrund. Wer einmal in diesen Abgrund geschaut hat, kennt aber auch jene Wege, die sich nur durch die Überwindung von Eitelkeit und Illusion auftun. Unversehens ergibt sich eine Brücke vom Einzelnen in die Welt. Welterkenntnis und Selbsterkenntnis gewinnen Kongruenzen.

Unerlässlich für diesen Weg ist die Entwicklung des Denkens. Das jedoch scheint jeder zu kennen ohne Genaueres von ihm zu wissen. Es gilt das Denken zu einem inneren Anschauen zu entwickeln und zu einem Instrument auszubilden, das den Zugang für geistige Erfahrung eröffnet. Dadurch wird ein veränderter

Blick auf die eigene Wirklichkeit möglich und auf dem Gebiet der Seelenfähigkeiten die Überwindung der Fixierung auf das eigene Selbst. Das Selbst wird zum Ort einer Umstülpung von inneren zu äußeren Erfahrungen und umgekehrt. Ich und Welt treten in ein atmendes Verhältnis zueinander.

Seelisch-geistige Hygiene ist eine unabdingbare Voraussetzung solcher Prozesse, die zugleich ein eigenes, wichtiges Erfahrungsfeld darstellen. Zu ihnen gehören ein gesundes Leben in der Sinnessphäre ebenso wie ein harmonischer geistiger Atmungsprozess zwischen eigenem Innenleben und Anregungen von außen. Innere und äußere Welt treten in ein intimes Wechselverhältnis.

Der Zusammenhang des Ich mit den Seelenfähigkeiten von Denken, Fühlen und Wollen und deren Entwicklung spielen für die geistige Wahrnehmung eine entscheidende Rolle. Sie schafft die Möglichkeit zur Ausbildung eines geistigen Gleichgewichtes, das den Menschen im spirituellen Bereich erst handlungsfähig macht.

Der in diesem Buch beschriebene Weg ist begleitet von Erfolgen und Niederlagen, von tiefster Ohnmacht und unerwarteten Durchbrüchen. Dieses vor sich und vor der Welt und seinen Mitmenschen anzunehmen und zu ertragen, gehört zu den grundlegendsten Erfahrungen des Menschen im Verhältnis zu seiner Umwelt. Sie konturieren den Menschen als Individuum und seine Stellung in der Gesellschaft. Letztlich kann sich dadurch das Erleben einstellen, dass individueller Mensch und Gesellschaft keine sich getrennt gegenüberstehenden Gegensätze sind. Die Gesellschaft wird da zunehmend als ausgebreiteter großer Mensch erlebt, der das Einzelne, Besondere einschließt und selbst eine Entwicklung zum Menschentum durchläuft.

Der Mensch ist nicht allein. Seine Begleitung erkennt er aber erst, wenn er sich zu ihr hin erweckt. Solche Erfahrungen konkreter, realistischer und deutlicher zu bekommen, ist das

Anliegen dieses Buches. Es möchte für das Gebiet ätherischen Erlebens in der Lebenssphäre des Menschheitsgeistes sensibilisieren und zugleich auf den Ort weisen, von dem aus die Zuwendung tiefsten Menschseins geschieht.

Daher sind der neuen Christus-Erfahrung Propheten fremd, die an ihrem Beispiel auf Erreichtes, Fertiges, Bewundernswertes hinweisen und damit zugleich Bedeutung erheischen möchten. Die neue Christus-Begegnung lebt aus dem Mitwirken, dem Mitschaffen. Das Schaffen wird wesentlicher als das Geschaffte. Begegnung ist eine Bewegung aufeinander zu. Eine einseitige Bewegung aus nur einer Richtung entspricht einem überholten Gnadenbild, das dem Menschen die Bequemlichkeit einer Zuschauerrolle suggeriert und für Theaterinhaber, Vorführer oder Platzanweiser zahlreiche einträgliche Einnahmequellen schafft. Lehren kann nur mehr ein Ermöglichen sein, die Zeit des Belehrens ist vorüber.

Die Wirklichkeit der Christus-Begegnung erweist sich dabei als etwas nicht Abgeschlossenes. Diese Wirklichkeit ist nicht fix und fertig, um sich dem Menschen als dankbarem Zuschauer und geistreichen Kommentator zu präsentieren. Wirklichkeit entsteht fortwährend. Sie wird fortwährend geschaffen. Das sagt schon das Wort selbst. Es weist auf Gewirktes hin, das durch Wirkendes entsteht, im Entstehen begriffen ist. Entstehendes, wirkendes Gewebe – das ist Wirklichkeit. Sie entsteht nicht ohne den Menschen. Vielmehr kommt dem Menschen eine aktive Rolle bei ihrem Entstehen zu. Er ist Wirkender in diesem Geschehen.

Ende und Übergang

Der Übergang in ein neues Jahrhundert bedeutet mehr als nur einen markanten Punkt im dezimalen Zahlensystem. Er wirft Fragen nach dem «Woher?» und «Wohin?» auf und lenkt den Blick auf Ursachen und Tendenzen der Entwicklung von Mensch und Welt. Er ist verbunden mit Unsicherheiten und Ängsten, Hoffnungen und Erwartungen.

Ging der jüngste Millenniumswechsel zunächst mit Befürchtungen einher, dass die digitalisierten Rechensysteme die Umstellung auf das Jahr «Null» nicht ohne Probleme bewältigen würden, bot er letzten Endes vor allem einer weltweit operierenden Vergnügungsindustrie Anlass, die bewegliche Datumsgrenze in globalen Unterhaltungsshows zu inszenieren. Was sich jenseits der glitzernden Fassade wenig später als katastrophale Erosion moralischer Werte erweisen sollte, brach erst kurz darauf in dem Kollaps der Finanzmärkte, in Umweltzerstörung und Sozialbankrott an die Oberfläche. Den Wechsel im Kalendarium hatte man da schon längst wieder aus den Augen verloren.

Ganz anders als in der Nüchternheit zum Ausgang des scheidenden 20. Jahrhunderts, trat der Übergang an seinem Beginn in Erscheinung. Denn der fand seinen Ausdruck in einer die gesamten kulturellen Lebensäußerungen der Menschen umschließenden Empfindung, die schon bald als Fin de Siècle bezeichnet wurde.

Eingeführt wurde der Ausdruck erstmals 1886 in der französischen Zeitschrift *Le Décadent*.[2] Das Zusammenspiel von Zeitschriftentitel und Thema zeigte von Anfang an die Nähe der beiden Sujets. Dekadenz in einem durchaus positiv konnotierten Akzent und Fin de Siècle stehen nicht nur in einem Verhältnis der Gleichzeitigkeit zueinander, sondern auch in einem inhaltlichen Wechselverhältnis. Untergang des Überlebten und Ende einer Zeitrechnung sind affin.

In Deutschland veröffentlichte Hermann Bahr im Jahr 1891 einen Novellenband unter dem besagten Titel.[3] Die Bezeichnung meint einen Abschnitt europäischer Geschichte, der von etwa 1890 bis 1914 dauerte und sein Ende mit dem Beginn des Ersten Weltkrieges fand.

Mit ihm war eine Mischung aus Aufbruchsstimmung, Zukunftseuphorie, diffuser Zukunftsangst und Regression verbunden. Progressives und Kontroverses mischten sich in einer schwermütig-aufgedrehten Erwartungshaltung. Die Kulturwelt war erfüllt von kollektiver Endzeitstimmung, die ihren Ausdruck in Lebensüberdruss und Weltschmerz fand.

Der siebzehnjährige Hugo von Hofmannsthal stilisierte sich 1891 in autobiografischen Notizen ganz als Kind dieses Milieus dekadenten Überdrusses («Age of Innocence»): «Mit acht Jahren fand er den größten Reiz an dem Duft halbvergessener Tage und tat manches nur mit dem dumpfen Instinkt, zukünftige hübsche Erinnerungen auszusäen. So gewöhnte er sich resigniert, den Wert und Reiz der Gegenwart erst von der Vergangenheit gewordenen zu erwarten.»[4]

Es ist nicht bloß Dekadenz, eine ablehnende Haltung gegenüber Fortschrittsglauben und Traditionsverhaftung, welche im Fin de Siècle lebt. Selbst beim frühen Hofmannsthal klingt bereits das Dunkle eines erahnten, aber unbewältigten und in gewissen Kreisen verdrängten sozialen Wandels an. Massen- und Maschinenphänomene der Industrialisierung treten im Bild des Molochs Stadt auf, der sich kalt und brutal über die Idylle der Vorzeit schiebt.[5]

Leben

Die Sonne sinkt den lebenleeren Tagen
Und sinkt der Stadt vergoldend und gewaltig,
So wie sie sank der Zeit, die viel zu sagen
Und viel zu schenken hatte, vielgestaltig.
Und Schatten scheint die goldne Luft zu tragen
Versunkener Tage, blass und zartgestaltig,
Und alle Stunden, die vorübergleiten,
Verhüllt ein Hauch verklärter Möglichkeiten.

Entschieden dunkler klingt diese Ahnung bei dem 1890 geborenen Ernst Wilhelm Lotz. Als freier Schriftsteller übersetzte er Gedichte von Rimbaud und Verlaine. In einem vermutlich 1914 gefassten Gedicht klingt bereits eine Vorausschau des Elends mit, das die Menschheit im 20. Jahrhundert ergreifen wird. Das ist bei Lotz nicht nur allgemeines Gefühl. Im August 1914 meldet er sich freiwillig zum Kriegsdienst und wird an der Westfront eingesetzt. Wenige Monate später fällt er als vierundzwanzigjähriger Kompanieführer in einem französischen Schützengraben.[6]

Motiv aus der Vorstadt

Da nun die Stadt im fahlen Dampfe lagert
Und schwebend überwölkt von gelber Glocke,
Gehalten von den Lichtern tiefer Mauern,
Da dünn der Mond und wirklos in den Wolken magert
Und merklos spärlich manche Winterflocke
Herniederschneit und bleicht und schmilzt nach kurzem Dauern:
Wer hilft mir tragen dieses matte Scheinen
Unwirklicher Gebärden solcher Nächte!
Wer zündet mir den Schrei, der dies Gewebe
Traumzager Mächte zerreiße und diesen bleichen, feinen,
Spinnfadendünnen Gesichtern Zerrüttung brächte:
Dass plötzlich groß und glutdurchzuckt die Nacht auflebe!

Auch der 1887 geborene Georg Heym gehört zu den früh Verstorbenen dieser Epoche. Der Tod trifft ihn 1912 beim Schlittschuhlaufen auf der Havel, als er seinen eingebrochenen Freund Ernst Balcke retten will und beide umkommen. Als Sohn eines Staats- und Militärstaatsanwaltes, durch den er sich zu einem Jurastudium genötigt sieht, erfährt er in Schul- und Studienzeit zahlreiche Zurückweisungen und Ausschlüsse. Er bemüht sich um eine militärische Laufbahn, dessen Bewilligung jedoch erst nach seinem Tod eintrifft. Heym hinterlässt außer seiner Prosa rund fünfhundert Gedichte und lyrische Entwürfe.

Bei Georg Heym erhält das untergründige Grauen gegenüber dem Unmenschlichen des Anonymen und golemhaft-mächtigen der industriellen Zitadellen expressionistischen Ausdruck. Er beschreibt in einem wesenhaften Bild die geistige Situation von über das menschliche Individuum hinauswirkenden Mächten. Angesichts solcher Visionen erscheint der Mensch hilflos, ausgeliefert und entfremdet. Der Text ist 1910 entstanden.[7]

Der Gott der Stadt

Auf einem Häuserblocke sitzt er breit.
Die Winde lagern schwarz um seine Stirn.
Er schaut voll Wut, wo fern in Einsamkeit
Die letzten Häuser in das Land verirrn.
Vom Abend glänzt der rote Bauch dem Baal,
Die großen Städte knien um ihn her.
Der Kirchenglocken ungeheure Zahl
Wogt auf zu ihm aus schwarzer Türme Meer.

Wie Korybanten-Tanz dröhnt die Musik
Der Millionen durch die Straßen laut.
Der Schlote Rauch, die Wolken der Fabrik
Ziehn auf zu ihm, wie Duft von Weihrauch blaut.
Das Wetter schwelt in seinen Augenbrauen.

Der dunkle Abend wird in Nacht betäubt.
Die Stürme flattern, die wie Geier schauen
Von seinem Haupthaar, das im Zorne sträubt.
Er streckt ins Dunkel seine Fleischerfaust.
Er schüttelt sie. Ein Meer von Feuer jagt
Durch eine Straße. Und der Glutqualm braust
Und frisst sie auf, bis spät der Morgen tagt.

Der Tod als anonyme, menschlich entstellende Erfahrung ist angesichts zunehmender Kriegserwartung ein immer wiederkehrendes Motiv. Er stellt zugleich eine Grenze dar, der sich suchende Menschen mit unbestimmten Erwartungen nähern. Es geht dabei nicht zuletzt um die Frage des «Davor» und «Dahinter». In den «Morgue-Gedichten» Gottfried Benns entsteht ein Ton, der in extremer Weise den Mut erprobt, der auf die Begegnung mit dem leiblich Unausweichlichen vorbereitet. Noch heute führen sie an die Grenze des Erträglichen. Die wird für denjenigen überschritten, der sich in seiner Vorstellung nicht von einer leibgebundenen Selbstreflexion lösen kann.

Gottfried Benn wurde 1886 als zweites von sieben Kindern eines Landpfarrers in Mecklenburg-Vorpommern geboren. Aus finanziellen Gründen blieb ihm das gewünschte Medizinstudium versagt, bis er wegen «Unfleißes» aus dem vom Vater gewünschten Theologie- bzw. Philologiestudium entlassen wurde. Erst dann durfte er das Studium an einer Militärakademie aufnehmen. Verbunden mit dieser beinahe kostenfreien Ausbildung war die Auflage, für jedes Studiensemester ein Jahr als Militärarzt zu dienen. Die sechsjährige Ausbildung dort hinterließ Spuren in seinem geistigen wie sozialen Verhalten, worauf Zeitgenossen immer wieder hinwiesen. Er arbeitete später in der Pathologie der Westend-Klinik am Spandauer Damm in Berlin, wo er in nachweislich 197 Obduktionen seinen präzisen Beschreibungsstil entwickelte und anschließend in der Pathologie des Gynäkologischen Krankenhauses Charlottenburg.

Die Erfahrungen dieser Jahre fanden 1912 ihren Niederschlag in den Gedichten des «Morgue-Zyklus».[8] Sie zeigen den erworbenen Meistergrad im Standhalten gegenüber den Prüfungen der Seele die dabei durchgemacht werden müssen.

Auch dieses Herantasten an das Menschenmögliche ist ein Versuch, den Erfahrungen des Grenzerlebens gewachsen zu werden. Dass bei Benn dabei eben nicht die oft beschworene Eiseskälte eintrat, die häufig nur das selbstbefangene Schaudern des sentimentalen Lesers rechtfertigen soll, kann an diskreten Wendungen beobachtet werden in denen das Mitgefühl für die Armen und Misshandelten zur Erscheinung kommt. Mit der Schilderung aus dem Kreißsaal tritt ein Blick zum anderen Ende des Lebens hinzu. Denn auch diese Sicht ist dem Fin de Siècle eigen: Neben den Tod tritt das Bewusstsein für die Geburt und die Ungeborenheit.

Schöne Jugend

Der Mund eines Mädchens, das lange im Schilf gelegen hatte,
sah so angeknabbert aus.
Als man die Brust aufbrach, war die Speiseröhre so löcherig.
Schließlich in einer Laube unter dem Zwerchfell
fand man ein Nest von jungen Ratten.
Ein kleines Schwesterchen lag tot.
Die andern lebten von Leber und Niere,
tranken das kalte Blut und hatten
hier eine schöne Jugend verlebt.
Und schön und schnell kam auch ihr Tod:
Man warf sie allesamt ins Wasser.
Ach, wie die kleinen Schnauzen quietschten!

Saal der kreisenden Frauen
Die ärmsten Frauen von Berlin
– dreizehn Kinder in anderthalb Zimmern,
Huren, Gefangene, Ausgestoßene –
krümmen hier ihren Leib und wimmern.
Es wird nirgends so viel geschrien.
Es wird nirgends Schmerzen und Leid
so ganz und gar nicht wie hier beachtet,
weil hier eben immer was schreit.
«Pressen sie, Frau! Verstehen sie, ja?
Sie sind nicht zum Vergnügen da.
Ziehn sie die Sache nicht so in die Länge.
Kommt auch Kot bei dem Gedränge!
Sie sind nicht da, um auszuruhn.
Es kommt nicht von selbst. Sie müssen was tun!»
Schließlich kommt es: bläulich und klein.
Urin und Stuhlgang salben es ein.
Aus elf Betten mit Tränen und Blut
grüßt es ein Wimmern als Salut.
Nur aus zwei Augen bricht ein Chor
von Jubilaten zum Himmel empor.
Durch dieses kleine fleischerne Stück
wird alles gehen: Jammer und Glück.
Und stirbt es dereinst in Röcheln und Qual
liegen zwölf andere in diesem Saal.

Das Motiv der Ungeborenen tritt bei einer Anzahl von Autoren des Fin de Siècle auf. Der «Gesang der Ungeborenen» von Hugo von Hofmannsthal[9] gehört dazu ebenso wie die Erinnerung an den Ort Grodek in der Ukraine, wo im September 1914 zu Beginn des Ersten Weltkrieges eine erbitterte Schlacht zwischen russischen und österreichisch-ungarischen Truppen stattfand.

Gesang der Ungeborenen

Vater, dir drohet nichts,
Siehe, es schwindet schon,
Mutter, das Ängstliche,
Das dich beirrte!
Wäre denn je ein Fest,
Wären nicht insgeheim
Wir die Geladenen,
Wir auch die Wirte?

Georg Trakl erlebte die Kampfhandlungen bei Grodek als Sanitätsleutnant in einem Feldlazarett. Angesichts der widrigen Umstände, – es fehlte an allen erforderlichen Ausrüstungsgegenständen und Medikamenten –, sah er sich außerstande, das Leid der Verletzten auch nur zu mildern. Zwei Monate später starb Trakl in einem Krakauer Militärhospital, in das er wegen seiner psychischen Verfassung eingeliefert worden war, an einer Überdosis Kokain. Die Umstände seines Todes sind ungeklärt.

Dieses vermutlich letzte Gedicht Trakls markiert zugleich das Ende des Fin de Siècle. Nach dem Weltkrieg ist die Menschheit im Land der ernsten Erfüllung angekommen.[10]

Grodek

Am Abend tönen die herbstlichen Wälder
Von tödlichen Waffen, die goldnen Ebenen
Und blaue Seen, darüber die Sonne
Düstrer hinrollt; umfängt die Nacht
Sterbende Krieger, die wilde Klage
Ihrer zerbrochenen Münder.
Doch stille sammelt im Weidengrund
Rotes Gewölk, darin ein zürnender Gott wohnt
Das vergoßne Blut sich, mondne Kühle;
Alle Straßen münden in schwarze Verwesung.
Unter goldnem Gezweig der Nacht und Sternen

Es schwankt der Schwester Schatten durch den schweigenden Hain,
Zu grüßen die Geister der Helden, die blutenden Häupter;
Und leise tönen im Rohr die dunkeln Flöten des Herbstes.
O stolzere Trauer! ihr ehernen Altäre,
Die heiße Flamme des Geistes nährt heute ein gewaltiger Schmerz,
Die ungebornen Enkel.

Mit den Erlebnissen des Weltkrieges geht eine leichtere Seite des Fin de Siècle unwiederbringlich verloren, die sich einige Jahre später im Dadaismus erst eine neuere Äußerungsmöglichkeit schafft, allerdings kämpferischer und organisierter als das in Jakob van Hoddis Gedicht «Weltende» sich 1911 zeigen konnte.[11] In ihm lebte der Witz einer künstlerischen Sprache, die in der Kollage, in schwarzem Humor, Reihungen und einer nicht mehr an eindimensionale Botschaften gebundenen Bildhaftigkeit ihre Ausdrucksmittel fand.

Weltende
Dem Bürger fliegt vom spitzen Kopf der Hut,
In allen Lüften hallt es wie Geschrei.
Dachdecker stürzen ab und gehn entzwei,
Und an den Küsten – liest man – steigt die Flut.
Der Sturm ist da, die wilden Meere hupfen
An Land, um dicke Dämme zu zerdrücken.
Die meisten Menschen haben einen Schnupfen.
Die Eisenbahnen fallen von den Brücken.

In solchen Schöpfungen spricht sich ein Wesenszug aus, der überkommene Grenzen überwinden und das Innenleben des Menschen als reale Instanz einbeziehen will. Der seelische Mensch ist nicht bloß der subjektive Mensch, sondern Voraussetzung für ein authentisches und individuelles Dasein. Damit verstößt die Avantgarde des Jahrhundertendes gegen ein Diktum des Positivismus, das Objektivität und unumstößliche

Beweisketten als Gegenstand des Wissenschaftlichen fordert, die zuletzt gar als Religionsersatz dienen können soll.

Den bohemetypischen Einstellungen des Jahrhundertendes wohnt ein programmatischer Individualismus inne, der sich den Willen zur Abweichung und die Lust zu provokatorischer Wirkung gegenüber konventioneller Lebensführung und eingewurzelten ästhetischen, moralischen oder politischen Urteilen auf die Fahnen geschrieben hat. Mit dem Fin de Siècle tritt die erste manifeste Subkultur in das kulturelle Leben des 20. Jahrhunderts ein.

Das Exempel Richard Wagner

Der Auftritt des Individuellen besitzt zum Ende des 19. Jahrhunderts bereits eine beachtliche Geschichte. Auf vielen Kulturgebieten sind die Originalgenies als Verächter des Normativen hervorgetreten. Karl Kraus formulierte über sie einmal spöttisch:[12]

Das Originalgenie
Nie nahm er etwas aus zweiter Hand
und hielt sich bloß an die Originale,
und wo er nur etwas Gutes fand,
dort stahl er es stets zum ersten Male.
Als Knabe, sagt man, war weltvergessen
versunken er gern im Waldesweben.
Da sei er oft an der Quelle gesessen,
und habe sie niemals angegeben.

Doch bereits das 19. Jahrhundert liebte seine Originalgenies und schätzte ihre Produktivität. An kaum einem anderen Beispiel wird das so deutlich wie an Richard Wagner im Bereich der Musik.

Geboren 1813 in Leipzig markiert sein Tod 1883 in Venedig die Blütezeit des Fin de Siècle.

Die Zeichen stehen ungünstig für einen Knaben, der mit sechs Monaten Halbwaise wird und Zeit seines Lebens nicht erfährt, wer sein leiblicher Vater gewesen ist. Der zweite, für eine Vaterschaft in Frage kommende Kandidat stirbt als Richard acht Jahre alt ist. Zuvor ist er unter dessen Namen eingeschult worden, hat mit diesem Namen gelebt und eine Reihe von Umzügen erlebt. Er wird bei verschiedenen Pflegeeltern untergebracht. Ab dem fünfzehnten Lebensjahr trägt er wieder seinen Geburtsnamen Richard Wagner und besucht in Leipzig die Nikolai- und die Thomasschule. Seine Kindheits- und Jugendjahre tragen Züge der Verwahrlosung, sein Spitzname lautet «der Kosak». Immerhin entgeht er einer reglementierenden, beugenden Erziehung.

Als er mit sechzehn Jahren in Leipzig zum ersten Mal Beethovens Oper Fidelio hört, steht für ihn fest, dass er Musiker werden will. Er unternimmt erste Kompositionsversuche und wird 1831 Student der Musik an der Universität Leipzig. Vielfältige Interessen und hochfahrende Pläne zeichnen den jungen Künstler von allem Anfang an aus. Als seine Mission erkennt er immer mehr die Reform des dekadent gewordenen Theaters. Die Bühne soll ein Mittel der Volkserziehung und Weltverbesserung werden. In der Verbindung von Musik als der Repräsentanz des Weiblichen und der dichterischen Sprache als Repräsentanz des Männlichen erkannte er das Kunstwerk der Zukunft. Hier galt es, in Anlehnung an die Tradition der griechischen Tragödie, eine neue Kunstrichtung zu begründen.

Die Errichtung eines Festspielhauses, Einrichtung einer Musikschule und umfassender Kunsterziehung waren Eckpfeiler dieser Vision. Zuletzt gedieh das Festspielkonzept vor allem mit seinem Bühnenweihfestspiel Parsifal zu einem «Religionsersatz» durch die Kunst. Die Idee des Gesamtkunstwerkes erfuhr hier durch das Genie Wagner und dessen Gemeinschaft stiftender Tragekraft die Vorbedingungen des individuellen Schöpfertums, ohne das die neue Welt nicht aufgebaut werden konnte.

Sozialpolitische Ideen und künstlerische Gestaltungskraft verbanden sich in der Person Wagner mit charismatischer Überzeugungskraft und unbeirrbarem Durchsetzungswillen. Aber auch auf musikalischem Gebiet erweiterte Wagner durch eine neue Gewichtung der Harmonik gegenüber der Melodik die Ausdrucksqualitäten seiner Kompositionen. Sie fügten sich zu dem gewollten und alles überhöhenden Projekt des Musikdramas.

Die dabei eingesetzte Leitmotivtechnik ermöglichte oder verstärkte eine psychologische Wirkung, die zuweilen dramatische Wirkungen im Publikum erzeugte. Solche Wirkungen wurden durch eine Vielzahl an Mitteln erreicht. Zu ihnen gehörte nicht zuletzt der machtvolle Dirigierstil eines 166 Zentimeter messenden Menschen, der stets auswendig leitete und seine Bewegungen durch Mimik und Gestik verstärkte. Das war zu Wagners Zeit ganz und gar ungewöhnlich, wurde als kokett kritisiert. Jedenfalls entstand eine faszinierende und vereinnahmende Wirkung, die in der heutigen Zeit als übergriffig empfunden wird, in der damaligen Mode jedoch als Beweis des Genies aufgefasst wurde.

Kaum ein anderer Künstler hat so viel kommentierende Beurteilung erfahren wie Richard Wagner. Sein Schwiegervater und Freund, Franz Liszt, anerkannte nach manch schwierigem Erlebnis: «Die Verästelungen seines Geistes kommen aus tiefsten Wurzeln hervor. In ihm überwiegt das Übermenschliche.»[13]

Andere beschrieben das charakterlich Auffällige: «Wagner, das Pumpgenie, der luxusbedürftige Revolutionär, der namenlos unbescheidene, nur von sich erfüllte, ewig monologisierende, rodomontierende, die Welt über alles belehrende Propagandist und Schauspieler seiner selbst.»[14]

Thomas Mann war es jedoch auch, der in einem Vortrag an

der Universität von Zürich 1938 das gesellschafts- und kulturpolitische Anliegen Wagners hervorhob: «Der ungeheure; man kann sagen planetarische Erfolg, den die bürgerliche Welt, die internationale Bourgeoisie dieser Kunst dank gewisser sinnlicher, nervöser und intellektueller Reize, die sie bot, bereitete, ist ein tragikomisches Paradox und darf nicht vergessen machen, dass sie einem ganz anderen Publikum zugedacht ist und sozialsittlich weit hinauszielt über alle kapitalistisch-bürgerliche Ordnung in eine von Machtwahn und Geldherrschaft befreite, auf Gerechtigkeit und Liebe gegründete, brüderliche Menschenwelt.»

Am Beispiel des Tristan-Akkordes, einem der in der Fachwelt meistdiskutierten Kompositionselement neuerer Musik, kann jedoch eine bestimmte Beobachtung beschrieben werden. Dieser Akkord eröffnet einen seelischen Erfahrungsraum, der Wesenhaftes ohne Termination offenhält und Zeit übergreifend erschließt.

Zu diesem Erlebnis steht eine Bemerkung Theodor Adornos nicht im Widerspruch, die lautet: «Wagner verweigert dem Gehör, das ihn begleitet, die feste Bestimmung und lässt es im Zweifel, ob der Formsinn eines jeden Augenblicks richtig aufgefasst sei.»[15]

Zuweilen wird behauptet, die Entwicklung der Musik sei den allgemeinen Veränderungen während des Fin de Siècle um einige Jahrzehnte hintenan. Dass davon jedoch keine Rede sein kann, belegen noch manch andere Erscheinungen. Sie markieren die neuen Erfahrungen, die auch in der Musik realisiert werden. Die Werke eines Gabriel Fauré, Alexander Skrjabin oder Giacomo Puccini kommen auch ohne tradierte Formgerüste aus. Ihr tragischer Ausgang bleibt ohne relativierenden Trost.

Der Tonraum erweitert sich, die Grenzen der Tonalität werden erkundet. Arnold Schönberg bildet den Schlusspunkt einer durch Alexander von Zemlinsky, Max Reger oder Hugo Wolf erweiterten Harmonik, die zuletzt ohne definierten Dur-Moll-Bezug auskommt.

Orchestrale Besetzungen (Gipfelpunkt Gustav Mahlers 8. Symphonie) werden ins schier Unermessliche ausgeweitet. Musik wird zu einer immer ernsthafteren und systematischeren Sache, die ihren eigenen Schulungsweg erfordert. Diese Entwicklung kommt auch in der Hinwendung zu institutionalisierter Konzertmusik, die durch Freundeskreise, Konzertgesellschaften usw. getragen wird, zum Ausdruck.

Die Geburt der Tragödie aus dem Geist der Musik

Im Tanz als nahem Verwandten der Musik wurde die umwälzende Suche nach neuen Ausdrucksformen eklatant sichtbar. Der genormten und abstrakten Stilistik des klassischen Balletts überdrüssig, suchten eine Reihe engagierter Künstler nach einer dem Menschen und seiner Erlebnisfähigkeit angemesseneren Formensprache.

Das führte zum modernen Ausdruckstanz, der auch Freier Tanz, Expressionistischer Tanz, Neuer Künstlerischer Tanz oder – nach dem Zentrum seines Entstehens – auch einfach nur German Tanz genannt wurde.

Mit seiner Entstehung sind Namen wie François Delsarte, Emile Jaques-Dalcroze, Isadora Duncan oder Clotilde von Derp verbunden.

Durch Delsarte war dabei wegen seiner weit gespannten Interessen zugleich eine gesellschaftspolitische wie esoterische Nuance anwesend. 1811 in Solesmes geboren, wurde er früh zum Waisen, begann eine Lehre als Porzellanmaler und erhielt schließlich ein Stipendium zu einer Gesangsausbildung am Pariser Konservatorium. Danach sang er als Tenor an der Komischen Oper von Paris, musste den Gesang jedoch bald wegen einer geschädigten Stimme aufgeben.

Von da an intensivierte er seine Studien des Zusammenhanges von Sprache, Musik und Bewegung. Er entwarf ein Menschenbild, das sich durch eine Differenzierung in Körper, Seele und Geist auszeichnete. Diesen trichotomischen Ansatz verfolgte er auch in den grundlegenden Körperhaltungen von exzentrischen, konzentrischen und mittleren Bewegungen.

Sein Einfluss auf die weitere Tanzentwicklung ist kaum zu überschätzen. Sowohl Emile Jaques-Dalcroze wie Ruth St. Denis knüpften an seine Methoden, das «Delsarte-System» an. Er beeinflusste Isadora Duncan und nicht zuletzt auch die Entwicklung der Eurythmie.

Auf dem Boden des Tanzes formulierte sich dabei die entscheidende Frage des Jahrhundertüberganges, wie einerseits das Persönlich-Individuelle in der Kunst zum Träger der Gestaltung werden könne und andererseits über das Seelische des Ausdrucks hinaus ein Geistiges als gleichsam Überpersönliches Gegenstand, bzw. Erfahrung der Kunst werden könne.

Wie tragisch diese Suche im Schicksal eines Einzelmenschen verlaufen konnte, zeigt der Lebenslauf Isadora Duncans. 1877 in San Francisco als Kind irischer Einwanderer geboren, wuchs sie nach der Scheidung ihrer Eltern mit drei Geschwistern bei ihrer allein erziehenden Mutter auf, die sich und die Kinder als Musiklehrerin durchbrachte. Bereits mit zwölf Jahren hielt sie die Ehe für sinnlos.

Schon als Kind lehnte sie sich gegen das klassische Ballett auf und entwickelte einen eigenen Tanzstil, der ihrem natürlichen Bewegungsimpuls und dem Erleben des getanzten Sujets entsprach.

1899 kehrte die Mutter mit den Kindern nach Europa zurück. Kurz darauf feierte Isadora erste Erfolge in London, Paris, Berlin und Moskau. Spätere Tourneen führten sie bis nach Süd- und Nordamerika.

1904 gründete Isadora Duncan mit ihrer Schwester Elizabeth in Berlin-Grunewald eine Internats-Tanzschule, in der Kinder kostenlos von frühester Jugend an in ihrem Sinne ausgebildet wurden. Dem Einfluss Delsartes folgend, sollten Körper, Seele und Geist der Schülerinnen sich gleichermaßen entwickeln können.

In einer Presseerklärung in den *Münchner Neuesten Nachrichten* vom 11. November 1904 heißt es: «Bei der Aufnahme der Schülerinnen wird in nationaler und sozialer Beziehung kein Unterschied gemacht werden. Die Schule ist demokratisch und international. Auch vater- und mutterlose Kinder, wie Kinder von unbekannter Herkunft sind willkommen.» Auch da sind neben den eigenen bitteren Kindheitserfahrungen die sozialreformerischen Einflüsse Delsartes wahrnehmbar.

In Berlin ging Isadora eine Beziehung mit dem britischen Schauspieler Edward Gordon Craig ein, schenkte ihm 1906 eine Tochter nur um ein Jahr darauf von ihm verlassen zu werden. 1910 lernte sie den Nähmaschinen-Erben Paris Singer kennen. 1911 kam der gemeinsame Sohn zur Welt. Beide Kinder starben 1913 bei einem Autounfall in Paris. Ihr Chauffeur hatte vergessen, die Handbremse anzuziehen, als er ausstieg, um den stockenden Motor zu inspizieren. Das Auto stürzte in die Seine und die Kinder ertranken mit dem Kindermädchen. Die Beziehung zu Paris Singer zerbrach.

Ein späteres drittes Kind aus einer weiteren Verbindung starb kurz nach der Geburt.

Nach dem Unfalltod ihrer Kinder begann Isadora Duncan zu trinken, wurde füllig und verlor ihre äußeren Reize. Ihre Krise kommentierte sie mit den Worten: «Ich liebe Kartoffeln und junge Männer.»[16]

1922 heiratete Duncan in Moskau den neunzehn Jahre jüngeren russischen Dichter Sergei Jessenin, der sie bis zur Scheidung 1923 auf ihren Tourneen begleitete. Es war seine vierte Ehe.

Sergei Jessenin nahm sich am 28. Dezember 1925 im Zimmer seines Hotels Angleterre in Leningrad das Leben. Er hatte sich die Pulsadern aufgeschnitten und sich anschließend an den Heizungsrohren der Zimmerdecke erhängt.

Isadora Duncan starb 1927 im Alter von fünfzig Jahren. Sie hatte sich mit einem Begleiter zu einer Spazierfahrt in einem offenen Cabriolet verabredet. Beim Einsteigen verfing sich der rote Seidenschal, den sie um den Hals geschlungen trug, in den Radspeichen des Sportwagens. Als er anfuhr, brach der scharfe Beschleunigungsruck ihr das Genick. Sie verstarb noch an der Unfallstelle.

Die Todesahnungen, -sehnsüchte und Traumata um die Jahrhundertwende treten in ihrem Leben in symptomatischer Verdichtung auf. Sie hängen zugleich mit den unerlösten Fragen dieser Zeit zusammen, den Fragen nach dem Sinn, den Möglichkeiten und lebenswerten Formen menschlichen Daseins.

Rastlosigkeit, Verzweiflung und eine untröstliche Einsamkeit reißen in den Lebensläufen unheilbare Wunden.

Die Gräber der Toteninsel

Das Medium des Tanzes und bestimmte Motive seiner Programmdarbietungen schaffen Querverbindungen unter verschiedenen künstlerischen Gattungen.

Hugo von Hofmannsthal etwa greift das Motiv des Totentanzes in den beiden Bühnenwerken «Der Tor und der Tod» und «Jedermann» auf.

Das Leben, – für den Menschen des ausgehenden 19. Jahrhunderts ein Spiel –, bei dem Bühne, Akteure und Handlung ein undurchschautes Geflecht von Trug und Täuschung bereithalten. Die eigentlich wirksamen Motive und Triebkräfte des Handelns beginnen erst durch eine intensivere Selbsterforschung an die Oberfläche des Bewusstseins zu dringen. Wissenschaft und Kunst, Psychoanalyse und Bilddeutung beginnen hier eine sich gegenseitig stützende Stellung einzunehmen.

Musterhafte Bedeutung gewinnt das zum Beispiel in dem Tanzmotiv der Salomé, den erotisch aufgeladenen Darstellungen Gustav Klimts und anderer.

Verschiedene Stilrichtungen prägen den künstlerischen Ausdruck dieser Epoche. Vom Impressionismus spielt noch herein die Loslösung aus den starren Regeln der offiziellen Akademien. Den Fauvisten, zu denen Künstler wie Henri Matisse, André Derain, Maurice de Vlaminck, Kees van Dongen und Raoul Dufy gehören, waren die Farb- und Formensprache des Impressionismus zu leise, zu zart. In Deutschland werden die Künstler der «Brücke» und des «Blauen Reiters» in einer speziellen Ausrichtung des Fauvismus als Expressionisten bezeichnet. Er umfasst sozialkritische Elemente, reformerische Lebensentwürfe und einen ausgeprägten Willen zur Aktion. Auf leiserem Weg verwirklicht das auch der Jugendstil, anderswo Art nouveau, Liberty oder Sezessionsstil genannt, der alle Bereiche des Lebens mit seinen dekorativen Formen und der Hinwendung zum organisch Lebendigen ergreifen möchte.

Ein markanter Bereich dieser Epoche wird auch unter der Bezeichnung des Symbolismus zusammengefasst. Ein Kernsatz aus Jean Moréas Symbolistischem Manifest von 1886 lautet: «Die wesentliche Eigenschaft der symbolistischen Kunst besteht darin, eine Idee niemals begrifflich zu fixieren oder direkt auszusprechen.» Damit verrät sich das Bedürfnis nach einem seelisch aktuellen Erleben und dem Bestreben in die Hintergründe der Erscheinungen einzudringen.

Mythologische Stoffe, Visionäres, Esoterisches und geistig Hintergründiges eignen sich in besonderer Weise für dieses Bestreben.

Zu den Vertretern dieser Richtung gehören Edvard Munch (Der Schrei, Madonna), Henri Rousseau (Der Traum, Die Schlangenbeschwörerin, Der schlafende Zigeuner) und Gustave Moreau (Sphinx).

Eines der prägnantesten und die Zeitgenossen am meisten

faszinierenden Gemälde stellt in diesem Zusammenhang die Toteninsel von Arnold Böcklin dar. Böcklin wurde 1827 in Basel geboren und starb 1901 in Fiesole. Sein Leben spielte sich in abwechselnden Etappen in der Schweiz, Deutschland und Italien ab. Von 1874 bis 1885 lebte er in Florenz, wo fünf Fassungen der Toteninsel entstanden. Die Bezeichnung stammt von ihm selbst aus einem Brief an seinen ersten Auftraggeber von 1880.

Jede Version zeigt eine steil aus dem Meer aufragende Felseninsel, die mittig von Trauerzypressen bewachsen ist. Das schwarzgrüne Dunkel der Bäume bildet mit dem fahlen Ton der Felsen einen starken Kontrast. In die Felsen sind, nach dem gedrängten Inneren der Insel zu, Grabkammern eingelassen. Zum Betrachter hin öffnet sich die Felsformation als ein mächtiges Portal ägyptischer Totentempel.

Akzentuierte Felsvorstöße markieren ein architektonisches Bild, das eine Tempelburg zeichnet. Der umfasste Zypressengrund in der Mitte bildet ein durch die Gesteinsmassen umkröntes Tor, das sich zum Erdschlund hin öffnet. Der Einblick ist durch die Bäume verwehrt. Umsäumt und isoliert durch die Wassermassen des Meeres entsteht zum Untergrund der Insel hin ein Sog in die Tiefe einer zu ahnenden Unterwelt.

Ein Nachen gleitet auf die Insel zu, Einfahrt in ihre umschlossene Bucht suchend. Eine weiß verhüllte Gestalt steht aufrecht im Boot. Außer ihr befinden sich nur ein Ruderer und ein ebenfalls mit weißem Tuch bedeckter Sarg in dem Gefährt.

Wenngleich Böcklin die erste Version des Bildes als Auftragsarbeit angefertigt hatte, gab er sie nach Fertigstellung nicht heraus. Den Anstoß zur Arbeit hatte die junge Witwe Marie Berna gegeben, die sich ein «Bild zum Träumen» wünschte. Wenig später schrieb Böcklin ihr in einem Brief: «Das Bild muss so still werden, dass man erschrickt, wenn an die Türe gepocht wird.»

Abb. 1

Abb. 2

Die beiden ersten Versionen (Abbildungen 1 und 2) zeigten zunächst weder Sarg noch weiße Gestalt. Böcklin ergänzte sie bald darauf. Die dritte Version (Abbildung 3) entstand als «Brotversion», Böcklin benötigte Geld. Sie sollte als Vorlage zu

Abb. 3

Abb. 4

einer Radierung durch Max Klinger dienen, die in höherer Auflage veräußert werden konnte. Diese dritte Version erwarb 1933 Adolf Hitler und hängte sie zunächst auf dem Berghof und ab 1940 in der Neuen Reichskanzlei. Die vierte Version (Abbildung 4) gelangte in den Besitz Heinrich Thyssens, der sie in seiner Berliner Bankfiliale platzierte, wo sie im Zweiten Weltkrieg bei einem Bombenangriff vernichtet wurde. Von ihr existiert

Abb. 5

Abb. 6

nur noch eine Schwarz-Weiß-Fotografie. Die fünfte Version (Abbildung 5) wurde vom Museum der bildenden Künste Leipzig bestellt, wo sie noch heute ausgestellt ist.

Zeitlebens spielte das Thema Tod bei Böcklin eine bedeutende Rolle. Acht seiner vierzehn Kinder verlor er frühzeitig. Er selbst erkrankte an Typhus und erlitt einen Schlaganfall.

Berühmt ist jenes Selbstporträt von 1872 «mit fiedelndem Tod», auf dem ein grinsender Tod dem prüfend ins Spiegelbild schauenden Maler im Nacken sitzt. Ab der dritten Version der Toteninsel versah Böcklin eine der Grabkammern in den Felsen mit seinen Initialen. Aber auch Böcklins Blick richtet sich wie der so vieler Künstler des ausgehenden 19. Jahrhunderts ebenso zum anderen Pol des Lebens, zur Geburt. Zwei Jahre nach seiner letzten Toteninsel-Fassung wagt sich Böcklin 1888 an einen Gegenentwurf. Es ist das weniger bekannte Gemälde «Die Lebensinsel» (Abbildung 6). Sie erinnert vom Bildaufbau her an die anderen Insel-Versionen, zeigt aber blühendes Leben und üppige Vegetation, glückliche Menschen und Götter.

Fluchtpunkt Boheme

Das Fin de Siècle entwickelt eine eigentümliche Beziehung zum Tod. Am Anfang ist da ein unverkennbarer Anflug von Décadence, Lebensüberdruss und snobistischer Langeweile. Immer mehr aber werden die Gründe dafür nicht bloß in persönlichem Ungenügen oder Dérangement gesehen. Vielmehr beginnt sich der Blick auf die herrschenden Zeitströmungen zu richten. Im Positivismus und Materialismus der Epoche, in den Manifestationen des Naturalismus und der inhaltsleeren Biederkeit des Bürgertums werden die Anlässe und Gründe des kollektiven Leidens erkannt. Und es beginnt festzustehen: eine alte Welt muss sterben, – denn sie hat längst zu leben aufgehört. Ihr Moder und Leichengeruch erfüllt bereits die Gassen und Kontinente der alten Welt.

Doch tragisch, – das Menetekel wird nicht gesehen, nicht gelesen und nicht entziffert. Mit den zunehmenden Visionen des Untergangs rückt die Katastrophe unaufhaltsam näher. Verzweifelt werden Anstrengungen versucht, das Ruder herumzureißen, in Kunst, Wissenschaft und sozialer Gestaltung.

Die Beharrungskräfte des Alten aber sind übermächtig und so bleibt häufig nur der Weg in die Boheme.

Dieser Begriff bezeichnet eine Subkultur von intellektuellen Randgruppen in den industriellen Gesellschaften des 19. und 20. Jahrhunderts. Darin finden individualistische Bestrebungen Spielraum, eine Gegenkultur zur herrschenden Bourgeoisie einzurichten. Sie ist von vorwiegend schriftstellerischen, bildkünstlerischen und musikalischen Aktivitäten geprägt und entwickelt eine provozierende Physiognomie alternativer Lebenseinstellungen und Verhaltensweisen. Bedeutende und unbedeutende, berühmte, berüchtigte und unberühmte Autoren und Künstler finden dort eine Heimat: die Boheme ist nicht allein oder überwiegend eine ästhetisch-kritische, sondern vielmehr und zugleich eine geistesgeschichtlich praktische Erscheinung. Sie entwickelt Visionen, – aber keine Abstraktionen, Ideen, – aber vor allem Praxis in der existentiellen Erfahrung von Überzeugungen und der Wirklichkeit des Sterbens. Immer ist es ein Kampf gegen überkommene Grenzen und meistens ein Weg bis an oder in den Abgrund.

Diese Art zu leben ist vor allem verbreitet in Künstlerkreisen, bei Malern, Dichtern, Musikern und Literaten. Aber auch Studenten, bürgerliche Töchter und Söhne verweigern sich zunehmend den Normen und Gepflogenheiten ihres Elternhauses und ihrer Klasse, leben die Existenz eines Bohemiens, das häufig als authentischer, eigenständiger, ursprünglicher und weniger entfremdet erlebt wird.

Die Motive und Hintergründe für einen solchen Lebensstil sind vielfältig. Der Wunsch, die bürgerlichen Werte und Normen, die als einschränkend erlebt werden, zu überwinden oder der Wunsch nach Identitätsfindung, Selbstverwirklichung und kreativer Freiheit spielen dabei ebenso eine Rolle wie ein exzentrisches Wesen, jugendliche Auflehnung gegen die Elterngeneration, Entfremdungserfahrungen und Gesellschafts- oder

Kulturkritik – und natürlich die leidenschaftliche Hingabe an die Kunst, selbst wenn sie nicht zum Broterwerb reicht.

Allen bohemetypischen Einstellungen liegt ein programmatischer Individualismus zugrunde. Der Wille zur Abweichung als solcher überwindet die Scheu vor provokatorischer Wirkung und emanzipiert sich von Konventionen der Lebensführung und des damit einhergehenden ästhetischen, moralischen oder politischen Urteils.

Gesellschaftliche Implikationen

Zu den zentralen Themen der Epoche leitete Paul Lafargue 1904 sein Manifest «Die Frauenfrage» mit einer skandalösen Feststellung ein: «Der Bourgeois glaubte und glaubt noch immer, dass die Frau zu Hause bleiben soll und ihre Betätigung darin besteht, den Haushalt zu führen und zu überwachen, den Mann zu umsorgen, Kinder zu fabrizieren und zu ernähren.»[17]

Doch im Fin de Siècle hatten sich die Frauen längst selbst zu Worte gemeldet. Ein allmählicher Wechsel im Ton wurde dabei spürbar. Die Schriftstellerin Lily Braun, als Sozialdemokratin zwischen den Stühlen des bürgerlichen und sozialistischen Lagers sitzend, hatte 1901 eine Studie *Die Frauenfrage* veröffentlicht, in der sie die Stellung der Frau zum Jahrhundertanfang beschrieb:

«Sie steht jetzt in allen Kulturländern auf dem Punkt, sich ihre wirtschaftliche, rechtliche und sittliche Gleichberechtigung zu erkämpfen. Nur für denjenigen, der die Entwicklungsgeschichte kennt, der weiß, welch langen, mühevollen Weg sie bis zu diesem Punkt zurücklegen musste, wird die große, weit über ihr Geschlecht hinausreichende Bedeutung dieses Emanzipationskampfes klar. Aus der Tiefe des weiblichen Wesens und seiner Geschichte ist die Frauenfrage herausgewachsen, und sie muss bis in ihre Wurzeln hinein verfolgt werden, um die ganze

Schwierigkeit der in ihr enthaltenen Probleme zu erkennen und die richtigen Mittel zu ihrer Lösung zu finden.»[18]

Dabei schreckte sie nicht vor einer nüchtern-selbstbewussten Analyse der Geschlechterrollen zurück, die das große Publikum provozierte:

«Während der Mann – in welcher Periode der Menschheitsentwicklung immer – ungehindert durch Geschlechtsbeschränkungen seinen Trieben folgen konnte, erschien es als das erste, dem Menschen zum Bewusstsein kommende Naturgesetz, dass die Mutter an das Kind gefesselt war. Es machte die Frau im Vergleich zum Mann von vornherein unfrei; es lud ihr Lasten und Leiden auf, die niemand ihr abnehmen konnte. Es trug aber auch den Keim der Entwicklung aller Zivilisation und aller Sittlichkeit in sich. ...

Die Mutterliebe, jenes ursprünglichste Gefühl, war die erste Erhellung moralischer Finsternis. Durch die Mutterliebe ging vom Weibe jede Erhebung der Gesittung aus. Denn nicht der Bund zwischen Mann und Weib war, wie uns viele glauben machen wollen, die erste, unumstößliche Vereinigung, sondern der Bund zwischen Mutter und Kind.»[19]

Schwabing

Nun waren spätestens seit Ibsens 1879 erschienenem Drama *Nora oder Ein Puppenheim* solche Äußerungen nicht mehr die Stimmen einzelner Radikaler. Den Ton des Fin de Siècle vervollständigten aber Äußerungen wie die von Fanny zu Reventlow. 1871 als Kind eines preußischen Landrats und einer Gräfin von Rantzau im Schloss vor Husum geboren, wurde sie 1887 nach wechselnden Schulbesuchen aus dem Altenburger Magdalenenstift wegen nicht zu bändigender Widerspenstigkeit relegiert. 1890 trotzte sie ihren Eltern eine für ihre adlige Herkunft ganz und gar unpassende berufsvorbereitende Ausbildung ab und erlangte auf dem Roquetteschen privaten Lehrerseminar die «Befähigung für den Unterricht an höheren und mittleren Mädchenschulen».

Durch ihren Freundeskreis im «Ibsen-Club» lernte sie die gesellschaftskritische Literatur und die Schriften Nietzsches kennen. Frühe Liebschaften führten zur Einquartierung zwecks «Besserung» bei einer Pastorenfamilie auf dem Land und endlich zu rastloser Flucht in Münchens Schwabinger Boheme, wo sie mit fortwährender finanzieller Not, zahlreichen Krankheiten und mehreren Fehlgeburten fertig zu werden hatte. 1897 wurde ihr Sohn Rolf geboren. Ihren Unterhalt bestritt sie mit literarischen Übersetzungen, schriftstellerischen Arbeiten, als Schauspielerin, Prostituierte, Sekretärin, Aushilfsköchin, Versicherungsagentin, Messehostess, Glasmalerin und manchem anderen. Der Münchner Künstlerszene galt sie wegen ihres unehelichen Kindes und ihrer erotischen Freizügigkeit als «heidnische Madonna» und «Wiedergeburt der antiken Hetäre». Sie starb 1918 in Locarno an den Folgen eines Fahrradsturzes.

In ihren Tagebüchern klingt jene morbid dekadente Faszination auf, die einerseits von Tod und Vergänglichkeit kündet und sich andererseits in Leichtlebigkeit und Frivolität einen Ausweg sucht. Daraus sprechen die immer ehrlichen Erfahrungen eines in seinen vielfältigen Begabungen, seiner Geschlechtlichkeit und seinen Fähigkeiten verkannten und unterforderten Menschen:

> Ich bin noch so jung, ich könnte noch so glücklich sein und glücklich machen. Aber ich suche eigentlich nur nach dem Mut zu sterben. Und ich bin 25 Jahre alt. … Seit vier Monaten habe ich Walter nicht gesehn, und ich ertrage es nicht ohne ihn. Sonderbar – und mit ihm ertrug ich's auch nicht. Ich komme mir vor wie jemand, der zum Tode verurteilt ist und zum Leben möchte. Seit ich ihn nicht mehr habe, fühle ich eine ganz wahnsinnige Liebe zu ihm und eine

nagende Sehnsucht. Ich bildete mir immer ein, mein Leben müsste etwas Fabelhaftes, Großes und Reiches werden, aber es geht mir alles immer wieder in Trümmer. Vor sechs Jahren schrieb ich in der Neujahrsnacht an Emanuel. Damals war mir zum ersten Mal aufgegangen, was Jugend und Liebe ist. Dann kam München, die Erfüllung, Malerei, und dann zerbrach wieder alles. (Neujahrsnacht 1896/97)
Warum eigentlich macht mich die Einsamkeit verzweifelt? Es gibt ja Menschen genug, die ich um mich haben könnte, wenn ich sie rufe. Aber ich will sie alle nicht. (1897)
Das Jahrhundert fängt gut an. Alles in allem hab' ich wohl an die 1.000 M. minus und gar keine Aussicht, die Summe in absehbarer Zeit zu verringern. Lieber nicht daran denken. (5. 1. 1900)
Ich habe so selten einmal Zeit zum Träumen und doch so viele Träume. (1903)
Wenn mir ein Schmerz widerfahren ist, fasst mich immer ein doppeltes Verlangen nach Leben – nie eigentlich Resignation. (1904)
Es ist doch eigentlich der Hauptinhalt im Leben: Sehnsucht und wieder Sehnsucht. (1904)

Am ersten Tag des neuen Jahrhunderts notiert sie in einer eigentümlichen Bildhaftigkeit, die verschiedene Deutungen zulässt:

Wieder ein Frühlingstag wie vor zwei Jahren. Wie war ich damals selig. Seitdem bin ich schon wieder viel schwermütiger geworden. Im tiefsten Grunde bin ich überhaupt immer melancholisch gewesen. Aber die andern Leute wissen es nicht. (1. Januar 1900)[20]

Der Geschlechterkampf

In Lou Andreas-Salomé fand die Zeit den Brennspiegel ihrer unausgeloteten Begehrungen und Sehnsüchte. 1861 als Louise von Salomé in eine Petersburger Familie mit väterlicherseits hugenottischem und mütterlicherseits norddeutsch-dänischem Hintergrund hineingeboren, angeregt durch eine polyglotte, anspruchsvolle Erziehung, verweigerte sie mit sechzehn Jahren die Konfirmation durch den dogmatischen Gemeindepastor und trat aus der Kirche aus. Zwei Jahre später war sie fasziniert von den Predigten Hendrik Gillots, eines holländischen Pastors, der sie als Schülerin annahm und mit ihr philosophische, literarische und religiöse Inhalte besprach. Dabei entfaltete sich ein ungewöhnlich weiter Fächer an Themen. Vergleichende Religionsgeschichte, Religionsphänomenologie, Dogmatik, Heilserwartungen des Alten Testaments, das Wesen der Trinität, Philosophie, Logik, Metaphysik und Erkenntnistheorie, das französische Theater vor Corneille, klassische französische Literatur, Descartes und Pascal, Schiller, Kant und Kierkegaard, Rousseau, Voltaire, Leibniz, Fichte und Schopenhauer gehörten nachweislich ihrer Tagebuchaufzeichnungen zu den Inhalten dieser Stunden. Zuletzt war der fünfundzwanzig Jahre ältere Gillot entschlossen, Frau und zwei nahezu erwachsene Töchter zu verlassen und machte seiner Schülerin einen Heiratsantrag. Sie lehnte ab. An einer Ehe und sexuellen Beziehung war sie nicht interessiert, blieb aber mit Gillot befreundet, – ein Muster, das sich in ihrem Leben häufig wiederholen sollte. Mit Gillot unternahm sie noch eine Reise nach Holland, wo er sie auf den Namen «Lou» taufte und konfirmierte. Auf anderem Wege hätte sie keinen eigenen Pass erhalten können.

Nach einem strengen Eignungstest – sie besaß keinen regulären Schulabschluss – begann sie 1880 an der Universität Zürich als einer der wenigen Hochschulen jener Zeit, die Frauen immatrikulierten, ein Studium der Religionswissenschaften, Logik, Metaphysik, Archäologie und Geschichte. Ein Lungenleiden führte zur Unterbrechung des Studiums und einer Reise in das günstigere Klima von Rom. Dort erhielt sie Zugang zum Kreis um Malwida von Meysenbug, in dem als «die Buben» der Philosoph Paul Rée und Friedrich Nietzsche verkehrten.

Rée verliebte sich augenblicklich in Lou von Salomé, hielt um ihre Hand an und wurde abgewiesen; zwischen beiden entwickelte sich gleichwohl eine enge Freundschaft. Als wenig später Nietzsche in Rom eintraf, wiederholte sich der Vorgang. Auch er machte ihr einen Heiratsantrag, pikanterweise durch Rée als Vermittler, wurde zurückgewiesen und blieb dennoch als Freund, Lehrer und Gesprächspartner willkommen. Sie schwärmte für eine geistige «Dreieinigkeit» dieses Trios, scheiterte aber an der Eifersucht der beiden Männer. Die Trennung und die tragischen Tode der beiden Männer, – der eine starb in geistiger Umnachtung, der andere durch einen ungeklärten Bergtod, – warfen für die Zeitgenossen einen ängstigenden Schatten auf ihre Persönlichkeit. Naheliegend war es, bestimmte Passagen aus Nietzsches «Zarathustra», die sich mit dem Wesen der Frau beschäftigen, auf die Begegnung mit Lou Salomé zurückzuführen. Nach ihrer Veröffentlichung über *Nietzsche in seinen Werken* (1894), in dem sie den Versuch unternahm, den «Denker durch den Menschen zu erläutern», sprach Anna Freud davon, Lou Andreas-Salomé habe mit diesem Buch über Nietzsche die Psychoanalyse vorweggenommen.

Inzwischen hatte sie den Orientalisten Friedrich Carl Andreas kennengelernt, der seinen Heiratsantrag durch einen Selbstmordversuch vor ihren Augen bekräftigte. Sie willigte schließlich unter der Bedingung ein, dass die Ehe sexuell nicht vollzogen werde.

Neue Kontakte wurden geknüpft, im «Friedrichshagener Dichterkreis» und «Freundeskreis der Freien Volksbühne» fand sich eine lose Vereinigung von Künstlern mit dem Ziel, ein zwangloses Leben zu führen sowie Dichtung und Theater im Sinne des Naturalismus zu erneuern. Zu diesem Kreis gehörten Bruno Wille, Otto Brahm, Richard Dehmel, Max Halbe, Knut Hamsun, Maximilian Harden, Gerhart Hauptmann, Hugo Höppener, Erich Mühsam, Frank Wedekind und vorübergehend auch August Strindberg.

In diesem Zusammenhang entstanden Texte zu der Fragestellung «Wie muss eine Ehe beschaffen sein, um auch der Selbstverwirklichung, besonders der Frauen, Raum zu lassen?» und ihr Buch *Henrik Ibsens Frauengestalten* von 1892. Ihr Ruf als Autorin war damit begründet. Zu zentralen Begegnungen ihres Lebens gehörten außerdem Rainer Maria Rilke und Sigmund Freud. Der eine veränderte seinen Namen auf ihr Drängen von «René» zu «Rainer», der andere bezeichnete sie als die «Dichterin der Psychoanalyse» und antwortete auf ihren offenen Brief zu seinem 75. Geburtstag (1931): «Es ist gewiss nicht oft vorgekommen, dass ich eine psychoanalytische Arbeit bewundert habe, anstatt sie zu kritisieren. Das muss ich diesmal tun. Es ist das Schönste, was ich von Ihnen gelesen habe, ein unfreiwilliger Beweis Ihrer Überlegenheit über uns alle.»[21]

Lou Andreas-Salomé gab dem Erleben und der ungewissen Suche des Fin de Siècle in ihrer 1910 erschienenen Schrift *Die Erotik* einen souveränen Ausdruck. Sie erwies sich darin den selbstherrlichen Argumenten eines brüchig gewordenen Positivismus vollkommen gewachsen und antwortete ihnen selbstbewusst. Das Erleben ihrer Zeitgenossen hob sie in einen reflektierten programmatischen Rahmen und setzte sich so kämpferisch mit den fortschrittsgläubigen, naturwissenschaftlich-technisch begründeten Haltungen ihrer Zeit auseinander. Der Positivismus als andere treibende Kraft der Jahrhundertwende fand in ihr eine streitfähige Opponentin. In dem zwischen 1906 und 1910 erarbeiteten Essay formulierte sie scharfsinnig:

«Man mag das Problem des Erotischen anfassen wo man will, stets behält man die Empfindung, es höchst einseitig getan zu haben. Am allermeisten aber wohl dann, wenn es mit Mitteln der Logik versucht wurde: also von seiner Außenseite her.

Bedeutet das an sich ja schon: so lange und so viel unmittelbare Lebendigkeit der Eindrücke abziehn, bis man sich in bequemster Übereinstimmung mit einer möglichst großen

Gesellschaft befindet. Oder anders ausgedrückt: die Dinge genügend unsubjektiv, genügend fremd von uns selber vorstellen, um anstatt der Ganzheit, Unzerstücktheit einer Lebensäußerung, ein auseinanderlegliches Stückwerk zu erlangen, das sich eben hierdurch im Wort fest fixieren, praktisch sicher handhaben, einseitig-total überblicken lässt.

Nun muss aber diese nämliche Darstellungsmethode, diese notgedrungen alles verstofflichende, entseelende, auch auf das angewandt werden, was uns im Nähern nur subjektiv bekannt, nur individuell zu erleben möglich ist, was wir deshalb gewöhnt sind als die ‹geistigen› oder ‹seelischen› Eindrücke von den Dingen zu bezeichnen, d. h. einfach: die Eindrücke sofern und soweit sie sich grade ihr prinzipiell entziehen.»[22]

Die Entwicklung des öffentlichen Lebens

Der französische Soziologe Georges Friedmann spricht in seinem Werk *La crise du progrès* 1936 erstmals von einer zweiten industriellen Revolution und datiert sie auf die Jahrzehnte vor und nach der Wende zum 20. Jahrhundert. Als ihre Charakteristika identifiziert er eine intensivierte Mechanisierung, den weitverbreiteten Einsatz von Elektrizität und die Massenproduktion von Gütern.

Dieser Sektor und die mit ihm verbundene Entwicklung auf naturwissenschaftlichem und technischem Gebiet übt bis heute eine ungeheure Faszination auf die Menschen aus. Das vollzieht sich parallel zu der geschilderten Sensibilisierung des seelischen und geistigen Lebens. In den Nachrichten aus dem Zeitgeschehen finden die Ereignisse dieses Bereiches immer größeren Raum. Die Macht der maschinellen Prozesse und die Gewalt des Möglichen machen immer größeren Eindruck.

Diese Entwicklung vollzieht sich in zunächst kleinen und langwierigen, rasch jedoch sich beschleunigenden und größer werdenden Schritten. Ein Blick auf das Jahr 1879 zeigt beispielhaft einige der angesprochenen Symptome.

So installiert der Ingenieur Werner von Siemens an seinem Privathaus eine Kohlenbogenlampe, um die Straße besser auszuleuchten. Wenige Monate später lässt die Stadt Berlin als weltweit erste einen ganzen Straßenzug mit dieser elektrischen Beleuchtung ausstatten.

Im selben Jahr bauen Siemens & Halske die erste brauchbare Elektrolokomotive und führen sie auf der Berliner Gewerbeausstellung vor. Nur eine fehlende Infrastruktur und die bewährte Technik der Dampfmaschine verzögern zunächst den Siegeszug der neuen Erfindung.

Die Politik trägt das Ihrige zu dem Fahrt aufnehmenden Prozess bei. Reichsjustizgesetze vereinheitlichen in diesem Jahr das Verfahrensrecht in Deutschland und schaffen so die Voraussetzung für eine reibungslose Verwertbarkeit der aus Grundlagenforschung hervorgehenden neuen Techniken und Produkte.

Die Faszination des Machbaren befeuert auch die politisch Handelnden und lässt Machtvisionen aufkeimen. Der sich später als so verhängnisvoll erweisende Zweierbund Deutschlands mit Österreich-Ungarn wird vertraglich vereinbart und es werden vom Reichstag Schutzzölle zur Förderung der nationalen Industrie beschlossen.

In New York eröffnet Winfield Woolworth seinen ersten Fünf-Pence-Store, aus dem bald eine Ladenkette hervorgeht und Byron Benson baut die Tidewater Pipe, die erste Pipeline, die Rohöl über eine Länge von fast 200 Kilometern transportiert und dabei einen Höhenunterschied von annähernd 800 Metern zu überwinden vermag. Mit der Giessbachbahn wird die erste Standseilbahn in Europa eröffnet.

Edison erfindet eine für den Alltagsgebrauch taugliche Glühlampe.

Eine elektrotechnische Gründergestalt

Thomas Alva Edison wird 1847 in Milan, Ohio als siebtes und jüngstes Kind einer Familie der unteren Mittelschicht geboren. Seine Lebensgeschichte ist nicht leicht zu rekonstruieren, da er ein außerordentlich begabter Selbstdarsteller war und sie bereits zu seinen Lebzeiten mit allerlei Mythen und Legenden ausschmückte.

So berichtete er, dass er schon früh als «Newsboy» bei der Eisenbahn sein Geld verdienen musste. Als er an einer Station nicht rechtzeitig bei Abfahrt zur Stelle war und dem Zug hinterherlief, habe ihn der mächtige Stauer im Packwagen an den Ohren gepackt und heraufgezogen. Dabei habe er im Ohr etwas reißen gespürt und fortan an Taubheit gelitten.

Tatsächlich war er jedoch schon viel früher nach nur zwölf Wochen aus der Schule gewiesen worden, weil er angeblich unbeschulbar war. Erst mit vier Jahren hatte er Sprechen gelernt. Seine Stirn und der gesamte obere Bereich des Kopfes waren überdimensional groß ausgebildet. Sobald er des Redens mächtig war, begann er die Menschen in seiner Umgebung zu examinieren mit Fragen, wie die Dinge seines Beobachtungsfeldes funktionierten. Waren sie nicht in der Lage adäquat Auskunft zu geben, fixierte er sie stumm mit einem durchdringenden Blick seiner tief liegenden blaugrünen Augen und insistierte: «Warum?»

Ergänzt durch phrenologische Analysen stand die Diagnose für seinen Lehrer somit fest. Sonderbares Verhalten, Kleinwüchsigkeit und Schwerhörigkeit ließen den vorgeblichen «Hohlkopf» als unbeschulbar erscheinen. Glücklicherweise war seine Mutter jedoch in der Lage, die schulische Ausbildung des Kindes zu Hause durchzuführen.[23]

Er machte ihr dabei nicht viel Mühe und der Hauptgrund dafür lag nach seiner eigenen Aussage in der Taubheit begründet. Sie lehrte ihn Lesen und er entdeckte die Bücher. «Ich habe nicht ein paar Bücher, ich habe die Bibliothek gelesen.» Seine Mutter lenkte ihn dabei auf die religiösen Stoffe, der erdenfestere Vater zahlte ihm 10 Cent für jeden gelesenen Klassiker.

Mit zwölf Jahren musste er für seinen Lebensunterhalt selbst sorgen. In den ersten drei Jahren fuhr er auf der Grand-Trunk-Eisenbahn zwischen Port Huron und Detroit und verkaufte Zeitungen und Süßigkeiten. Dann hatte er eine zündende Idee. Während des Bürgerkrieges 1861 – 1865 lechzten die Menschen nach Nachrichten vom Kriegsverlauf. Er beschließt, dieses Bedürfnis zu befriedigen, indem er eigenständig eine Sonderzeitung *The Weekly Herald* herausgibt, produziert und verkauft. Dabei macht er sich die angelesenen Erkenntnisse über Telegrafie und Drucktechnik zunutze. Auch in die unverzichtbaren praktischen Kenntnisse ist er durch einen Telegrafisten, dessen Sohn er vor dem sicheren Tod gerettet hatte, inzwischen eingeweiht. Er beherrscht das Morsen.

Befreundete Telegrafisten übermitteln ihm an den Stationen die jeweils neuesten Informationen über den Kriegsverlauf. Aus diesem Stoff schreibt, setzt und produziert er den Weekly Herald im Gepäckwagen eines abgestellten Zuges. Telegrafisch bittet er dann die Stationsvorsteher auf der Bahnstrecke des Zuges, sein Sonderblatt zu annoncieren, das er in den jeweiligen Packwägen ablegt. Auf diese Weise verkauft er 1.000 Zeitungen. In den besten Zeiten verdient er so 10 Dollar pro Tag, was weit mehr ist, als er ausgeben kann.

Danach arbeitet er in verschiedenen Städten Amerikas als Telegrafist und entwickelt ein profundes Verständnis der Telegrafentechnik. Er entdeckt die latente Bedeutung der Technik für viele Geschäftsbereiche.

1868 meldete er sein erstes Patent auf einen elektrischen Stimmenzähler für parlamentarische Versammlungen an. Der Kongress ignoriert die neue präzise Technik jedoch. Die Abgeordneten wollen kein schnelles und exaktes Verfahren. Sie bevorzugen die traditionelle, langsame Methode, da sie mehr

Möglichkeiten lässt, Anträge zu verzögern, Minderheiten herüberzuziehen und Abgeordnete umzustimmen. Seine Erfinderkarriere erfährt einen ersten herben Rückschlag.

Ein zentrales Motto seiner Lebensphilosophie entsteht als Konsequenz dieser Erfahrung: «Ich werde keine Zeit damit verschwenden, Dinge zu erfinden, die niemand kaufen will.»

Die Gelegenheit für ein erstes großes Geschäft ergibt sich aus der Serie «Schwarzer Freitage», welche die Börsen auf beiden Seiten des Atlantiks in den sechziger Jahren des 19. Jahrhunderts erschüttern.

Weltweite Verbreitung fand der blasphemische Begriff ‹Schwarzer Freitag› im Zusammenhang mit der amerikanischen Finanzkrise vom 24. September 1869, die von Goldspekulationen der Unternehmer Jay Gould und James Fisk und Gegenmaßnahmen der Regierung der Vereinigten Staaten ausgelöst wurde. Vielleicht hätten sich die Milliardenverluste von Aktienkapital vermeiden oder wenigstens vermindern lassen, wenn es eine bessere Kommunikation zwischen den Kapitalmärkten Europas und Amerikas gegeben hätte.

Einen Monat vor dem großen Crash meldet Edisons erste Firmengründung «Pope, Edison & Company» zwei Patente an, die er bald darauf für 40.000 Dollar verkaufen kann. Es handelt sich bei dieser Erfindung um einen verbesserten Typendrucktelegrafen, der ziemlich direkt an die Transatlantik-Seekabel angeschlossen werden kann und damit den ersehnten Informationsfluss auf sicheren Bahnen gewährleistet.

1869 ging Edison nach New York. Gemeinsam mit seinem Partner Franklin Leonard Pope führten sie als erste die Berufsbezeichnung Electrical Engineer (Elektroingenieur) ein. Rasch kam Edison zu einigem Vermögen, gründete von den Einkünften sein erstes kleineres Erfinder-Labor mit dazugehöriger Fertigungshalle in Newark, New Jersey, und widmete sich neuen Herausforderungen.

Erste und zweite Ehe

1871 heiratete er am Weihnachtstag Mary Stilwell, eine sechzehnjährige Angestellte seiner Firma.

Die Ehe war von fortwährenden Spannungen begleitet. Er hatte keine Zeit für die Familie und die Gesundheit seiner Frau verschlechterte sich permanent. Die Mutter dreier gemeinsamer Kinder starb mit neunundzwanzig Jahren.

Seine Tochter Marion ruft er «Dot», den Sohn Thomas Alva jr. «Dash», nach den beiden im Morsealphabeth gebräuchlichen Zeichen «Kurz» und «Lang».

Edison jr. wächst überwiegend bei Verwandten auf. Seine Jugend verbringt er in diversen Internaten. Alkoholexzesse und psychische Probleme veranlassen den Vater, ihn in einem seiner Betriebe unterzubringen, wo er scheitert.

Thomas Alva jr. bemüht sich als Erfinder, entwickelt eine wasserlösliche Tinte in Tablettenform, einen Elektrisierapparat als medizinisches Wundermittel und zahlreiche andere Quacksalbereien. Ernsthaftere Versuche im Hüttenwesen und der Vergasertechnik scheitern. Im Alter von neunundfünfzig Jahren wird er in einem unter falschem Namen gemieteten Hotelzimmer tot aufgefunden. Die Umstände bleiben ungeklärt.

Die zweite Eheschließung mit Mina Miller 1886 bereitet er listig vor. Minas familiärem und gesellschaftlichem Umfeld ist der atheistisch wirkende Erfinder nicht geheuer.

«Ich brachte der Dame meines Herzens das Morse-Alphabet bei und nachdem sie senden und empfangen konnte, kamen wir viel besser zurecht als wir es mit gesprochenen Worten je hätten tun können. Wir tippten uns unsere Botschaften einfach in die Hand.»

Eigens bestellte Anstandspersonen vermochten das heiße Herz des Erfinders nicht zu kühlen: «Ich fragte sie einfach per Morse-Alphabet, ob sie mich heiraten wolle. Das Wort «ja» kann leicht durch telegrafische Zeichen ausgedrückt werden und sie sandte es. Wäre sie gezwungen gewesen, das Wort auszusprechen, wäre es ihr schwerer gefallen.»

Im Sommer 1885, der Zeit des Werbens, führt Thomas Edison ein Tagebuch. Es wimmelt von Berichten über Träume, Schlafzustände und das Erwachen.

Neben der Beschäftigung mit seiner zukünftigen Ehefrau bietet sich dabei auch Gelegenheit zu Entdeckungen an der eigenen Existenz. Am 17. Juli notiert er: «Ich schlief so tief, dass nicht einmal Mina mich störte, die ansonsten Raphaels Seele zu einem Traum von der Jungfrau von Cataqua (Mina lebte in Chautauqua, New York) anzustacheln vermochte. Ich muss also sehr fest geschlafen haben. Wie gewöhnlich stand ich als letzter auf. Das liegt daran, dass ich taub bin.»

Edison kämpft nicht gegen seine Taubheit. Im Gegenteil, er weiß ihr sogar positive Seiten abzugewinnen. Als ihm das Angebot einer neuen – und wie er vermutet – aussichtsreichen Therapie unterbreitet wird, lehnt er sie ab. Auf dem linken Ohr war er völlig taub, auf dem rechten war ihm eine zwanzigprozentige Hörfähigkeit verblieben.

«Ich habe früh herausgefunden, dass meine Taubheit mich nicht behinderte das Klicken des Telegrafen zu hören, wenn ich mit meinen Ohren so dicht an ihm saß, wie ein Telegrafist das eben tun muss. Von Anfang an erkannte ich, dass Taubheit für einen Telegrafisten sogar von Vorteil war. Während ich ungestört das laute Ticken des Gerätes wahrnahm, hörte ich nicht die für andere auftretenden Störgeräusche. Ich stelle fest, dass ich von jener speziellen sozialen Interaktion abgeschnitten war, die man small talk nennt und ich bin glücklich darüber.»

Der Zauberer von Menlo-Park

Es wird an Edison unverkennbar jene Einkerkerung in eine eigene Welt, die ihn selektiv wahrnehmen und alles bewusst ausblenden lässt, zu dem er nicht von sich aus Kontakt aufnehmen will. So erfindet er, selbstzufrieden in einer selbstbegrenzten Welt vor allem auch sich selbst, den genialen Erfinder.

Nachdem er sich 1875 ein neues vergrößertes Erfinder-Labor in Menlo-Park, New Jersey aufgebaut hat, beschäftigt er 1886 in seinen verschiedenen Unternehmen etwa 3.000 Mitarbeiter. Er ist längst nicht mehr der einsame Tüftler-Erfinder. Eher ist er der große Erfinder-Feldherr, Erfinder-Manager, der durch ein Heer von Angestellten forschen, experimentieren und entwickeln lässt. Er gibt die Richtung vor, trifft die großen Entscheidungen, – und das nicht immer zum Besten der Sache und mit der wünschenswerten Gelassenheit und Umsicht.

So verliert er mit Nikola Tesla den vielleicht begabtesten seiner Mitarbeiter an seinen schärfsten Konkurrenten, George Westinghouse. Dabei geht es um die optimale Nutzung seiner wirksamsten Erfindung, der elektrischen Glühlampe und größerer Beleuchtungsanlagen. Edison vertritt eine auf Gleichstrom gestützte Technologie, Westinghouse hat früh die Vorteile des Wechselstroms erkannt. Nachteil der Gleichstromtechnik ist, dass sich aufgrund hoher Spannungsverluste nur kurze Leitungsbahnen realisieren ließen und praktisch in jedem elektrifizierten Haus ein eigenes Kraftwerk hätte stehen müssen. Der Wechselstrom ließ längere Zubringerleitungen und hochgespannte Überlandleitungen zu.

Tesla hatte in Paris in einer Edison-Firma gearbeitet und war 1884 mit einem Empfehlungsschreiben und einer Reihe von Entwürfen zu Wechselstromanlagen nach Amerika gekommen. Edison stellte ihn an, um seine Gleichstrom-Dynamos zu verbessern. Dafür versprach er ihm 50.000 Dollar Prämie. Tatsächlich gelang es Tesla innerhalb eines Jahres 24 stark verbesserte Dynamos fertigzustellen. Als er die Prämie bei Edison einfordert, blafft der ihn an, er habe wohl den amerikanischen Humor nicht verstanden und bietet stattdessen eine Gehaltserhöhung von 10 Dollar pro Woche.

Tesla kündigt augenblicklich und tritt in die Dienste von Westinghouse. Die Überlegenheit des Wechselstroms wird rasch deutlich.

Und jetzt zeigt Edison eine Seite, die dem «Zauberer von Menlo-Park», dem Erfinder von Glühbirnen, Gleichstromsystemen, Phonograph, Kinetograph und Halter von 1.093 Patenten als Lebensleistung niemand zugetraut hatte.

Bekannt war seine Schüchternheit im privaten Umgang, geflegt sein Image als Menschenfreund, berühmt der Charme, mit dem er Verkaufsgespräche in unnachahmlicher Eleganz abwickeln konnte. Jetzt kam der skrupellose Propagandist zum Vorschein.

Er bezichtigte die unliebsame Konkurrenz lebensgefährlicher Risiken, ließ Flugblätter drucken um die Bevölkerung vor den schrecklichen Gefahren des Wechselstroms aufzuklären. Zuletzt schreckt er auch vor Demonstrationen nicht zurück, in denen er zunächst Hunde und Katzen, später Kälber und Pferde, zuletzt einen Elefanten auf Metallplatten stellen, sie mit einem Wechselstromgenerator der Firma Westinghouse verbinden, und schließlich durch gezielte Stromschläge töten lässt.

Dies führt zu einer Anfrage seitens einer New Yorker Kommission, ob Edison nicht für zur Todesstrafe Verurteile eine durch Elektrizität betriebene Tötungsvorrichtung entwickeln könne. Er bejaht, es gebe durchaus die Möglichkeit einer schmerzfreien Tötung. Allerdings käme dafür nur Wechselstrom in Frage und als Bezeichnung schlägt er «Electricution» oder «to westinghouse» vor.

Am Tag der ersten Hinrichtung erleben die Augenzeugen «Ein entsetzliches Schauspiel – weit schlimmer als Erhängen!», wie die New Yorker Zeitung den Anblick platzender Adern, verbrennenden Fleisches und sengender Schädelknochen beschreibt. George Westinghouse war mit allen juristischen Mitteln gegen diese Inszenierung vorgegangen und unterlegen. «Sie hätten auch die Axt nehmen können», lautet sein bitterer Kommentar.

Edison beherrscht aber auch die zuckersüße Tonart. Sie entspricht der tiefen Überzeugung: «Werbung reibt die Wünsche in die Augen.»

So nannte er seine in New York gegründete Gesellschaft nicht Elektrizitätsgesellschaft, sondern Beleuchtungsgesellschaft. Sein Kraftwerk hieß Lichtwerk und überhaupt bot er nicht Strom, sondern Licht an.

Am Tag nach seinem Tod brachte die *New York Times* viele Stimmen berühmter Menschen, die auf Edisons Leben zurückblickten. Der einzige kritische Kommentar kam von Nikola Tesla. «Wenn Edison eine Nadel im Heuhaufen finden müsste, würde er sich sofort mit Bienenfleiß daran machen, Halm um Halm umzuwenden bis er das Objekt seiner Untersuchung gefunden hat. Er hatte kein Hobby, kümmerte sich um keinerlei Vergnügungen und lebte in völliger Missachtung der elementarsten Regeln der Hygiene. Seine Methode war extrem ineffizient, da ein ungeheuer großes Gebiet abgesucht werden musste, um irgendetwas zu finden, was zumeist nur durch blinden Zufall gelang. Ich wurde zum traurigen Zeugen dieses Treibens, wohl wissend, dass schon ein kleines bisschen Theorie und Überlegung ihm 90 Prozent seiner Arbeit erspart hätten. Aber er hatte eine regelrechte Verachtung für wissenschaftliches Lernen und mathematisches Wissen und vertraute einzig und allein auf seinen Erfinder-Instinkt und seinen praktischen amerikanischen Verstand.»[24]

In Edisons eigenen Worten klang das Schuldeingeständnis so: «Es gibt keine Organisation. Ich bin die Organisation.»

Kurze Zeit vor seinem Tod äußerte er in einem Rückblick, dass es sein größter Fehler gewesen sei, Tesla und seiner Arbeit nicht den nötigen Respekt entgegengebracht zu haben.

Das Unerlöste des Hexenmeisters

Eine wenig bekannte, aber nicht unwichtige Tatsache ist, dass Edison in einem bestimmten Augenblick seines Lebens die Nähe zur Theosophischen Gesellschaft suchte.

Am 5. April 1878 erhielt Colonel Olcott, Präsident der Theosophischen Gesellschaft den am Vortag unterschriebenen Mitgliedsantrag von Thomas Alva Edison. Edison war vor allem von den Themen der Gesellschaft angezogen worden, die im Zusammenhang mit gewissen Erfahrungen standen, wie sich Ideen bei seiner Erfindungstätigkeit in ihm entwickelten. Es schien Edison als rührten sie von einer inneren Intelligenz her, die unabhängig von seiner willentlich gesteuerten Gedankentätigkeit wirksam war.

Auch hatte er sich mit Experimenten beschäftigt, physische Gegenstände durch geistige Anstrengung fortzubewegen. Ohne Zweifel empfand er große Hochachtung für die Ziele der Gesellschaft, aber sein Interesse für mechanische Themen hielt ihn von einer aktiven Mitarbeit ab.

Das Bedürfnis nach einer Verbindung zu geistigen Erfahrungen ist durch diese Verbindung dokumentiert. Sie gibt wieder, was in so vielen Lebensläufen der Jahrhundertwende auftaucht. Alte Glaubenssätze, in das Gewand eines materialisierten Denkens des 19. Jahrhunderts gekleidet, tragen keine überzeugende Kraft mehr in sich. Gesucht wird eine neue Erfahrung, die mit der Szenerie der neuen Naturwissenschaften kompatibel sein soll und Raum für eine freie Entwicklung des Individuellen lässt.

Zum Ende seines Lebens beschäftigt sich Edison verstärkt mit der Erfindung einer Maschine, welche Verbindung mit der geistigen Energie von Verstorbenen herstellen kann. Heilige Einfalt des Materialismus! Wie soll eine Maschine das Nichtmaschinelle, wie sollen Stoff und Mechanik den lebendigen Geist repräsentieren?

Der Zeitpunkt dieser Beschäftigung liegt aber gerade in den Jahren, in denen das Fin de Siècle zu Ende geht, wo der Schrecken überhand nimmt und stärkere Ausdrucksformen gesucht werden, um dem Grauen Ausdruck zu verleihen.

Wenige Tage bevor Edison am 18. Oktober 1931 stirbt, äußert er nach einem kurzen Mittagsschlaf: «Es ist sehr schön dort draußen.» Es sind die Worte eines Aufmerksamen, der zeitlebens nicht zuletzt wegen einer körperlichen Beeinträchtigung ein reiches inneres Leben geführt hat.

Beschleunigung des allgemeinen Lebens

Die Veränderung des Weltbildes schreitet überall rapide voran. In Leipzig wird 1879 unter Leitung von Wilhelm Wundt das erste psychologische Institut gegründet und in Kopenhagen Ibsens Drama *Nora oder Ein Puppenheim* uraufgeführt.

In die machtvollen Wogen des herrschenden Kulturlebens mischen sich als Unterströmung die komplementären Einflüsse eines befreienden Geisteslebens. Zu den Symptomen dieser Bewegung gehört nicht zuletzt auch die von Gottlob Frege veröffentlichte Begriffsschrift, in der er als Erster eine formale Sprache auf dem Gebiet der Logik entwickelt. In seinem Untertitel trägt die Schrift die Bezeichnung *Eine der arithmetischen nachgebildete Formelsprache des reinen Denkens*. Von hier aus ist es der inneren Erfahrung nach ein überschaubarer Weg zu einem Bewusstsein, das sich mit sich selbst verständigt und die Möglichkeit eines sinnlichkeitsfreien Anschauens in sich findet. Der Weg zu einer übersinnlichen Anschauung wird frei.

Die Parallelität von Lou Andreas-Salomés Plädoyer zur Rettung des «im Nähern nur subjektiv Bekannten, nur individuell zu Erlebenden, was wir gewöhnt sind als die ‹geistigen› oder ‹seelischen› Eindrücke von den Dingen zu bezeichnen» zu dem von Frege entwickelten «reinen Denken», das auf höchst abstrahierter Ebene zur Grundlage der heutigen Computertechnik und Informatik wird, weist auf den Hiatus hin, der mit der Wende vom 19. zum 20. Jahrhundert verbunden ist. Sein Spaltungsrisiko enthält nicht zuletzt auch einen ersten Hinweis auf jene Zukunft des «Tittitainments», die erst im 21. Jahrhundert vollen Umfang gewinnt. 1879 wird in England die erste Profi-Fußballliga der Welt gegründet.

Der gesellschaftliche Umbruch nimmt deutlichere Gestalt an. Die sozialen Verwerfungen der zweiten Industrialisierung drängen stärker in den Blick. 1885 streiken in Berlin etwa 12.000 Maurer. Doch verpufft aufgrund unzureichender Organisation ihr Engagement zunächst.

Gleichzeitig eröffnen sich neue Technikmärkte. Carl Benz baut einen dreirädrigen Kraftwagen und Gottlieb Daimler das erste Benzinmotorrad. Es ist nur noch ein kurzer Schritt zur Massenproduktion von Automobilen durch die Fließbandtechnik Henry Fords in den USA. Ähnlich wie in der Elektrotechnik wird auch diese neue Technologie eine Kettenreaktion von Infrastrukturmaßnahmen in Form von Erdölproduktion, chemischen Erfindungen und technischen Neuerungen auslösen.

Der neue deutsche Staat

Ein eigenes Kapitel bildet das Großmachtstreben des jungen Deutschen Reiches. In großer Eile ist es bemüht, dem Vorbild etablierter europäischer Staaten zu folgen und internationalen Einfluss zu gewinnen, Kolonialmacht zu werden. Die zur Vertretung dieses Anspruchs erforderliche Kriegsflotte wird geplant, das Heer einsatzbereit gehalten. Am 17. Mai 1879 stellt Kaiser Wilhelm I. der deutschen Neuguinea-Kompanie nach britischem Vorbild einen Schutzbrief aus. Die Kolonie

Deutsch-Neuguinea entsteht. Am 15. Oktober erhalten die Marshallinseln den Status eines Deutschen Schutzgebietes.

Im Streit um die Oberhoheit über die Karolinen wird dem Papst ein politisches Schiedsrichteramt übertragen. Deutschland und Spanien fügen sich einvernehmlich dem Spruch Leo XIII. zu Gunsten Spaniens.

Aber schon am 5. November wird das deutsche Streben nach Kolonialbesitz durch die Gründung von Finschhafen auf Neuguinea weiter befriedigt. Es entsteht das Verwaltungszentrum der Kolonie Kaiser-Wilhelms-Land. Der Bismarck-Archipel wird deutsch. Nietzsches «unzeitgemäße Schrift», in der er militärische Überlegenheit von kultureller Dignität unterscheidet, verhallt ungehört.

Die sich formierende Arbeiterschaft gründet am 7. Januar 1885 mit den Buchdruckern als erster Berufsgruppe eine Berufsgenossenschaft. Zu den konstruktiven Versuchen einer neuen Gesellschaftsordnung mit gerechtem Interessenausgleich gehört die von Pastor Friedrich von Bodelschwingh gegründete erste Bausparkasse in Deutschland.

Als Menetekel für die Gräuel des nahenden Jahrhunderts erscheint die Erfindung des Maschinengewehrs durch Hiram Maxim. Auslöser ist Maxims Besuch der Elektrizitäts-Ausstellung in Paris von 1881. Dort gibt ihm jemand den Hinweis, dass man, wolle man richtig Geld verdienen, etwas erfinden müsse, mit dem sich die Europäer effektiver umbringen könnten.

Keimendes und Verdorrendes

Bezeichnend für das Fin de Siècle sind aber jene seelisch-seismischen Bewegungen, die unvermutet als große moralische Wogen an die Oberfläche treten. Sie haben ihre Ursache häufig in individuellen Anstößen, die mit dem Jahrhundertübergang auf rätselvolle Weise zusammenhängen. Ein solcher Anstoß, ausgelöst durch das weltweite Wettrüsten, bringt dabei eine der schönsten Initiativen des 20. Jahrhunderts hervor.

Sie hängt zentral mit Ellen Key, einer 1849 in Sundsholm geborenen Tochter des Reichstagabgeordneten Emil Key zusammen. Ohne formelle Schulerziehung ausschließlich durch Hausunterricht gebildet, zieht sie 1868 mit der Familie nach Stockholm um. Ihr Vater ist dort als Gründer der Bauernpartei in den schwedischen Reichstag gewählt worden.

1869 erscheinen erste Artikel von ihr in einer renommierten Frauenzeitschrift. Ihre Themen sind gesellschaftspolitischer Natur und kreisen um Freiheits- und Gerechtigkeitsprobleme. Kindern der örtlichen Sonntagsschule erteilt sie Unterricht in Geschichte und Poesie, jungen Damen in einer Volkshochschulinitiative Geschichte und Literatur. 1878 schließlich beginnt sie mit einer regulären Unterrichtstätigkeit an einer privaten Schule in Stockholm. 1898 beendet sie diese Tätigkeit, um sich nach mehr als zwanzig Jahren pädagogischer Praxis verstärkt ihrer schriftstellerischen Tätigkeit zu widmen.
So erreicht sie, dass mit dem Einläuten des neuen Jahrhunderts ihr Hauptwerk, die Schrift über eine zukünftige Erziehung in die Buchläden kommt. *Barnets århundrade – Das Jahrhundert des Kindes*, lautet sein Titel. Die erste deutsche Ausgabe erscheint 1902. Innerhalb von neun Jahren erreicht es 15 Auflagen, bis 1926 sogar 36 Auflagen.

Bezüglich ihrer Motivation und der Wahl des Titels wies sie später auf eine politische Zeichnung hin, die sie zutiefst beeindruckt habe. Da sei das neue Jahrhundert «als ein nacktes Kindlein, das sich zur Erde hinabsenkt – aber sich erschrocken zurückzieht bei dem Anblick des mit Waffen gespickten Balles, auf dem für die neue Zeit nicht ein Zoll breit Boden frei ist, den Fuß darauf zu setzen!»[25], dargestellt worden.

Bei ihr löste das den Impuls zu einem entschiedenen Einsatz für die Belange des Kindes aus. Es mündete in ein neues Denken, das die gewöhnliche Struktur pädagogischen Denkens umstülpte. Nicht in Programmen und Zielvorstellungen sollte sich pädagogisches Interesse erschöpfen, sondern in einem Denken «vom Kinde aus» manifestieren. Der Lehrer als Lernender sollte die Schülerrolle seiner eigenen Entwicklung realisieren, um Kinder verstehen zu können und sich für das Erziehen zu qualifizieren.

Dabei sollte dem Kind gegenüber der alten «Lehranstalt» oder «Paukschule» eine viel größere Eigeninitiative und Selbstbestimmung eingeräumt werden. Bis zur Wahl ihres Unterrichtsstoffes sollten Kinder Gelegenheit zur Mitgestaltung des Unterrichtes erhalten. Der Lehrplan sollte sich den Jahreszeiten anpassen, auf die Abfolge der Unterrichtsfächer geachtet werden und dabei positive, sich gegenseitig verstärkende Zusammenhänge gefunden werden.

Insbesondere sollte die Kunst einen größeren und anspruchsvolleren Raum erhalten. Repräsentative Arbeiten bedeutender Künstler sollten auf dem Schulgelände zu finden sein, um das Kind in seiner ästhetischen Entwicklung anzuregen.

Mit Zeit sollte ökonomisch umgegangen werden und die Stundenpläne unter diesem Gesichtspunkt durchforstet werden.

Der übersehene Hilferuf eines Kronzeugen

Mit diesen Anregungen geht Ellen Key latent auf den Hilferuf Charles Darwins in den 1876 für seine Enkelkinder niedergeschriebenen Lebenserinnerungen ein. Darin hatte Darwin einen tragischen Zusammenhang zwischen Lebenswerk und Verhalten oder leiblicher Konstitution an sich selbst diagnostiziert:

«Ich habe schon erwähnt, dass in einer bestimmten Hinsicht sich mein Bewusstsein in den letzten zwanzig oder dreißig Jahren stark verändert hat. Bis zum Alter von dreißig Jahren und später verursachten mir die Werke von Milton, Gray, Byron,

Wordsworth, Coleridge und Shelley große Freude und bereits als Schulkind liebte ich die Werke Shakespeares, insbesondere die historischen Dramen. Ich habe auch erzählt, dass bildnerische Werke mich sehr und Musik sogar außerordentlich erfreuten. Aber nun kann ich es schon seit vielen Jahren nicht mehr ertragen auch nur eine einzige Zeile Dichtung zu hören: Kürzlich habe ich versucht, Shakespeare zu lesen, fand das aber so unbeschreiblich stumpfsinnig, dass es mir Brechreiz erzeugte. Ich habe nahezu jedes Bedürfnis nach Bildern oder Musik verloren. – Musik versetzt mein Denken in ein zu aufgeregtes Verhältnis zu dem, woran ich arbeite, statt mir Entspannung zu bringen.

Einen gewissen Geschmack für schöne Bühnenbilder habe ich mir erhalten, aber auch das bereitet mir längst nicht mehr die außergewöhnliche Freude von früher. Stattdessen bieten mir Werke der Einbildungskraft, Romane von nicht allzu hohem Anspruch jetzt schon seit Jahren wunderbare Entspannung und Vergnügen und oft segne ich ihre Verfasser. Eine erstaunliche Anzahl ist mir laut vorgelesen worden und ich mag sie alle, wenn sie nur einigermaßen brauchbar geschrieben sind und nicht böse enden – wogegen allerdings ein Gesetz erlassen werden sollte. Ein Roman, ganz nach meinem Geschmack findet dann uneingeschränkte Anerkennung, wenn er eine Person schildert, die man voll und ganz lieben kann, und am besten ist das eine schöne Frau.

Dieser merkwürdige und bedauerliche Verlust der höheren ästhetischen Empfänglichkeiten ist umso seltsamer, als Bücher über Geschichte, Biografien, Reiseberichte (unabhängig von ihrem wissenschaftlichen Wert) und Essays über alles mögliche mich genauso interessieren wie ehedem. Mein Verstand scheint eine Art von Maschine geworden zu sein, der große Faktensammlungen in allgemeine Gesetze zermahlen kann. Warum das aber die Verkümmerung jener Gehirnpartien verursacht haben soll, auf denen die höheren Empfindungen beruhen, kann ich nicht begreifen. Einem Mensch mit einem höher organisierten oder besser konstituiertem Gehirn als dem meinigen, wäre das wohl nicht zugestoßen. Wenn ich mein Leben noch einmal zu leben hätte, würde ich es mir zur Regel machen, mindestens einmal pro Woche etwas Poesie zu lesen oder Musik zu machen; vielleicht wären die atrophierten Partien meines Gehirns durch solche Übung besser erhalten geblieben. Der Verlust der höheren Empfindungen ist ein Verlust von Glückserlebnissen und könnte möglicherweise schädlich für den Intellekt, noch problematischer aber wegen der Schwächung unserer Emotionalität für den moralischen Charakter sein.»[26]

Posaunen des Untergangs

Zum Wechsel des Jahres wird das neue Jahrhundert mit enormem propagandistischen Aufwand eingeläutet. In Paris eröffnet die Weltausstellung, die während ihrer Dauer 47 Millionen Besucher anzieht. Zahlreiche Erfindungen und technische Neuerungen werden vorgeführt, unter anderem der Dieselmotor, der Tonfilm und die Rolltreppe.

Rechtzeitig zur Ausstellung nimmt außerdem die Metro ihren Betrieb auf, Vorbild zahlreicher Untergrundbahnen in der ganzen Welt. Dem zunehmenden Körperkult und der Versportung der Gesellschaft tragen die gleichzeitig veranstalteten Zweiten Olympischen Spiele in Paris Rechnung.

Weltweit nehmen Kriege an Härte und Brutalität zu. In Südafrika kommt es zum zweiten Burenkrieg und nach dem Zusammenbruch der klassischen Armee setzen die Buren die Auseinandersetzungen unter Führung von Christiaan De Wet als Guerillakrieg fort. Die Engländer erleiden dabei empfindliche Verluste. Sie errichten «Konzentrationslager», um «Frauen und Kinder vor sich selbst zu schützen und der außerordentlich schwierigen Versorgungslage» Rechnung zu tragen. In China tobt der Boxeraufstand. Es handelt sich um einen Aufstand der Bevölkerung gegen den entfremdenden Einfluss ausländischer Mächte und die Verseuchung durch den Opiumhandel. Als sich ein internationales Einsatzheer bildet, werden die verspätet einsatzbereiten deutschen Truppen von Kaiser Wilhelm I. mit den Worten verabschiedet: «Kommt Ihr vor den Feind, so wird er geschlagen, Pardon wird nicht gegeben; Gefangene nicht gemacht. Wer Euch in die Hände fällt, sei in Eurer Hand. Wie vor tausend Jahren die Hunnen unter ihrem König Etzel sich einen Namen gemacht, der sie noch jetzt in der Überlieferung gewaltig erscheinen lässt, so möge der Name Deutschland in China in einer solchen Weise bestätigt werden, dass niemals wieder ein Chinese es wagt, etwa einen Deutschen auch nur scheel anzusehen.»[27]

Der Geist des Wilhelminismus prägt sich auf diese Weise in das Bewusstsein der internationalen Staatengemeinschaft ein. Das eben erst (in der Ära der Republiken und Demokratien!) neu gegründete Kaiserreich tritt nicht durch Ideenreichtum und Fortschritt in die Weltöffentlichkeit, sondern durch Machtstreben und Barbarei. Was einige Jahrhunderte zuvor Europa in Angst und Schrecken versetzte, wird jetzt als Leitbild für einen Rachefeldzug in Asien propagiert. Ein Hagel moralischer Protestnoten geht auf Berlin nieder.

Die geheime Schrift des Spektakels

Immer weiter beschleunigt sich das Stakkato technischen Fortschritts, sozialer Konflikte und weltanschaulicher Zuspitzung. Lenin geht nach München ins Exil, Freud veröffentlicht sein Werk über die Traumdeutung, in Wien werden Frauen zum Hochschulstudium zugelassen, Preußen führt «Sexuelle Aufklärung» als Schulfach ein, BGB und HGB treten in Kraft und

Max Planck legt mit dem Strahlungsgesetz die Grundlagen zur Quantentheorie.

Verfolgt man den technischen Fortschritt systematisch, fällt auf, dass sich da eine verborgene Anthropologie zeigt. Die präsentierten Erfindungen haben entweder

- mit dem Vorstellungsvermögen des Menschen (Bildcharakter),
- dem Hör- und Erlebnisvermögen des Menschen (Gefühlscharakter) oder
- mit dem Kraftvermögen des Menschen (Willenscharakter) zu tun.

Immer handelt es sich dabei um Verstärkung und Übertragung. Und nie geht es ohne schädigende oder mindernde Rückwirkung auf die menschliche Konstitution selber ab. Immer aber zeigt sich dabei ein Prozess der Veräußerlichung und Heraussetzung von Qualitäten des seelischen Lebens. In der Übersicht sieht die Entwicklung der genannten Erfindungen folgendermaßen aus:

Vorstellungs- (Bild-) Übertragung

1871	Photographische Trockenplatten: Richard Leach Maddox
1884	Linotypemaschine: Ottmar Mergenthaler
1886	Lochkarten: Hermann Hollerith
1893	Kinetoskop, perforierter Zelluloidfilm, Filmformat «35 mm»: Thomas Alva Edison
1895	Cinematograph: Auguste Lumière, Louis Lumière
1900	Tonfilm: Léon Gaumont
1903	Autochromplatte (Farbphotographie): Auguste u. Louis Lumière
1903	Radar: Christian Hülsmeyer
1914	Kleinbildkamera: Paul Dietz, Oscar Barnack
1915	Echolot: Paul Langevin, Frankreich
1924	Schwarz-Weiß-Fernseher: Wladimir Kosma Zworykin, John Logie Baird

Gefühls- (Hörerregungs-) Übertragung

1876	Telefon: Alexander Graham Bell (2002 wird Antonio Meucci vom Kongress der USA zum Erfinder und ersten Patentinhaber des Telefons erklärt, Alexander Graham Bell zum Betrüger.)
1877	Phonograph: Thomas Alva Edison
1878	Mikrofon: David Hughes
1881	Stereophonie: Clement Ader
1887	Grammofon: Emile Berliner; Thomas Alva Edison
1889	Münzfernsprecher: William Gray
1906	Rundfunk: Reginald A. Fessenden

Willens (Kraft-) Übertragung

1876	Ottomotor: Nikolaus August Otto
1879	Elektrischer Zug
1881	Straßenbahn: Werner von Siemens
1881	Städtisches Wasserkraftwerk
1884	Dampfturbine: Charles Parsons
1884	Benzinmotor: Gottlieb Wilhelm Daimler
1885	Sicherheits-Fahrrad: J.K. Starley
1885	Motorrad: Gottlieb Wilhelm Daimler
1885/86	Automobil (Dreirad), Kutsche m. Benzinmotor: Carl Friedrich Benz, Gottlieb Wilhelm Daimler, Wilhelm Maybach
1885	Maschinengewehr: Hiram Maxim
1891	Hanggleiter: Otto Lilienthal
1891	Elektroherd: Carpenter Electric Company
1892	Dieselmotor: Rudolph Diesel
1893	Automatische Handfeuerwaffe: Hugo Borchardt
1895	Drahtlose Telegrafie: Guglielmo Marconi
1895	Luftbereifung für Wagen: André u. Edouard Michelin
1900	Zeppelin: Graf Ferdinand von Zeppelin
1901	Staubsauger: Hubert Cecil Booth, England
1901	Motorflug - Flugstrecke 850 m
1903	gesteuerter Motorflug: Orville u. Wilbur Wright

1904	Mixgerät für Milchshakes: Amerika
1906	Tragflügelboot: Enrico Forlanini, Italien
1910	Wasserflugzeug: Henri Fabre
1910	Elektrischer Schneebesen: Georg Schmidt, Fred Osius
1911	Luftpost
1913	Fließband: Henry Ford
1914	Reißverschluss: Otto Frederick, Gideon Sundback
1914	Verkehrsampel: American Traffic Signal Company
1915	Pyrex (Hitzebeständiges Glas ohne Bleianteile)
1916	Panzer: William Tritton, W.G. Wilson
1920	Haartrockner: Racine Universal Motor Company
1921	Maschinenpistole: John T. Thompson, Amerika
1921	Autobahn: Avus, Berlin, Deutschland

Es kann dabei festgestellt werden, dass es vor allem eine Steigerung des Willensbereiches ist, dem die meisten Erfindungen gelten. Ab dem letzten Drittel des 20. Jahrhunderts werden Pädagogen und Kultursoziologen über eine epidemische Abnahme der Willenskräfte im Jugendalter berichten. Zugleich werden sie eine zunehmende Brutalisierung und Machtbesessenheit durch Maschinenkräfte klagen.

Ganz offensichtlich gibt es ein unausgeglichenes, ständig sich intensivierendes Vakuum, das mit den unbeantworteten Fragen und ungestillten Bedürfnissen des Fin de Siècle zusammenhängt.

Wie kann ein neues, tragendes Selbstverständnis des Menschen errungen werden? Welche Kräfte sind im Menschen und in der Welt wirksam? Wie können diese Kräfte wahrgenommen, erfahren, verstanden und gehandhabt werden?

Manches ist versucht worden, um den genannten Fragen auf die Spur zu kommen. Im Mainstream aber wird ihr Kanon verdrängt. Fortschrittsglauben und materialistische Aufklärung scheinen auf einem unaufhörlichen Siegeszug und die Folgeschäden der Ignoranz werden von dem verkrüppelten

Seelenhabitus der Überlebenden nicht mehr als pathologisch wahrgenommen. Eine Evolution des Abgrunds gerät in den Bereich des Möglichen.

Initial und Impuls der Theosophischen Gesellschaft

Zu den Initiativen, das geistige und moralische Vakuum zu füllen, gehört die Gründung der Theosophischen Gesellschaft 1875 in New York. Die drei zentralen Personen des Gründungskreises sind Helena Petrovna Blavatsky, Henry Steel Olcott und William Quan Judge. Sie hatten sich im Laufe des Jahres 1874 kennengelernt und gemeinsame Interessen auf dem Gebiet von Esoterik, Freimaurerei und Okkultismus festgestellt.

Helena Petrovna Blavatsky war ohne Zweifel die bekannteste der Drei. 1831 in der Ukraine als Helena von Hahn, Tochter eines deutschen Offiziers in russischen Diensten und einer russischen Romanautorin alten Adels geboren, hielt sie sich häufig im Kaukasus auf und lernte tatarisch-schamanistisches sowie buddhistisches Gedankengut kennen. Daneben erlebte sie die erlebnisgewaltige Ritualik der orthodoxen Kirche und wuchs mit den Bildern und Sagen des alten Volksglaubens auf.

Als sie elf Jahre alt war, starb ihre Mutter. Sie kam zu den Großeltern und wohnte abwechselnd in Saratow, Odessa und Sankt Petersburg. Ihr Temperament war wild, sie setzte ihren Willen ohne Skrupel durch und fügte sich kaum den Konventionen ihres gesellschaftlichen Standes. Als sie einmal an einer ungeliebten Gesellschaftsveranstaltung teilnehmen sollte, verbrühte sie sich die Beine eigenhändig mit kochendem Wasser, um zu Hause bleiben zu dürfen.

Schon früh verkehrte sie in der Boheme und lernte die okkulten Praktiken des Mesmerismus kennen. Auch zu den in dieser Zeit sehr beliebten Séancen fand sie rasch Zugang.

Mit siebzehn Jahren heiratete sie, um der familiären Enge zu entgehen, den dreißig Jahre älteren Nikifor Blavatsky, Offizier und Vizegouverneur der russischen Provinz Armenien. Nach einigen gemeinsamen Monaten in Eriwan, sie bestand auf einer unvollzogenen Ehe, floh sie mit einem Schiff über Odessa nach Konstantinopel. Zahlreiche Reisen durch Europa und Afrika schlossen sich an. Zwischen 1848 und 1858 war sie nach nicht überprüfbaren eigenen Angaben in Ägypten, Tibet, Afrika, den beiden Amerikas, Europa und Asien. Dabei will sie in Kontakt mit Medizinmännern, Mystikern, Voodoo-Schamanen und Meistern der Weisheit gekommen sein, fortgeschrittenen Individuen einer weißen Bruderschaft, in der für die geistige und moralische Entwicklung der Menschen gesorgt wird. Auch die Anregung zur Gründung der Theosophischen Gesellschaft sei ihr von einem der Meister gegeben worden.

Ihre Biografie blieb zeitlebens aufregend. Verschiedene Männer, ein angeblich von ihr zur Welt gebrachtes schwerstbehindertes Kind namens Juri, um dessen Pflege sie sich hingebungsvoll kümmerte und ob dessen Tod, der «großen Liebe ihres Lebens», sie den Glauben an das Christentum verlor, bildeten ein undurchdringliches Gestrüpp menschlicher Wirrungen. Als ein ärztliches Bulletin bekannt wurde, dass aufgrund von anatomischen Besonderheiten die Möglichkeit zur Empfängnis bei ihr ausschloss, nahm das öffentliche Erstaunen nicht ab. Juri war möglicherweise das Kind ihrer Schwester gewesen, das Ungewöhnliche ihr Standard.

1871 wollte sie mit ihrem Lebensgefährten von Odessa nach Kairo reisen. Während der Überfahrt explodierte eine an Bord befindliche Ladung Feuerwerkskörper. Von 400 an Bord befindlichen Menschen überlebten nur 17. Zu ihnen zählte Blavatsky, ihr Freund kam um.

Eine Aufzählung aller Skandale und gegen sie erhobenen Betrugsvorwürfe gefährdet ihre Glaubwürdigkeit nahezu vollständig. Und doch ist sie es, die die ersten theoretischen Grundlagen der theosophischen Weltauffassung mit den

Werken *Isis entschleiert* (1877), *Die Geheimlehre* (1888), *Die Stimme der Stille* (1889) und *Der Schlüssel zur Theosophie* (1889) legt.

Sie ist es auch, die durch ihre vielfältige schriftstellerische Tätigkeit, durch ihre medialen Fähigkeiten und die Aura des Geheimnisvollen den entscheidenden Beitrag zur Popularisierung der Theosophie leistet. Sie stirbt 1891 in London.

Henry Steel Olcott, ein Jahr jünger als Blavatsky, 1832 in Orange, New Jersey geboren, war das Kind einer puritanischen Familie. Nachdem er eine landwirtschaftliche Ausbildung gemacht, Agrarwissenschaft studiert und durch seine Arbeiten über eine wissenschaftlich geführte Musterfarm auf sich aufmerksam gemacht hatte, erhielt er Angebote für einen Lehrstuhl in Athen, aus Südafrika und vom Landwirtschaftsministerium, die er allesamt ablehnte. Stattdessen wurde er Journalist im Bereich landwirtschaftlicher Themen.

Mit Beginn des Bürgerkrieges meldete er sich freiwillig zum Heer und wurde bald ins Kriegsministerium zur Bekämpfung von Bestechung und Korruption berufen. Dabei hatte er so große Erfolge, dass er zum Colonel (Oberst) befördert und auf Wunsch der Marine auch beim Flottenkommando tätig wurde. Nach Kriegsende 1865 wurde Olcott zudem Mitglied des dreiköpfigen Untersuchungsausschusses, der den Mord an Präsident Abraham Lincoln zu untersuchen hatte.

Er kehrte nicht mehr in den alten Beruf zurück, sondern studierte Jura und ließ sich anschließend als Anwalt in New York nieder. Dort hatte er ausgezeichnete Klienten wie die Stadt New York, die New Yorker Börse, Versicherungsgesellschaften, Banken und Eisenbahnunternehmen. Er war Mitglied verschiedener Regierungsausschüsse zur Vereinfachung der Gesetzgebung.

Verheiratet war Olcott mit Mary Epplee Morgan, mit der er vier Kinder hatte, die kurz nach der Geburt starben. Besonders der Tod des jüngsten Kindes im dritten Lebensjahr warf Olcott aus der Bahn. Er tauchte ins Nachtleben ab und entwickelte einen immensen Alkoholkonsum. Blavatsky, die ihn in dieser Phase kennenlernte, soll über ihn gesagt haben: «Was für ein verrückter Hund!» 1874 wurde seine Ehe geschieden. Olcott heiratete nicht wieder.

Olcott hatte sich früh für den Sensationsokkultismus interessiert, der insbesondere in den USA die Zeitungen füllte. Dabei ging es in der Regel um parapsychologische Phänomene, in denen materielle Gegenstände oder Vorgänge unerklärlichen Erscheinungen unterworfen waren. Er nutzte seine journalistischen Beziehungen um für die *New York Sun* den populären Ereignissen um die Brüder William und Horatio Eddy in Vermont nachzugehen. Nach zehntägiger Anwesenheit war er von der Echtheit der Ereignisse überzeugt und veröffentlichte eine Reihe von Artikeln über Telekinese, Teleportation, Levitation und ähnliches.

Das Echo auf diese Artikel war überwältigend und er erhielt einen weiteren Rechercheauftrag, diesmal des *New York Daily Graphic*. Jetzt hielt er sich sogar sechs Wochen lang bei den Eddys auf, um noch genauere Untersuchungen anstellen zu können. Das Ergebnis war wiederum durchweg positiv. In Folge seines untadeligen Rufes als Ermittler errang sein Buch *People from the Other World* große Popularität und Olcott wurde zum Experten auf diesem Gebiet.

Im Oktober 1874 traf Olcott in diesem Zusammenhang zum ersten Mal Helena Blavatsky. Ihr Wesen beeindruckte ihn und ihre übersinnlichen Fähigkeiten waren für ihn geradezu überwältigend. Er dokumentierte das Entstehen automatischer Schriften und das Verlassen verschlossener Räume, die Blavatsky unter seinen Augen durchgeführt haben soll. Blavatsky brachte ihn auch in Verbindung mit zwei Meistern der Weisheit, die nicht nur direkt, sondern auch über sogenannte «Meisterbriefe», Schreiben, die sich auf unerklärliche Weise im Raum materialisierten, mit ihm und Blavatsky kommunizierten.

Anfang 1875 gründete Olcott einen «Miracle Club», den er jedoch in dem Augenblick zurückzog, an dem in der Presse eine Reihe entlarvender Artikel erschien, welche die raffinierten Manipulationstechniken der so populären Geisterscheinungen enthüllten. Von diesem Moment an setzte er sich ganz für die Gründung einer «Theosophischen Gesellschaft» gemeinsam mit Blavatsky, Judge und anderen ein und wurde ihr erster Präsident.

Bald darauf wurde ein Briefwechsel mit dem Gründer von «Arya Samaj», einer hinduistischen Reformbewegung bekannt, in dem Olcott sich offen als «Feind der christlichen Religion» bezeichnete. Der dadurch entfesselte öffentliche Protest brachte Blavatsky und Olcott dazu, die USA zu verlassen und nach Indien zu reisen. Dabei war Olcott mit Empfehlungsschreiben und Diplomatenpass der US-Regierung ausgestattet, um die wirtschaftlichen Möglichkeiten in Asien zu erforschen und Handelsbeziehungen zu knüpfen.

Im Januar 1879 gründeten sie während eines Zwischenstopps die Theosophische Gesellschaft von England und trafen im Februar in Indien ein, wo sie aufgrund ihrer antichristlichen und antikolonialistischen Haltung begeistert begrüßt wurden. Olcott organisierte eine Ausstellung von amerikanischen Wirtschaftsgütern in Bombay und verlegte die Zentrale der Theosophischen Gesellschaft zunächst hierher und ab 1882 nach Adyar, einem Vorort von Madras.

Von dort aus entwickelte er eine zum Ärger der christlichen Missionsbemühungen rege und erfolgreiche Tätigkeit in Asien. Olcott bekannte sich ausdrücklich zum Buddhismus und die Theosophische Gesellschaft erhielt in dieser Zeit ein entsprechendes Gepräge.

William Quan Judge war die dritte zentrale Gründergestalt der Theosophischen Gesellschaft. Er wurde 1851 in Dublin geboren. Als seine Mutter starb, wanderte der Vater mit seinen sechs Kindern in die USA aus und ließ sich in Brooklyn nieder.

Noch in seinen Jugendjahren starb auch der Vater. 1869 begann er in New York Jura zu studieren. 1872 wurde er amerikanischer Staatsbürger und wurde nach Abschluss seines Studiums in New York als Anwalt zugelassen.

1874 heiratete er. Die aus dieser Ehe hervorgehende Tochter starb jedoch bereits mit vier Jahren an Diphterie. Im selben Jahr lernte er durch einen Vorabdruck Olcotts Buch *People from the Other World* kennen und stellte die Verbindung mit Olcott und Blavatsky her.

Nach Gründung der Theosophischen Gesellschaft wurde er deren Generalsekretär. Er betrieb ein emsiges theosophisches Studium, hatte gleichfalls Kontakt zu den Meistern der Weisheit und trat als Verfasser mehrerer theosophischer Schriften hervor.

Durch Berufstätigkeit und Ehe gebunden, musste seine Reisetätigkeit zunächst eingeschränkt bleiben.

Als Geschäftsmann war er durchgehend erfolglos, 1883 gab er diese Tätigkeit ganz auf. Inzwischen war er mit der Chagas-Krankheit infiziert.

Stattdessen widmete er sich, finanziert durch die Theosophische Gesellschaft, ganz ihrem Dienst. Das sollte sich insbesondere in den bald darauf durch interne Probleme und die Coulomb-Affäre ausgelösten Schwierigkeiten günstig auswirken. Es gelang Judge immer wieder, die auf ihn orientierten Mitglieder zusammenzuhalten und seinen Gesellschaftsteil zu konsolidieren.

Als Olcott 1891 seine Rücktrittsabsicht veröffentlichte, wurde Judge sofort als Nachfolger vorgeschlagen und von der europäischen Sektion auch gewählt. Als Olcott davon erfuhr, widerrief er seine Absicht und blieb als Präsident im Amt. Die amerikanischen Logen erklärten daraufhin ihren Austritt und wählten Judge zu ihrem Präsidenten. Der durch diesen Streit, den sogenannten «Judge Case» ausgelöste Mitgliederschwund konnte innerhalb weniger Monate ausgeglichen werden.

Judge starb erschöpft und von der Chagas-Krankheit zermürbt 1896 im Alter von vierundvierzig Jahren.

Krasses Versagen, eklatantes Fehlverhalten und brutale Gegnerschaft bekämpften die positiven Botschaften und Ziele der Theosophischen Gesellschaft. Zu diesen positiven Eigenschaften gehörte eine für die damalige Zeit ungewöhnliche Aufgeschlossenheit gegenüber den freiheitlichen Grundrechten menschlichen Lebens.

Die Theosophische Gesellschaft kannte eine einzigartige Toleranz gegenüber verschiedenen Weltanschauungen und Religionen, sie propagierte die Gleichberechtigung der Geschlechter und lehnte jede Diskriminierung wegen Herkunft, Stand und Hautfarbe ab. Ihr Programm liest sich wie ein Gegenentwurf für den mehr als hundert Jahre später postulierten «Clash of Cultures». Diese Grundsätze kamen in ihren Statuten klar zum Ausdruck. Als ihre drei Hauptpunkte wurden formuliert:

1. den Kern einer universellen Bruderschaft der Menschheit ohne Unterschied von Rasse, Farbe und Glauben zu bilden,
2. das Studium der heiligen Schriften der Weltreligionen und der Wissenschaften zu fördern und für die Bedeutung der alten asiatischen Literatur, nämlich der brahmanischen, buddhistischen und zoroastrischen Philosophie, einzutreten und
3. die verborgenen Geheimnisse der Natur in jeder Hinsicht, besonders aber die im Menschen verborgen ruhenden psychischen und spirituellen Kräfte zu erforschen.

Das Versagen lag vor allem in der unzureichenden Veränderung der Anschauungsweise im Hinblick auf eine geistige Weltauffassung. Im Grunde wollte man durch unverändertes Denken und materialistische Anschauung in geistige Dimensionen der Wirklichkeit vordringen. Seinen skurrilen Ausdruck fand das in mesmeristischen Praktiken, Medienrummel und spiritistischem Spektakel.

Der 1884 als Coulomb-Affäre bezeichnete Skandal der Theosophischen Gesellschaft, der schließlich im sogenannten «Hodgson Report» um Manipulationen angeblicher übersinnlicher Erscheinungen um Blavatsky dokumentiert wurde, versetzte der Theosophischen Gesellschaft einen Schlag, von dem sie sich nur schwer erholte.

In einem Tanz der Eitelkeiten und Machtstreitigkeiten ging es um esoterische Spielereien und Müßiggang einer gelangweilten Klientel, die ihre Verantwortung gegenüber der Zeitgeschichte nicht erkannte.

Ausgerechnet mit dieser problematischen Gesellschaft verband sich der 1861 im österreichisch-ungarischen Kraljevic geborene Rudolf Steiner. Er stammte aus einfachen Verhältnissen, war der älteste von drei Geschwistern, einem Mädchen und zwei Jungen. Der Vater arbeitete bei der Südbahn, die Kindheit Steiners war infolgedessen von häufigen Umzügen geprägt.

Die Wohnorte seiner Kindheit (Mödling, Pottschach, Neudörfl) umspielten mit der Leitha jenen Flusslauf, der das mittlere vom östlichen Europa scheidet. Auf diese Weise nahm Steiner geistig-kulturelle Einflüsse aus beiden Bereichen auf, – nach eigener Aussage eine wertvolle Voraussetzung für das Verständnis der seelisch-geistigen Konstitution östlicher und westlicher Menschen.

Die Eltern achteten auf eine sorgfältige Erziehung und ermöglichten dem Sohn eine gute Schulausbildung. Dabei war dem Vater eine berufsnahe höhere Schulform wichtig. Das bestimmte die Bevorzugung der Realschule gegenüber dem Gymnasium. Folglich war auch die Technische Hochschule und nicht die Universität Wiens der Schauplatz seines Studiums.

Früh erhielt er das Angebot, für Kürschners *Deutsche National-Litteratur* die Herausgabe der naturwissenschaftlichen Schriften Goethes zu besorgen. Weitere editorische (u. a. Schopenhauer, Jean Paul) und schriftstellerische Aufgaben sorgten dafür, dass Steiner sein Studium ohne Abschluss beendete. Stattdessen schloss er seine Ausbildungsphase 1891 mit der Promotion zum Dr. phil. ab.

Noch in Wien lernte Rudolf Steiner durch Friedrich Eckstein die Theosophie kennen. Er verdiente in dieser Zeit seinen Lebensunterhalt als Privatlehrer und verfasste eine Reihe erkenntnistheoretischer Schriften.

Anschließend folgten Lebensstationen in Weimar (1890 – 1896), Berlin (1897 – 1914) und Dornach (1914 – 1925). In Weimar bildete die bürgerliche Welt des musealen Klassizismus, in Berlin eine anarchische Szene von Boheme und Avantgarde seinen Lebensschauplatz. Der Versuch, beide Seiten zu vereinigen, sollte sich rasch als unmöglich erweisen. «Keiner der Kreise hätte auf die Dauer an einer Persönlichkeit irgendwelche Freude gehabt, die abwechselnd mit Menschen verkehrte, die in Bezug auf Seele und Geist polarisch entgegengesetzten Weltgebieten angehörten.»[28]

Zu dem progressiven Pol gehörten der Giordano-Bruno-Bund Bruno Willes ebenso wie der Kreis um Otto Erich Hartleben, der 1896 in Berlin einen Stammtisch gegründet hatte, den er antibürgerlich-provokativ den «Verbrechertisch» nannte. Rosa Mayreder äußerte über den Steiner dieser Zeit, er sei «Alkoholiker gewesen, wenn auch nicht in jenem Übermaß, wie man es bei Mystikern oft findet»[29]. Moritz Zitter fragte sich mitleidsvoll, wie es in der Seele eines Menschen aussehen möge, «wenn die täglich fressende Sorge ihm naht, wenn er Stunde um Stunde denken muss, wo soll ich mich jetzt demütigen, nur um mir ein paar Mark zu pumpen, zu verdienen.»[30] Und der Kunstkritiker John Schikoski schrieb in seinem Nachruf im *Vorwärts*, März 1925: «Es liegt mir fern, mit den oft etwas bedenklichen Abenteuern, deren Held ‹Rudi Steiner› war, sein Moralkonto zu belasten. So mancher Heilige hat durch die schmutzigsten Stationen des Erdenwegs hindurchpilgern müssen, ehe er zur Reinheit gelangte.»[31]

In der Zeit, auf die hier hingewiesen wird, stellt sich Steiner als bedingungsloser Individualist dar. «Wenn ich aber in dem Sinne, in dem solche Dinge entschieden werden können, sagen sollte, ob das Wort ‹individualistischer Anarchist› auf mich anwendbar ist, so müsste ich mit einem bedingungslosen ‹Ja› antworten.»[32]

Er drückt sich radikal aus und vor dieser Radikalität machen auch Äußerungen über den Christus nicht halt, die vordergründig als blasphemische Spitzen erscheinen können. Allerdings ist es auch möglich, dass hier ein wesenhaftes Christentum von der bequemen Gnadengläubigkeit befreit werden soll, welche die Würde der Schöpfung unter ihren Wert herabzieht und verleugnet.

«Dass der Mensch sich erkennt, sich würdigt und sich seiner Bestimmung bewusst wird: das ist doch das Wichtigste auf dieser Erde. ... Wenn er Einblick in die Erscheinungen und Vorgänge gewinnt, die seinem Leben vorhergingen, innerhalb welcher er steht, wird er seine einzige Stellung in der Welt richtig beurteilen, wird er zwar nicht mehr glauben, dass Gott seinen eingeborenen Sohn gesandt hat, ihn von sündiger Schmach zu befreien, wird er aber einsehen, dass unzählige Himmel da sind, um ihn zuletzt hervorzubringen und ihn sein Dasein genießen zu lassen.»[33]

Auf jeden Fall wird der unbequeme Bohemien 1900 in die theosophische Bibliothek des Grafen Cay von Brockdorff in Berlin eingeladen, um einen Vortrag über Nietzsche und wenig darauf einen zweiten über «Goethes geheime Offenbarung» zu halten.

Dieser ersten Einladung folgten sechsundzwanzig weitere Vorträge. Dabei wurde zunächst *Die Mystik im Aufgange des neuzeitlichen Geisteslebens und ihr Verhältnis zur modernen Weltanschauung* und danach *Das Christentum als mystische Tatsache* in ausführlichen Vortragsreihen dargestellt.[34]

Als 1902 eine Deutsche Sektion der Theosophischen Gesellschaft gegründet wurde, wird Rudolf Steiner zu ihrem Generalsekretär gewählt. Bereits die Titel der zuvor gehaltenen Vortragsserien hatten deutlich werden lassen, dass hier ein Geist antrat, der Tradition und Moderne zu verbinden trachtete, Mystik und Naturwissenschaft nicht als unüberbrückbare Gegensätze stehen lassen wollte.

Vom Gewahrwerden des Christus im Ätherisch-Lebendigen

Häme und Hoffnung, diese ungleichen Gestalten, wohnen zuweilen näher beieinander als ihre unterschiedlichen Naturen erwarten lassen. Die geistige Atmosphäre der Gegenwart mag von Ironie und Zynismus, von Spott und Misstrauen geprägt sein, gleichzeitig finden sich in ihr tief wurzelnde Hoffnungen und höchste idealistische Erwartungen. Die verbinden sich – wie die Wahl des ersten farbigen amerikanischen Präsidenten zeigt – zuweilen sogar mit Menschen des öffentlichen Lebens, was für eine Gesellschaft, die viel auf ihre «Aufgeklärtheit» setzt, erstaunlich ist. Da werden Slogans, Hautfarbe und Alter zum Stilargument, wo es eher um begründetes Vertrauen und Befähigung gehen sollte.

Einige warten dann in unverhohlener Missgunst auf das Scheitern des verklärten Hoffnungsträgers, harren in sturer Verbitterung des Ablaufs eines als unvermeidlich eingeschätzten Fatums, andere werden in ihrem Glauben an den Retter einer harten Prüfung unterzogen. Einig sind sich beide Parteien höchstens in der vorläufigen Bilanz, dass die enttäuschten Hoffnungen die Anzahl wahr gewordener Erwartungen um ein Vielfaches übertreffen.

Ähnliche Mechanismen ranken sich um das historisch bedeutendste Beispiel einer Kluft zwischen erwartungsvoller Hoffnung und schadenfroher Enttäuschung. Gemeint sind die in den Evangelien angekündigte Wiederkunft des Christus und ihr von einer Vielzahl an Kirchenvertretern attestiertes Ausbleiben.

Im Markusevangelium heißt es in Kapitel 13, 26: «Und dann werden sie sehen des Menschen Sohn kommen in den Wolken mit großer Kraft und Herrlichkeit.» Zum Zeitpunkt dieses Geschehens sagt kurz zuvor das 9. Kapitel: «Wahrlich, ich sage euch, es stehen etliche hier, die werden den Tod nicht schmecken, bis dass sie sehen das Reich Gottes mit Kraft kommen.»

Diese Perspektive gibt auch das Matthäusevangelium: «Wahrlich, ich sage euch, dies Geschlecht wird nicht vergehen, bis dass dieses alles geschehe.»

Für eine materialistische Gesinnung, welche die entsprechenden Aussagen buchstabengetreu und dinglich direkt nehmen möchte, ergeben sich daraus im Laufe der Zeit unauflösliche Widersprüche.

Dieses Dilemma wird im 2. Petrusbrief argumentativ bearbeitet: «Erinnert euch an das, was die heiligen Propheten vorausgesagt haben, und ebenso an die verbindliche Weisung unseres Herrn und Retters, die euch die Apostel übergeben haben! Ihr müsst euch vor allem darüber im Klaren sein: In der letzten Zeit werden Menschen auftreten, die nur ihren eigenen selbstsüchtigen Wünschen folgen. Sie werden sich über euch lustig machen und sagen: ‹Er hat doch versprochen wiederzukommen! Wo bleibt er denn? Inzwischen ist die Generation unserer Väter gestorben; aber alles ist noch so, wie es seit der Erschaffung der Welt war!› Sie wollen nicht wahrhaben, dass es schon einmal einen Himmel und eine Erde gab. Gott hatte sie durch sein Wort geschaffen. Die Erde war aus dem Wasser aufgestiegen, und auf dem Wasser ruhte sie. Durch das Wort und das Wasser wurde sie auch zerstört, bei der großen Flut. Ebenso ist es mit dem jetzigen Himmel und der jetzigen Erde: Sie sind durch dasselbe Wort Gottes für das Feuer bestimmt worden. Wenn der Tag des Gerichts da ist, werden sie untergehen und mit ihnen alle, die Gott nicht gehorcht haben. Meine Lieben, eines dürft ihr dabei nicht übersehen: Beim Herrn gilt ein anderes Zeitmaß als bei uns Menschen. Ein Tag ist für ihn wie tausend Jahre, und tausend Jahre wie ein einziger Tag. Der Herr erfüllt seine Zusagen nicht zögernd, wie manche meinen. Im Gegenteil: Er hat Geduld mit euch, weil er nicht will, dass einige zugrunde gehen. Er möchte, dass alle Gelegenheit finden, von ihrem falschen Weg umzukehren.»

Dieser, als einer der jüngsten Texte des Neuen Testaments bezeichnete Brief, enthält zum einen eine Anleitung im imaginativem Verstehen. (Beim Herrn gilt ein anderes Zeitmaß als bei uns Menschen. Ein Tag ist für ihn wie tausend Jahre, und tausend Jahre wie ein einziger Tag.) Zum anderen führt er mit der Heilsabsicht, allen Gelegenheit zu geben vom falschen Weg umzukehren, einen Grund für die lang andauernde Zeit der sogenannten Parusieerwartung an, des Harrens auf die Wiederkunft Christi, das Kommen des Reichs Gottes, der zweiten Ankunft des Messias.

Freilich könnten die missverständlichen Formulierungen bei Markus und Matthäus durch ein imaginatives Verstehen von vornherein geklärt werden. Unter der Voraussetzung nämlich, dass jenes Geschlecht, welches «nicht vergehen wird, bevor die Wiederkunft Christi eintritt», nicht als eine bestimmte Anzahl exklusiver Menschen aufgefasst, sondern als das Menschengeschlecht im Ganzen und damit zugleich auch in seiner vollständigen Entwicklungsgeschichte verstanden wird.

Dieses Menschengeschlecht wird ja von dem Evangelisten als mit Christus verbunden angenommen. Und ein Leben in und mit Christus lässt seine den Tod überwindenden Kräfte im Menschengeschlecht augenblicklich wirksam werden.

In der Offenbarung des Johannes wird die problematische Engführung von vornherein vermieden, indem das Wiederkommen Christi in Stufenfolgen geschildert und das Jüngste Gericht an das Ende der Erdenentwicklung verwiesen wird. Damit wird ausgesprochen, dass es sich bei dem Wiederkommen Christi um einen sich entwickelnden, allmählich sich steigernden Prozess handelt.

Als Ausdruck des christlichen Selbstverständnisses erscheint die Parusie in dem seit dem 4. Jahrhundert durch die Konzilien von Nizäa (325) und Konstantinopel (381) formulierten Credo:

> Er sitzt zur Rechten des Vaters
> und wird wiederkommen in Herrlichkeit,
> zu richten die Lebenden und die Toten;
> seiner Herrschaft wird kein Ende sein.

Dieses von Ost-, West- und Evangelisch-Lutherischer Kirche bis heute anerkannte Glaubensbekenntnis spricht von der Parusie als einem Geschehen latenter Dauer und steht in bemerkenswertem Gegensatz zu Aussagen wie der des protestantischen Theologen Rudolf Bultmann: «Es bedarf keines Wortes, dass sich Jesus in der Erwartung des nahen Weltendes getäuscht hat.»[35] Da wird mit dem entgöttlichten Jesus nicht nur der Christus abgeschafft, sondern zugleich auf das Format Bultmann gestutzt. Bultmann bleibt kein Einzelfall.

1955 verfertigt Erich Gräßer bei dem Bultmann Nachfolger Werner Georg Kümmel eine Dissertation zum Thema *Das Problem der Parusieverzögerung in den synoptischen Evangelien und in der Apostelgeschichte*.[36]

Das II. Vatikanische Konzil (11. Oktober 1962 bis 8. Dezember 1965) schließlich stellte fest, dass «die Parusie bzw. Ankunft des Herrn in der christlichen Botschaft als ein Ereignis erscheint, welches die menschliche Geschichte und die ganze Schöpfung erfüllt und vervollständigt. Sie soll ein einziges Ereignis mit verschiedenen Dimensionen bzw. Gesichtspunkten sein: die Wiederauferstehung der Toten, das Letzte Gericht und die neue Schöpfung, die einen Zustand ewigen Lebens voraussetzt.» (Silvio Cajiao, S.I.)

Dabei fokussiert das Konzil zuletzt auf den Aspekt von Kirche als Organisation: «Die sogenannten ‹Zeichen der Parusie›, die in den Schriften zu finden sind, sind daher nicht als kosmologische Deutungen der Ankunft des Herrn aufzufassen, sondern als Aufforderungen an uns, unsere prophetische Mission als Kirche Jesu und unsere Bemühungen fortzusetzen. Diese werden verschiedene Formen annehmen, je nach den Zeiten, in den man sich befindet.» (ders.)

Die Wende zum 20. Jahrhundert

Der Beginn des 20. Jahrhunderts war offensichtlich eine solch besondere Zeit. Geistige, seelische und soziale Heimatlosigkeit, vielfältige Entwurzelungen, ein sich steigernder Nationalismus, gesellschaftliche Umwälzungen, der sich verschärfende Gegensatz von arm und reich, ein hoffnungsloser Materialismus, der im Verein mit einem immer stärker um sich greifenden Agnostizismus eine den Kampf ums Dasein suggerierende Abstammungslehre auf den Schild gehoben hatte und auf der anderen Seite Heilssehnsüchte und aufkeimende Lebenshoffnungen. Nach dem Ersten Weltkrieg war dies in Mitteleuropa vermengt mit einer düsteren Resignation und zunehmenden Radikalisierung und Gewaltbereitschaft.

Bevor sich dieses explosive Gemisch entzündete, erlebte Rudolf Steiner um die Jahrhundertwende einen tieferen Zug im Zeitgeschehen, der sich hinter den Kulissen abspielte. Es handelte sich um ein latentes Geschehen, eine Gewissheit eher denn eine Notwendigkeit. Es konnte Wirklichkeit werden, sicher aber war das nicht.

«Mir schwebte damals vor, wie die Jahrhundertwende ein neues geistiges Licht der Menschheit bringen müsse. Es schien mir, dass die Abgeschlossenheit des menschlichen Denkens und Wollens vom Geiste einen Höhepunkt erreicht hätte. Ein Umschlagen des Werdeganges der Menschheitsentwickelung schien mir eine Notwendigkeit.»[37]

Sich für einen solchen Umschlag einzusetzen, bot die Theosophische Gesellschaft Gelegenheit und Hindernisse zugleich. 1875 in New York gegründet, war sie eine Plattform für Menschen, um «Den Kern einer allgemeinen Brüderschaft der Menschheit zu bilden, ohne Unterschied der Rasse, des Glaubens, des Geschlechts, der Kaste oder Farben, anzuregen zur Vergleichung der Religionssysteme und zum Studium der Philosophie und Wissenschaft, die noch ungeklärten Naturgesetze und die im Menschen schlummernden Kräfte zu erforschen.» (Satzung der Theosophischen Gesellschaft von 1903)

Diese um die vorletzte Jahrhundertwende für eine geistig-kulturelle Vereinigung zweifellos außerordentlich fortschrittlichen Ziele wurden allerdings in der unmittelbaren Arbeit Steiners als Generalsekretär der deutschen Sektion in den folgenden Jahren zunehmend behindert. Dafür sorgten eine ausgeprägte Tendenz, geistig orientierende Inhalte einseitig aus alten östlichen Weisheitsquellen zu beziehen sowie wiederholt auftretende Unlauterkeiten auf den Gebieten von Verwaltung und geistiger Forschung.

Die problematischen Figuren waren in diesem Zusammenhang der aus dem Hintergrund wirkende Charles Webster Leadbeater und die von ihm dirigierte Präsidentin der Theosophischen Gesellschaft, Annie Besant.

Schon bald kollidierten bestimmte Inszenierungen Leadbeaters ganz unmittelbar mit zentralen Erfahrungen in Steiners geistiger Entwicklung. Eine auf die Zeit vor der Jahrhundertwende zu datierende Erfahrung wird von Steiner rückblickend in seiner Autobiografie *Mein Lebensgang* als intimes Erlebnis geschildert: «Auf das geistige Gestanden-Haben vor dem Mysterium von Golgatha in innerster ernstester Erkenntnis-Feier kam es bei meiner Seelen-Entwickelung an.»[38] Dabei verschweigt er die inneren Kämpfe nicht, die mit dieser Entwicklung verbunden waren: «In der Zeit, in der ich die dem Wort-Inhalt nach Späterem so widersprechenden Aussprüche über das Christentum tat, war es auch, dass dessen wahrer Inhalt in mir begann, keimhaft vor meiner Seele als innere Erkenntnis-Erscheinung sich zu entfalten. Um die Wende des Jahrhunderts wurde der Keim immer mehr entfaltet.»[39]

Damit einher ging eine weit reichende Lebenswandlung, die ihren stärksten Ausdruck in der Tätigkeit als Generalsekretär für die Theosophische Gesellschaft in Deutschland fand. Viele Zeitgenossen und spätere Kritiker machten Rudolf Steiner diese Veränderung zum Vorwurf. Sie erschien ihnen unglaubwürdig, von finanziellen Motiven bestimmt und jedenfalls nicht nachvollziehbar. Das Gleichnis vom verlorenen Sohn oder die Wandlung des Saulus-Paulus enthalten Hinweise auf die Schwierigkeiten des sozialen Umfeldes mit unerwarteten Veränderungen bei Menschen, die sie zu kennen glauben.

Wenn Rudolf Steiner in der Folgezeit über das Christus-Ereignis oder das Mysterium von Golgatha sprach, dann geschah das jedenfalls nicht aus der Sicht eines akademischen Theologen, sondern aus der Erfahrung eines Augenzeugen.

In der Folge lassen sich auf dieses Erlebnis die durch das Damaskus-Erlebnis legitimierten Worte des Paulus aus dem 2. Korintherbrief anwenden: «Ich bin nichts weniger, als die ‹hohen› Apostel sind, wiewohl ich nichts bin.» (2. Kor 12,11) Denn der als Christenjäger gefürchtete Saulus war durch sein Damaskus-Erlebnis zum geistigen Augenzeugen geworden. Er, der nie dem Christus Jesus zu Lebzeiten begegnet war, wurde dadurch zu einem Apostel «so gut wie die anderen». In dieser besonderen Art der Zeugenschaft war Paulus eine «geistige Frühgeburt», wie er es selbst nannte. Er konnte die Parusie als etwas unmittelbar Nahes verkünden, da er sie selbst als unmittelbare Gegenwart erfahren hatte.

Was Karl Barth um das zweite Drittel des 20. Jahrhunderts herum formulierte, dass nämlich die Parusie in der Auferstehung eine erste, in Geistausgießung und letzter Wiederkunft zwei weitere Formen finde,[40] das ist in den beiden ersten Stufen bei Paulus und Rudolf Steiner als Erfahrung vorauszusetzen.

In diesem Erleben waren für Rudolf Steiner Voraussetzungen gegeben, den Zielen der Theosophischen Gesellschaft authentisch und wahrhaftig entsprechen, den in ihrer Satzung verbalisierten menschheitlichen Bruderschaftskern bilden und das gemeinsame Wahre in allen Religionen finden zu können. Dass er wegen einer solchen aktuellen Geistverkündung in ähnliche Legitimationsprobleme wie Paulus gegenüber den Vertretern der Urgemeinde kam, hängt mit der Antinomie von Theorie und Praxis, Authentizität und Dogma, Immanenz und Amt zusammen.

Auch der als ganz unverdächtig geltende Karl Barth musste 1964 in einem Gespräch mit Tübinger Stiftlern einräumen: «Also, da muss ich ja nun zugestehen, dass ich ein bisschen etwas Kühnes gemacht habe, dass ich in der Dogmatik diesen umfassenden Gebrauch vom Begriff ‹Parusie› gemacht habe. Ich könnte nirgends eine Stelle im Neuen Testament angeben, wo diese Sache so gesehen und gelehrt ist, wie ich es jetzt entfaltet habe. Diese Zusammenfassung des Ganzen in dem Begriff der ‹Parusie› folgte für mich einfach aus der Anschauung dessen, auf was es ankommt. ‹Parusie› heißt Gegenwart, Erscheinung.»[41]

Im Falle Rudolf Steiners hagelte es Anfeindungen von allen Seiten. Hauptexponenten der Attacken waren von seiner Entwicklung enttäuschte Freidenker, Vertreter der Amtskirchen, das weltanschauliche Establishment und nicht zuletzt gewisse leitende Funktionäre der Theosophischen Gesellschaft.

In der Regel setzten sich die Kritiker dabei nicht mit den inhaltlichen Aussagen und den methodischen Wegen zu ihnen auseinander, sondern griffen die Person an, ihre Herkunft, Motivation und Glaubwürdigkeit in Zweifel ziehend.

1909 wurde solchen Attacken durch bestimmte Ereignisse in Adyar, Indien, eine wohlfeile Angriffsfläche geboten. In diesen, an der südlichen Küste des Golfes von Bengalen gelegenen Stadtteil von Madras (heute: Chennai), hatte die Theosophische Gesellschaft 1882 ihr Hauptquartier verlegt. 1907 war Annie Besant nach dem Tod des Gründerpräsidenten Henry Steel Olcott dessen Nachfolgerin geworden. In ihrem Umfeld versammelten sich in Adyar einige auffällige Persönlichkeiten, zu denen mit Charles Webster Leadbeater und George Sidney Arundale zwei Engländer gehörten, die ein breites Spektrum spiritueller Interessen (Theosophie, Freimaurerei, Bischöfe der Liberal-Katholischen Kirche) verband. Sie stammten allesamt aus zerbrochenen Familien des Mittelstandes, waren Halbwaisen, durch besondere Umstände des Familienvermögens verlustig gegangen und hochbegabt. Ihre Biografien zeigen ein Faible für junge, schöne Menschen, zu denen sie sich nicht scheuten gesellschaftlich anstößige Beziehungen aufzunehmen. Annie Besant hatte sich in der ersten Hälfte ihres Lebens zu einem gesellschaftspolitischen Enfant terrible stilisiert. Arundale heiratete 1920 in Adyar seine indische Dienerin Rukmini Devi, welche zu diesem Zeitpunkt sechzehn, er selbst einundvierzig Jahre alt war. Leadbeater hatte sich 1906 aus allen Funktionen zurückziehen müssen, da er Jungen als Teil ihrer esoterischen Erziehung die Masturbation zur Befreiung von «negativen spirituellen Gedanken» empfohlen hatte. In seiner Reisebegleitung befanden sich oftmals Schüler. Dies führte zu öffentlichen Angriffen als homosexueller Pädophiler und gerichtlichen Auseinandersetzungen. Im damit entbrannten «Leadbeater-Skandal» distanzierte sich Annie Besant von ihm.

Mit dem Beginn ihrer Präsidentschaft aber betrieb sie seine Rehabilitation. Die politische Aktivistin Besant war spirituell keineswegs so sattelfest, dass sie ihrem leitenden Amt in der

Theosophischen Gesellschaft gewachsen gewesen wäre. Leadbeater war ohne Zweifel der Kopf des Trios. In besonderen Schulungen, die sich jeweils zu nächtlicher Stunde vollzogen, erklomm Leadbeater mit Besant Stufe um Stufe auf der spirituellen Leiter in die geistige Welt. Morgens pflegte er Besant aufzuklären, was sie erfahren habe. Sie war überrascht und entzückt zugleich, von ihren fabelhaften Fortschritten zu erfahren.

Anfang 1909 traf er wieder in Adyar ein. Kurz darauf entdeckte er den dreizehnjährigen Hindu-Knaben Krishnamurti beim Spielen am Strand. Den außerordentlich anmutigen Sohn eines Mitarbeiters der Theosophischen Gesellschaft nannte er «Alcyone», nach dem Beispiel zärtlichster, treuester Liebe aus der griechischen Mythologie. Er nahm ihn in seine Obhut und unterwies ihn persönlich.

Noch im selben Jahr erschien eine Schrift mit dem Titel *Zu Füßen des Meisters* unter dem Pseudonym Alcyone.[42] Es war eine Frucht der allnächtlich von Leadbeater nun auch dem Knaben vermittelten Begegnungen mit den «Meistern», fortgeschrittenen Seelen in der geistigen Welt. Dabei wurden dem Jungen durch die Meister bestimmte Mitteilungen zuteil, die er am nächsten Morgen in einem, manchmal mehreren Sätzen zusammenzufassen hatte. Die losen Notizen wurden bald darauf von Leadbeater geordnet, mit der Schreibmaschine niedergeschrieben und in der Nacht dem Meister Maitreya zur Begutachtung vorgelegt. Nur wenige Verbesserungen wurden dabei vorgenommen und schließlich der Rat erteilt, «ein hübsches kleines Buch daraus zu machen, um Krishnamurti in die Welt einzuführen».

Zwar stritt Krishnamurti später jede Erinnerung an die nächtlichen Vorgänge ab, aus dem Umkreis von Leadbeater fanden sich jedoch Augenzeugen, um von den Vorgängen zu berichten. Das Buch erschien in mehr als vierzig Sprachen und wurde weltweit in Millionenauflage verkauft. Es war der erste bedeutungsvolle Hinweis für die Öffentlichkeit, dass hier der neue «Weltlehrer» heranwuchs um bald in seiner vollen Bedeutung zu erscheinen.

Am 31. Dezember 1909 erwähnte Annie Besant erstmals öffentlich, dass ein «großer Lehrer und Führer» angekommen sei. Eine hilfreiche Infrastruktur für dessen Wirken musste durch die Gründung eines besonderen Ordens geschaffen werden. Die Vorbereitung zu seiner Gründung verlief zunächst in strikter Geheimhaltung. Nachdem George Arundale jedoch unerlaubterweise geplaudert hatte, wurden die Pläne publik. Annie Besant erklärte den von Arundale gegründeten «Order of the Rising Sun» für ungeeignet, löste ihn auf und gründete als Nachfolgeorganisation den «Order of the Star in the East» (Orden des Sterns des Ostens bzw. Orden des Sterns im Osten). Hier setzte sie Krishnamurti als Präsidenten ein, sich selbst ernannte Besant zur «Schirmherrin», Arundale erhielt einen Sekretärsposten.

Im Januar 1910 kulminierte die Entwicklung. Es wurden Vorbereitungen für eine erste «Einweihung» des Knaben getroffen, die am 12. Januar geschehen sollte. Sie wurde von Leadbeater vorgenommen, während der Knabe schlief.

Im Januar 1972 sprach Krishnamurti in folgender Weise über sich selbst und das Geschehene: «Dieser Junge wurde vorbereitet, gebadet, sorgfältig gekleidet und so weiter und in Dr. Besants Zimmer geführt. Dort schlief er ein oder wurde bewusstlos – alle Dinge sind mir nicht klar, in jenen vierundzwanzig Stunden oder mehr. Und als er aus diesem Zustand zurückkehrte, bemerkten Ruspoli, Cooper, Clarkem eine verblüffende Veränderung im Gesicht des Jungen. Einige fielen vor ihm auf die Knie und berührten seine Füße.»[43]

Von jetzt an gab es keine Zurückhaltung mehr in der Propaganda für den neuen Weltlehrer, der zugleich als der wiedergekommene Christus bezeichnet wurde. Die Theosophische Gesellschaft steuerte mit aller Macht in die Katastrophe.

Vom 3. bis 14. Januar 1910 hielt sich Rudolf Steiner in Stockholm auf, um dort über «Das Johannesevangelium und die drei anderen Evangelien» vorzutragen. Am 12. Januar lud er unerwartet und zu überraschender Zeit (17:30 Uhr – ein Zeitpunkt, an dem man in Schweden Besuche bei Bekannten, Freunden und Verwandten zu machen pflegt) zu einem zweiten Vortrag außerhalb der fortlaufenden Vortragsreihe ein. Der Zeitpunkt im Tagesverlauf war für schwedische Verhältnisse so ungewöhnlich, dass die Aufmerksamkeit auf dieses Ereignis nur umso größer war. Berücksichtigt man den Zeitunterschied von viereinhalb Stunden, dann ist deutlich, dass dieser Vortrag parallel zu den Ereignissen um Krishnamurti in Adyar gehalten wurde. Von diesem Vortrag existiert keine Nachschrift. Rudolf Steiner hatte das Mitschreiben untersagt. Auch Gedächtnisprotokolle sind nicht überliefert. Lediglich Marie Steiner fertigte einige Sätze inhaltlicher Notizen an, die im Archiv der Rudolf Steiner Nachlassverwaltung erhalten sind. Das Thema bestätigt den inneren Zusammenhang mit den Vorgängen in Madras. Es handelte von der Wiederkunft des Christus im Ätherischen.

Marie Steiner hielt von Rudolf Steiners Ausführungen fest, dass das Gewahrwerden dieses Ereignisses die Metamorphose eines geistigen Schauens voraussetze, das der Menschheit seit dem dritten Jahrtausend vor Christus allmählich verloren gegangen ist. Entscheidend dabei werde sein, dass der Christus in ätherischer und nicht in physischer Gestalt wieder erscheint.

Der Zeitraum zur Ausbildung entsprechender Fähigkeiten entspricht der Dauer ihres Verglimmens in der vorchristlichen Epoche. Etwa 2.500 Jahre habe die Menschheit vom Opfertod Christi an gerechnet Zeit, um die erforderlichen Fähigkeiten auszubilden. Gegen 1933 müssten «die Evangelien so erkannt sein, dass sie für den Christus vorbereitend gewirkt haben». Sonst müsste unendliche Verwirrung der Seele angerichtet werden, denn: «Um 1933 wird es manche Abgesandte schwarzmagischer Schulen geben, welche in falscher Weise einen physischen Christus verkünden werden. Der Christus ist jedes Mal, wenn er wahrnehmbar werden soll, für andere Fähigkeiten wahrnehmbar.»[44]

Bereits elf Tage später sprach Rudolf Steiner im Zusammenhang mit der Gründung des Novalis-Zweiges in Straßburg wiederum über dieses Thema. Die zeitliche Nähe zu dem Ereignis in Stockholm machten seine Ausführungen in besonderem Maße aktuell und ergänzen die Notizen von Stockholm.[45]

Tatsächlich wirkt die gesamte Darstellung des 23. Januar außerordentlich situationsgerecht. Zunächst spricht Rudolf Steiner über die Individualität Novalis', appelliert an die geistige Atmosphäre der deutschen Klassik, des Jena in der Zeit von Friedrich Schiller und Johann Gottlieb Fichte und inmitten dieser Atmosphäre von der wirklichkeitsverpflichteten Spiritualität Friedrich von Hardenbergs. Er hebt dessen Notiz von dem immerwährenden Umgeben-Sein von der geistigen Welt hervor und seine Sätze über die neue Entwicklungsaufgabe des Menschen. Statt durch Kasteiung des Leibes, wie sie in älteren Zeiten geübt wurde, müsse jetzt die Seele gekräftigt werden, um Macht gewinnen zu können über den Körper. Besonders weist Steiner auf den Mathematiker und Bergingenieur in Novalis hin, der mit großer Klarheit und Zartheit die verstorbene Sophie von Kühn in ihrer nachtodlichen Entwicklung begleiten konnte.

Schon diese wenigen Sätze wirken ob ihres objektiven Inhaltes wie ein Gegenprogramm zu den nächtlichen Machinationen eines Charles W. Leadbeater. Sie enthalten den Hinweis auf eine geistige Kultur, die das, was sie im Herzen widerklingen lässt, auf dem Altar der Wahrheit darbringt.

Diese charakter- und gemütsbildende Kultur soll von theosophischen Ideen ausgehen und den Zusammenhang von Weisheit und Liebe zeigen. Durch den Inhalt des Denkens und durch die denkende Tätigkeit selbst wirken gestaltende, aufbauende Kräfte auf den denkenden Menschen. Aus der Erkenntnis von Welt und Mensch wird das liebevolle Verständnis zu beiden. Dies geschieht ganz in dem goetheschen Sinn: «Wer Wissenschaft und Kunst besitzt, hat auch Religion; Wer jene beiden nicht besitzt, der habe Religion.» Dieses Weltverhältnis führt zu einem Begriff von Liebe, der ohne Süßlichkeit und klebrige Selbstbezogenheit auskommt. Der Weg beginnt bei der Erkenntnis und führt aus deren dienender Haltung zu einem Weltverhältnis in Demut und Bescheidenheit.

Zuletzt geht Steiner auf die Entwicklung der Menschheit durch wiederholte Erdenleben ein, macht auf entscheidende Wendepunkte in der menschlichen Bewusstseinsgeschichte aufmerksam, um schließlich konzentriert auf das Thema der Erscheinung des Christus im Ätherischen einzugehen:

«Wir leben heute wiederum in einem Übergangszeitalter, in einer Krisis. ... Und jetzt entwickeln sich in den Menschen, trotzdem die Menschen es nicht wissen, neue Eigenschaften. Auf natürliche Weise entwickeln sich in den Menschen, trotzdem die Menschen es nicht wissen, neue Eigenschaften (...) Christus hat gesagt: ‹Ich bin bei euch bis ans Ende unseres Erdenzyklus.› Er ist da. Er ist seit jener Zeit innerhalb unseres Erdenumkreises. Und wenn die geistigen Augen geöffnet sein werden, werden sie ihn sehen, wie Paulus bei dem Ereignis vor Damaskus ihn gesehen hat. Das ist es, was eintreten wird ungefähr 1933, dass er gesehen werden wird als eine ätherische Wesenheit, als eine Wesenheit, die zwar nicht heruntersteigt bis zum physischen Dasein, aber im Ätherleibe gesehen werden kann, weil eine gewisse Anzahl Menschen dann hinaufsteigen wird zum Äthersehen. Aber unwissend werden die Menschen sein, wenn sie nicht durch die Geisteswissenschaft vorbereitet sind für das, was sie sehen werden. Deshalb leben wir in einer Übergangszeit, weil wir hineinwachsen in ein neues Sehen.

Die Geisteswissenschaft hat die verantwortungsvolle Aufgabe, die Menschen auf den großen Moment vorzubereiten, wo der Christus zwar nicht im fleischlichen Leibe erscheinen wird – denn nur einmal war er im fleischlichen Leibe –, aber da ist er, und in der Form wird er wiederkommen, dass diejenigen, deren Augen geöffnet sein werden, ihn sehen werden in der Welt, die nur den hellsichtigen Augen sichtbar ist. Die Menschen werden zu ihm hinaufwachsen. Das wird das Wiederkommen des Christus sein: ein Hinaufwachsen von Menschen in die Sphäre, in welcher der Christus ist. Aber unverständig würden sie dastehen, wenn sie nicht durch die Geisteswissenschaft auf diesen großen Moment vorbereitet würden. (...) Aber wir haben die Menschen spirituell vorzubereiten, ihnen begreiflich zu machen, dass nur der Geist dem Christus begegnen wird mit dem geöffneten geistigen Auge. Ein materialistischer Sinn könnte glauben, dass der Christus wiederum in einem fleischlichen Leibe erscheinen würde. (...) Deshalb werden sich in der Zeit gerade gewisse Prophezeiungen aus der Apokalypse erfüllen. Rechnend und bauend auf den materialistischen Geist werden Individuen im physischen Leibe auftreten, die dann sagen werden, sie seien der verkörperte Christus. (...) – Hat es damals geheißen ‹die Reiche der Himmel sind nahe›, dann müssen wir heute prophetisch in die nächste Zukunft hineinblickend sagen: Denn das Menschen-Ich ist nahe den Reichen der Himmel.»[46]

Hineinfinden in das Unerwartete

Diese Darstellung enthält in ihrer Kompaktheit eine Fülle inhaltlicher Aussagen. Als Einweihung eines theosophischen Zweiges war sie ausschließlich für Mitglieder der Theosophischen Gesellschaft geöffnet. Die Grundbegriffe der Theosophie wurden folglich vorausgesetzt.

Das Übergangszeitalter, von dem die Rede ist, war an zahlreichen Vorgängen im Kulturleben zu beobachten. In der Wissenschaft war das Interesse für das sinnlich nicht Wahrnehmbare erwacht. Das zeigte sich sowohl in den neuen Aspekten der Psychologie, die sich im Bereich der Tiefenpsychologie für das Unbewusste zu interessieren begann, trat aber auch im neuen Fachbereich der Atomphysik zutage, wo Vorgänge nicht mehr durch direkte Sinneswahrnehmung verfolgt werden konnten, sondern durch indirekte, vermittelte Verfahrung nachgewiesen werden mussten.

Ein immens fruchtbares Feld zeigte sich in der Kunst. Ob Kandinsky das «Geistige in der Kunst» suchte, Schönberg «Gewöhnlichkeit und Allerweltsvolkstümlichkeit» in der Tonlehre zu überwinden trachtete, Rudolf von Laban und Emile Jaques-Dalcroze in Hellerau den Tanz aus seinen erstarrten Formen ins seelisch Lebendige zu überführen suchten oder der Bauhaus-Impuls ein künstlerisches Moment in den gesamten Bereich der Lebenswelt einbringen wollte, überall war Aufbruch zu beobachten, die Suche nach neuen Ufern und der Mut zur Reise ins Unbekannte.

Das war notwendigerweise nicht ohne Krisen zu erreichen, war ja schon die Suche selbst Ausdruck einer Krise, nämlich der Krise des Alten, nicht mehr tragfähigen, Überkommenen. Dieses Alte wurde als nicht länger angemessen und aussagefähig für das empfunden, was in der Seele rumorte. Innere Erlebnisse wollten direkt, ohne Vermittlung, Umwege oder kanonisierte Zitatensprache gefunden und ausgedrückt werden. Dazu mussten die Wege und Voraussetzungen erst gebahnt werden.

Das Neue zu gewinnen erforderte neue Fähigkeiten. Von vielen akzeptiert war, dass es dazu einer bestimmten Schulung bedürfe. Dazu fanden sich zahlreiche Menschen bereit, die entweder als einsame Wanderer oder in Gesellschaft, in pionierhaften Kolonien das unbekannte Land erforschen wollten. Die Worpsweder und Bauhäusler sind dafür in Deutschland ebenso Beispiel wie die Rakstad Kolonie in Schweden, St. Ives in Cornwall, Schreiberhau im heutigen Polen oder Ekensund in Dänemark.

Bemerkenswert war der Ernst, mit dem gesucht wurde. Sensationalismus, kalkulierte Skandale und berechnende Avantgarde hatten da wenig Raum. Stattdessen wurden der ländliche Lebensraum mit seinen intimen Möglichkeiten, Naturvorgänge neu zu verfolgen, entdeckt, neue bauliche Gestaltungsmöglichkeiten erprobt und neue Formen eines freien und zugleich verbindlichen Gemeinschaftslebens versucht.

Sinnstiftung und Identität waren wesentliche Eigenschaften der Lebens- und Arbeitswelt, die da als einheitliche Form angestrebt wurden und nicht zuletzt in der Idee des «Gesamtkunstwerkes» ihren Ausdruck fanden.

Wenn Le Corbusier mit seinem Entwurf für die «Ville Contemporaine» 1922 für drei Millionen Einwohner eine zeitgemäße Stadt schaffen will, um die Menschen aus den düsteren Hinterhöfen der Gründerzeit in eine lichte Welt moderner Ordnung zu führen oder 1919 im Mittelpunkt von Bruno Tauts «Stadtkrone» ein leuchtendes «Kristallhaus» steht, das «ganz vom Zweck losgelöst» sein soll, dann werden Heilungs- und Erlösungssehnsüchte deutlich, die auf eine unbewusste Gegenwärtigkeit des Christus-Impulses hindeuten.

Verständige Augen können diese gegenwärtige Parusie wahrnehmen. Es ist ein Sehen mit dem Anteil nehmenden Herzen, ernst, selbstbewusst selbstlos, mitleidsvoll und in einem höheren Sinn geschwisterlich. Wer sich in seiner Aufmerksamkeit von den Wünschen, Träumen und Strebensimpulsen im mehr oder weniger unbewussten Lebensgeflecht der Menschen berühren lässt, der nimmt darin als Wesensmerkmal das Wirken eines ideal Menschheitlichen wahr. Diese Entdeckung kann von bestürzender Wirkung sein. Sie kann jäh und überraschend eintreten. Von Paulus heißt es: «Und da er auf dem Wege war und nahe an Damaskus kam, umleuchtete ihn plötzlich ein Licht vom Himmel und er stürzte auf die Erde und hörte eine Stimme, die sprach zu ihm.» (Apg 9, 3-4) Paulus realisiert schließlich, wer da zu ihm spricht. «Es wird dir schwer werden, wider den Stachel zu lecken», sind Worte, die ihn im Innersten treffen. Immerhin befindet er sich mit der ihm eigenen Rigorosität auf einer Missionsreise zur Bekämpfung der ersten Christus-Gläubigen. Er begreift, dass er mit dem Kampf gegen Christus einen Kampf gegen sein eigenes Menschen-Ich führt. Er ist in seiner Begegnung vor Damaskus «den Reichen der Himmel» tatsächlich nahe gekommen. Und durch dieses Erlebnis kann er authentisch sagen, dass der Christus «auferstanden sei am dritten Tage, und dass er gesehen worden ist von Kephas, darnach von den Zwölfen, darnach von mehr denn fünfhundert Brüdern auf einmal, deren noch viele leben, darnach von Jakobus, darnach von allen Aposteln. Am letzten ist er auch von mir, einer unzeitigen Geburt gesehen worden.» (Apg 15, 4-8)

Die Bemerkung zur «unzeitigen Geburt» im Zusammenhang der Zeugenschaft für die Auferstehung muss gleichfalls mit «verständigen Augen» gelesen werden. Saulus, dieser konsequente Wahrheitssucher, der in seiner historischen Übergangszeit als Hüter des rechten Glaubens mit unzähligen Sektengruppen, falschen Messiassen, Zungenrednern und Ekstatikern kämpfte – die Zeitenwende markierte einen ersten Höhepunkt in dieser Hinsicht – war wahrhaftig kein Ich-schwacher Mensch. Seine Ich-Stärke war vielmehr die Voraussetzung der Begegnung mit dem Christus-Geist und dessen bestürzender Wirkung. Die unzeitige oder Frühgeburt bedeutet, dass Saulus-Paulus in seiner Ich-Entwicklung frühzeitig, als Erster fähig war, diese Christus-Erfahrung als Geisterfahrung zu haben.

Mit den Darstellungen vom 12. Januar in Stockholm und vom 23. Januar 1910 in Straßburg, denen in den folgenden Jahren eine Fülle weiterer Hinweise folgten, geht Rudolf Steiner über den Blick auf die historischen Zusammenhänge des Christentums und seine Interpretation hinaus. Er kündigt eine gegenwärtige und zukünftige Begegnung mit dem Christus-Wesen als Realität an. Das ist seiner Direktheit wegen für viele schon Zumutung genug.

Ein weit erschütternderes Rätsel bildet in diesem Zusammenhang aber der von Rudolf Steiner als Beginn einer Kulmination genannte Zeitpunkt. Das Jahr 1933 wirkt da wie ein schwarzes Gegenprogramm, absurd und abstoßend. Es wird von ihm auch später noch mehrere Male im Zusammenhang mit dem Gewahrwerden des Christus im Ätherischen genannt. Es kann nicht überraschen, dass gerade dies zu heftigen Reaktionen, zu Angriffen von Gegnern der Anthroposophie, zu Spott und Häme geführt hat. Allein Schrecken, Abscheu und Widerwillen verraten noch nichts über einen möglichen Zusammenhang und Sachverhalt.

Ein Blick auf den Film «Triumph des Willens» von Leni Riefenstahl über den 6. Reichsparteitag der NSDAP am 5. September 1934 in Nürnberg kann helfen, diese Klarheit zu gewinnen. Nachdem in seinem Vorspann von Fall und Erniedrigung des deutschen Volkes die Rede ist, wird anschließend der Anflug der Erlösergestalt Hitlers inszeniert. Minutenlang verfolgt die Kamera an Bord einer Ju 52, den Weg durch ein wogendes, quellendes Wolkenmeer. Aus den Wolken kommend, zeigt sich der Messias in der alten Reichsstadt Nürnberg wiederum seinem Volk.

Riefenstahl bezeichnete sich nach 1945 stets als «politisch desinteressiert», als «Mitläuferin» und ausschließlich auf «Ästhetik» fokussiert. Unbeschadet des Wahrheitsgehaltes dieser Aussagen, sind ihre Bilder gerade deshalb besonders aussagefähig und entlarvend, weil sie sich der Mittel einer verklärenden Ästhetik bedienen.

Ihr Film zeigt den «Führer» als aus den Wolken kommend und knüpft damit, bewusst oder unbewusst, an die Parusie-Bildlichkeit der Apokalypse an. In seinem Wirken wird Hitler als Retter (Heiland, Arzt), Führer (Herrscher), Lehrer und Wächter (guter Hirte) dargestellt. Dadurch wird er mit jenen Attributen ausgestattet, die in der christlichen Ikonographie als Offenbarungen des Christus-Wesens auftreten. In der bildenden Kunst ist Christus als Herrscher zum Beispiel mit den Insignien von Reichsapfel und Zepter, als Lehrer mit dem Buch, als Hirte umgeben von Schafen und als Arzt mit segnend-heilender Gebärde dargestellt worden.

Der Vorspann bezeichnet besagten Film als «im Auftrag des Führers» hergestellt und von Leni Riefenstahl «gestaltet». Unter der Gestaltung ihrer dokumentarischen Arbeiten verstand sie, dass solche Filme Geist und Atmosphäre der jeweiligen Ereignisse widerspiegeln sollten. Sie wollten also mehr darstellen, als das bloße Abbild historischer Abläufe, sie wollten Innewohnendes zur Erscheinung bringen.

Diese Bildsprache lag offensichtlich «in der Luft», fand auch außerhalb Deutschlands vielfache Anerkennung. Für «Triumph des Willens» erhielt Leni Riefenstahl 1934/35 den Deutschen Staatspreis, 1935 den Preis für den besten ausländischen Dokumentarfilm bei der Biennale in Venedig und 1937 die Goldmedaille bei der Pariser Weltausstellung.

Die Bereitschaft Führergestalten zu folgen, war in dieser Zeit vielerorts groß. Mussolini, Franco, Salazar, Huey Long, Father Coughlin, Mosley, Stalin, Mao, Pavelić, Nedić oder Jaroslavski sind nur einige der Exponenten, die für dieses weltweite Symptom stehen.

Die Menschen waren bereit, das Heil der Welt von charismatischen Führern zu erwarten und sie verhielten sich entsprechend. Dass sie in der Suche nach dem Menschheitsführer auf die Verführer hereinfielen, wurde ihnen mit allen unmenschlichen Folgen nicht oder zu spät klar. Heute erleben wir eine skeptischer gewordene, weniger vertrauensselige Menschheit. Das bedeutet einerseits Schutz, andererseits aber auch zunehmende Distanz und Entfremdung.

Die Versuchung ist jedoch keineswegs überwunden. Stattdessen haben sich die Verführungsinstrumente verfeinert und perfektioniert. Die Mediatisierung der Gesellschaft hat die Voraussetzung für eine globale Einflussnahme geschaffen, die auf Infotainment statt Aufklärung, auf Tittitainment statt Sinnstiftung setzt, den Gegensatz von Information und Desinformation verwischt. Eine immense Rolle spielen bei dieser Entwicklung Bilder, – inszenierte Bilder und Stimmungen –, womit auf einen bestimmten Bereich ätherischer Wirksamkeit gewiesen wird.

Denn der Ätherleib ist derjenige Wesensbereich im Menschen, welcher organisch-leibliche Gestaltbildungen produziert. Er bewirkt den sich in der Zeit vollziehenden Bildeprozess, den Aufbau des physischen Leibes. Die stofflichen Bestandteile dieses Leibes werden von ihm in ihren lebendigen Zusammenhang gebracht. Ohne sein Wirken würden die einzelnen Bestandteile des Leibes allmählich zerfallen, wie dies im Tod geschieht. Die Tätigkeit des Ätherleibes ist bildend, sie verleiht dem Äußeren eine dem inneren Wesen entsprechende Erscheinungsform. Bildgestalt und bildende Aktivität sind bei ihm kongruent.

Seine lebendig-organische Wirksamkeit vollzieht sich allerdings unterhalb der Schwelle des gewöhnlichen Bewusstseins. Aufmerksam wird der für seine Wahrnehmung unausgebildete Mensch auf den Ätherleib in der Regel erst durch eine Störung in den Gesundheitsverhältnissen. Seine Gesetze haben mit Ausgleich, Proportion und Gleichgewicht zu tun. Es handelt sich bei ihm um ein stetiges Prinzip, das ohne Dramatik und

Spannung auskommt, um einen zuverlässigen Pflichterfüller und Praktiker, keinen Theoretiker.

Insofern erfordert das Gewahrwerden dieser Lebensebene eine besondere Aufmerksamkeit und ein besonderes Urteilsvermögen. Der Ätherleib ist Bildner, nicht Interpret. Was in seinen Bildeprozessen zur Erscheinung kommt, bedarf zum Verständnis noch eines besonderen Lese-, d.h. Interpretationsvermögens. Dieses Interpretationsvermögen wird gestört durch unbewusste und unbeherrschte Seelenneigungen. Ehrgeiz, Habsucht, Machtstreben, Maßlosigkeit, Eitelkeit, Neid, Faulheit und Ignoranz, – im Wesentlichen dasjenige, was man im Mittelalter die Todsünden und Laster genannt hat, stehen diesem Vermögen im Weg.

Wer Schritte hin zu dem von Steiner beschriebenen Sehvermögen tun will, muss ein ziemliches Pensum an Selbsterkenntnis und Selbsterziehung absolvieren. Diesen Weg kommentiert Steiner so: «Und diese goldene Regel ist; wenn du *einen* Schritt vorwärts zu machen versuchst in der Erkenntnis geheimer Wahrheiten, so mache zugleich *drei* vorwärts in der Vervollkommnung deines Charakters zum Guten.»[47] Einem ungeläuterten Geist eröffnet sich der Bereich des unschuldigen, reinen Lebens jedenfalls nicht. Unschuld und Reinheit sind dabei nicht als moralische Qualitäten zu verstehen, sondern als Eigenschaften einer Wirklichkeitsschicht. In diese Schicht einzutreten, bedeutet die Sphäre des lebendigen Christus zu berühren.

In ihr wird nicht mehr nach Recht oder Unrecht im Sinne des Bürgerlichen Gesetzbuches gefragt, es geht nicht mehr allein um richtig oder falsch. In ihr spielt vielmehr das Lebensmögliche, das Lebensfördernde eine Rolle. Treue, Aufrichtigkeit, Verantwortung und Fürsorglichkeit gehören zu den Qualitäten, die hier tragen. Es geht da um ein sachgemäßes, selbstloses Verhältnis zur Welt, das nicht vordringlich für sich will, sondern bereit ist zu pflegen und zu fördern.

Mit diesem Blick enthüllt die Welt vorher unbekannte und übersehene Tatsachen. Das kann dem Betrachter beim Blick auf die Lebensgeschichte eines Menschen auffallen, die unvermittelt ein sinnvolles Ganzes zeigt und deren Struktur eine Dramaturgie verrät, die der Entwicklung dieses Menschen sinnvoll und notwendig war. Das Gleiche kann dem verständigen Beobachter in den Prozessen eines sozialen Zusammenhanges aufgehen oder in den Erscheinungen reiner Kunst. Er kann da die Anwesenheit eines liebevoll wirkenden Wesens spüren, das unerwartet und unorganisiert fördernd im Sinne des Menschlichen wirksam ist. Dieses Erleben kann so stark werden, dass der Betroffene sich dadurch gleichsam wie berührt fühlt. Die Begegnung mit diesem Wesen kann tröstend, helfend, stärkend oder Rat gebend sein. Es kann aber auch erschütternd, erschreckend und aufrüttelnd sein.

> Wer, wenn ich schriee, hörte mich denn aus der Engel
> Ordnungen? und gesetzt selbst, es nähme
> einer mich plötzlich ans Herz: ich verginge von seinem
> stärkeren Dasein. Denn das Schöne ist nichts
> als des Schrecklichen Anfang, den wir noch grade ertragen,
> und wir bewundern es so, weil es gelassen verschmäht,
> uns zu zerstören. Ein jeder Engel ist schrecklich.[48]

Wer solches Erleben in seinem Herzen identifizieren kann, wer es in seiner Zartheit belassen und dennoch konzentrieren und als Gegenwart bewahrend erfassen kann, der stößt auf ein Wesen, welches das Höchste, Schönste, Beste in ihm aufruft, ohne es zu fordern und das zugleich ein Verbleiben im Sumpf des Behaglichen, Bequemen und Erstarrten unmöglich macht, ohne es zu verbieten. Natürlich ist eine solche Begegnung nicht zu ertragen, verdrängen wir sie lieber, als uns ihr und damit zugleich uns selber auszusetzen. Sich in den wahren Möglichkeiten des eigenen Wesens, den wahren

Entwicklungsmöglichkeiten zu schauen, setzt eine nahezu unerträgliche Selbsterkenntnis voraus, die zu der Realität des eigenen unverwirklichten höheren Wesens führt. Es ist die Begegnung mit dem eigenen höheren Wesen, dem höheren Ich. Diesem Wesen zu begegnen, ist Menschheitssehnsucht geworden im 20. Jahrhundert. Es gibt dieser Zeit eine Hoffnung, die wegen ihrer Größe und Intimität auch so grenzenlos enttäuscht werden kann.

Wer vor Damaskus oder in Berlin im Anbruch des besagten Jahrhunderts geistig gestanden hat «vor dem Mysterium von Golgatha in innerster ernstester Erkenntnis-Feier»[49], bei dem kommt es nicht auf Namen zur Benennung des Wesentlichen an. Bei dem kommt es auf die Offenbarung dieses Wesens als Menschheitsgeist, als das Menschheits-Ich, auf den Geist der Liebe an. Namen trennen, die Wesensschau vereinigt.

Mit den Zeiten ändern sich der Mensch und die Wesen der Welt

Wer die Menschheit beschenkt mit einem Gesetz, das für jeden Bürger im Falle eines Fehlverhaltens die persönliche Rechtfertigungs- und Erscheinungspflicht vor Gericht vorsieht, so dass er unabhängig von Ansehen und Einkommen für seine Taten belangt werden kann, den kann man einen Wohltäter nennen. Er bringt die Menschheit einen gewaltigen Schritt voran im Kampf gegen Willkür und Despotismus.

Eben dieses Geschenk ist die Gabe des römischen Volkes zur Menschheitsentwicklung des Abendlandes. Es war den Römern so immens wichtig, dass sie es in Erz gossen und auf dem Forum Romanum aufstellten. «Si in ius vocat, ito!»[50] – Wer vor Gericht gerufen wird, muss dort erscheinen, lautet der erste Satz des Zwölftafelgesetzes. Das bedeutet einen sachlichen, handfesten Fortschritt im sozialen Verhältnis der Menschen zueinander. Es leitet die Ära einer direkten, persönlichen Verantwortung im Alltagsleben, im Diesseits ein.

Wer ein so praktisches Verhältnis zum Leben entwickelt, der ist auch an anderer Stelle nur durch handfeste Beweise zu überzeugen. Das drückt sich in der gesamten römischen Kulturentfaltung aus. Daher konnten die Römer so großartige organisatorische und infrastrukturelle Leistungen in Straßenbau, Wasserversorgung und Militärdienst vollbringen.

Die Existenz eines Gottes und dessen permanente Präsenz im geistigen Umkreis als Entwicklungshilfe der Menschwerdung zu verstehen, wäre ihnen vollkommen ungreifbar geblieben. Sie brauchten einen handfesteren Anstoß. Unglaubwürdig nach wie vor, zumindest aber greifbar und vorstellbar war die Inkarnation eines Gottes in einen menschlichen physischen Leib hinein. Tod und Auferstehung waren ebenso unverständlich, zumindest aber durch einige innerweltliche Attribute und Zeugnisse gleichfalls vorstellbar und in der Lage einen Anstoß zu geben.

Tertullian sagte in einer entzückend paradoxen Argumentation zu Beginn des dritten Jahrhunderts, dass er an die Grundtatsachen des Christentums nur glauben könne, weil sie vollkommen unglaubwürdig, d.h. dem gewöhnlichen Vorstellungsvermögen widersprechend seien. Damit schloss er einerseits an das diesseitsverhaftete Bewusstsein der Römer an, führte es aber andererseits über sich hinaus. Die physisch sichtbare Einwohnung des Christus-Geistes in einem Menschenleib war der Menschheitsentwicklung der Zeitenwende angemessen. Nur so konnte sie den Menschen erlebbar werden.

Inzwischen haben sich die Voraussetzungen geändert. Der Mensch hat sich in der Entfaltung seines geistigen Lebens bereits beträchtlich vom Sinnesgebundenen emanzipiert. Heute stellen materiell verfestigte Vorstellungen über das Mysterium von Golgatha eher Hindernis und Anachronismus dar.

Auf allen Kulturgebieten hat sich der progressive Teil der

Menschheit zu einem geistigen Verständnis der Welt vorgearbeitet. Dieses Verständnis gilt es jetzt auch in der Beziehung zum Göttlich-Geistigen auszubilden und auszubauen. Dann bleibt das Golgathageschehen kein von anderen, von der Tradition oder Experten zu vermittelndes Ereignis, sondern kann eigenexistentielle Erfahrung werden.

In diesem Zusammenhang sind Rudolf Steiners Äußerungen über die Einmaligkeit der Inkarnation Christi in einen physischen Leib und das beginnende «Hinaufwachsen» des Menschen zum Christus zu verstehen.

Das Wiederkommen ist also keine Sache, die man bequem im Zuschauersessel abwarten könnte. Sie fordert vielmehr den mitwirkend beteiligten Menschen, der selbsttätig an den Bedingungen des Hinaufwachsens arbeiten muss, um berührungs- oder gnadenfähig zu werden. Denn um Gnade handelt es sich bei der Begegnung mit dem Christus in jeden Fall. Die Begegnung kann nicht erzwungen werden, sie geschieht aus der Freiheit des göttlichen Wesens. Allerdings ist diese Freiheit eine gegenseitige geworden. Der Mensch ist heute frei, den Christus-Geist zu suchen oder zu leugnen. Das Verhältnis zur geistigen Welt beruht mehr und mehr auf Mündigkeit.

Gerade diese Tatsache hängt mit dem Menschenwesen schlechthin zusammen. Es ist berufen, die Trias von Eigeninitiative und Verantwortung in Liebe zur Basis seiner Freiheit werden zu lassen.

Eben deshalb werden zuletzt falsche Propheten auftreten und verkünden, dass sie der verkörperte Christus seien. Die so erheischte Autorität bekämpft gerade jene Würde des Menschen, die in der Möglichkeit zu Selbstbestimmung und Freiheit liegt.

Wer es mit dem Menschen gut meint, wer im Sinne der Menschwerdung wirken möchte, der verzichtet auf alle aus dem bloß Persönlichen genommenen Agitationsmittel, er baut ab, was suggestiv oder in anderer Weise überwältigend wirken könnte. Stattdessen wird er sich um ein Wirken aus der Besonnenheit heraus in Geduld und Gleichmut bemühen.

Die Parusie kann gegenwärtiges Geschehen sein, weil auf diesem Weg «das Menschen-Ich nahe den Reichen der Himmel» ist.

Der aufgeklärte Irrtum

Nicht immer lösen sich Manipulation und Trug so schnell auf wie im Fall Krishnamurti. In seinem Fall trugen eine aufwendige Erziehung, die Verweigerung der deutschen Theosophen/Anthroposophen und ein tapferes Ich des Opfers zur Auflösung des Betruges bei. Am 2. August 1929, zu Beginn des jährlichen Treffens des Sternenordens ergriff Krishnamurti das Wort, um den Orden aufzulösen und dem Treiben seiner Verführer ein Ende zu setzen:

«Wir werden heute Morgen die Auflösung des ‹Sternenordens› besprechen. Viele Leute werden sich darüber freuen, andere hingegen traurig sein. Es handelt sich weder um eine Frage der Freude noch um eine der Trauer. Die Auflösung muss sein, was ich Ihnen erklären möchte. Vielleicht kennen Sie die Geschichte vom Teufel und seinem Freund, die die Straße entlanggingen, als sich der Mann vor ihnen bückte, etwas vom Boden aufhob, es betrachtete und in seine Tasche steckte. Der Freund meinte zum Teufel: ‹Was hat der Mann aufgehoben?› ‹Er hob ein Stück Wahrheit auf›, erwiderte dieser. ‹Das ist dann ein sehr schlechtes Geschäft für dich›, bemerkte der Freund. ‹Oh nein, keineswegs›, entgegnete der Teufel, ‹ich werde es ihn organisieren lassen.› Meiner Ansicht nach ist die Wahrheit ein pfadloses Land, die Sie auf keinem Weg erreichen können, weder über eine Religion noch über eine Sekte. Das ist meine Meinung, die ich absolut und bedingungslos vertrete. Die Wahrheit, die keine Grenzen und Bedingungen kennt und zu der kein Weg führt, lässt sich nicht organisieren. Es sollte auch keine Organisation gebildet werden, um die Menschen auf einem bestimmten Weg zu leiten oder zu zwingen. Wenn Sie das erst einmal verstanden haben, werden Sie erkennen, wie unmöglich es ist, Glauben zu organisieren. Bei dem Glauben handelt es sich um eine rein individuelle Angelegenheit, die Sie weder organisieren können noch dürfen. Andernfalls erstarrt der Glaube und stirbt ab. Er wird zu einem Bekenntnis, einer Sekte, einer Religion, die man anderen Menschen aufzwingt. ...

Eine zu solchem Zweck gegründete Organisation wird zur Krücke, Schwäche und Fessel und muss das Individuum zum Krüppel machen, es am Wachstum und der Entfaltung seiner Einmaligkeit hindern, die eben darin liegt, dass es die absolute unbedingte Wahrheit für sich selbst entdeckt. Das ist ein weiterer Grund für meine Entscheidung, als zufälliges Oberhaupt des Ordens, diesen aufzulösen. Niemand hat mich zu diesem Beschluss überredet. ...

Warum also eine Organisation? Sie werden erkennen, wie töricht die ganze Struktur ist, die Sie aufgebaut haben, indem Sie nach von außen kommender Hilfe suchen, von anderen abhängig sind, was Ihr Wohlstand, Ihr Glück und Ihre Stärke anbelangt. Diese Dinge können Sie nur in sich selbst finden.

Wozu also eine Organisation? Sie sind daran gewöhnt, dass man Ihnen sagt, wie weit Sie sich entwickelt, welchen geistigen Status Sie erlangt haben. Wie kindisch! Wer außer Ihnen selbst kann sagen, ob Sie unbestechlich sind? Sie meinen es nicht ernst mit diesen Dingen.»[51]

Gerade die letzten Worte mussten wie ein Stich in das Gewissen der Menschen wirken, die von ernsthafter Suche getrieben waren. Sie wiesen auf die Inkonsequenz des Handelns und die Diskrepanz zwischen proklamierten Zielen und gelebter Praxis.

Diese notwendige Konsequenz war vielmehr in Krishnamurtis Verfügung festzustellen, indem er die Übertragungen von Grundbesitz und Schenkungen an ihre ursprünglichen Besitzer zurückführen ließ.

Aber alle Reue Betroffener blieb inadäquat gegenüber den Verbrechen, welche in den vorangegangenen zwanzig Jahren an einem unschuldigen Knaben, seinem Bruder und seiner Familie begangen worden waren. In dem zwei Jahre später verfassten Gedicht aus *Song of Life*[52] lässt Krishnamurti den Schmerz über das erlittene Schicksal anklingen:

Mein Bruder starb;
Wir glichen zwei Sternen
am nackten Himmel.
Er war wie ich,
Sonnengebrannt,
In einem Land, wo es sanfte Brisen gibt,
Wiegende Palmen
Und kühle Flüsse;
In einem Land zahlloser Schatten,
Bunter Papageien und schwatzender Vögel;
Wo grüne Baumwipfel
Im strahlenden Sonnenlicht tanzen
Und es goldene Sandwüsten und blaugrüne Meere gibt.
Wo die Welt im gleißenden Sonnenlicht lebt
Und die Erde ausgetrocknet ist, in mattem Braun
Wo die grün glitzernden Reisfelder
Üppig im schlammigen Wasser stehen
Und glänzende braune nackte Körper
Sich frei im blendenden Licht bewegen:
Das Land
Der Mutter, die ihr Kind am Wegrand stillt
Des inbrünstigen Liebhabers,
Der bunte Blumen darbringt;
Des Heiligtums am Wege;
Absoluter Stille;

Unendlichen Friedens.
Er starb;
Ich weinte in Verlassenheit.
Wohin ich mich auch wandte, stets hörte ich seine Stimme
Und sein glückliches Lachen.
Ich suchte nach seinem Antlitz
In jedem, der vorüberging
Und fragte jeden, ob er meinem Bruder begegnet war;
Doch niemand vermochte mich zu trösten
Ich verrichtete meine Andacht,
Ich betete
Aber die Götter schwiegen.
Ich konnte nicht mehr weinen;
Ich konnte nicht mehr träumen.
In allem suchte ich ihn,
In jeder Sphäre.
Ich vernahm das Flüstern vieler Bäume,
Die mich zu seinem Wohnsitz riefen.
Und dann,
In meiner Suche,
Erblickte ich Dich,
Oh Herr meines Herzens;
In Dir allein sah ich das Antlitz meines Bruders.
In Dir allein,
Oh mein ewiger Geliebter,
Erkenne ich die Gesichter
Der Lebenden und der Toten.

1913 trennte sich Rudolf Steiner deshalb endgültig von der Theosophischen Gesellschaft. 1929 löst Krishnamurti seinen «Sternenorden» auf und entsagte der ihm aufgenötigten Messiasrolle.

Die Gegenwart der Parusie

Für die Beurteilung der Parusie-Ankündigung Rudolf Steiners bleibt entscheidend, ob ihre Voraussage bestätigt werden kann oder nicht. Sie ist letztlich also von vorliegenden oder ausbleibenden Erfahrungen abhängig. Dazu liegt inzwischen eine Fülle von Bestätigungsliteratur vor. Häufig haben solche Schriften etwas Bekenntnisartiges in der Art von Erweckungsliteraturen. Sie beschreiben etwas überwältigend Schönes, unbedingt Anzustrebendes, Bedeutung Heischendes, Glückseligkeit Versprechendes usw. Damit einher geht ein unübersehbarer Sektencharakter. Größte Menschheitserfahrungen, Rätselfragen und Lebenssehnsüchte sollen auf verblüffend schlichte Weise Beantwortung finden. Das Heil liege so nahe und sei so einfach erreichbar. Andere Autoren inszenieren sich mit mehr oder weniger großem Aufwand und lassen sich je nach Bedürfnis ihrer Klientel als neue Sendboten, Propheten oder Eingeweihte verehren. Immer aber fehlt ihnen das, was die Würde des modernen Menschen ausmacht: der Weg durch Zweifel, Not und kritisches Bewusstsein.

Ein Verhältnis zum Christus, welches diese Elemente gegenwärtig würdiger Menschheitskonstitution nicht enthält, ist kein Verhältnis oder verkennt die Wesenheit des Gottessohnes. Als seine letzten Worte am Kreuz werden von Lukas (23,34) genannt: «Vater, vergib ihnen, denn sie wissen nicht, was sie tun.» Gemeint damit könnten sein die Soldaten, die ihn kreuzigten, der Pöbel, der seine Kreuzigung verlangte, der jüdische Sanhedrin, Pontius Pilatus oder jeder andere, der sich nicht gegen das blinde Geschehen stellte.

Die Worte des Lukasevangeliums zielen darauf, dass der Mensch so lange vergebungsbedürftig ist, als er nicht weiß, was er tut. Damit bezeichnen sie aber komplementär zugleich auch das Menschheitsziel. Mensch zu sein im Sinne eines wahrhaft Menschlichen, d.h. im Sinne des Christus, bedeutet einerseits etwas zu tun und andererseits darum zu wissen, Bewusstsein des Zusammenhanges zu haben. Wer Bewusstsein seines Handelns hat, kann es verantworten. Verantwortung ohne Bewusstsein gibt es nicht. Allerdings kann die seelische Atmosphäre von Verantwortung unterschiedlich gestimmt sein. Sie kann als lastende Pflicht, als Bürde, aber auch als Auszeichnung oder Würde empfunden werden. Wirklich menschlich wird sie erst, wenn sie vom Verantwortungsträger bejaht, freiwillig übernommen wird. Dann kommt ein drittes Moment zum Handeln und zur Verantwortung hinzu, das Element der Liebe. Initiative, Liebe und Verantwortung sind die Trias des freien Menschen, der rechenschaftsfähig ist.

«Vater, vergib ihnen, denn sie wissen nicht, was sie tun», macht den Christus als göttlichen Vertreter eines Allgemein-Menschlichen erkennbar, als die Inkarnation des Menschheitsgeistes. Er ist kein anthropomorpher Götze als Gottesidol. Das unterscheidet ihn von den Absolutismen religiöser Überzeugungen, die ein «Richtigeres» und «Wahreres» gegenüber konkurrierenden Auffassungen für sich in Anspruch nehmen. Der Christus als Menschheitsgeist ist kein Vertreter solch divinen Wettbewerbs oder theologischer Rechthaberei. Er ist Urbild, Ausdruck und potentielle Wirklichkeit des Menschseins, jenseits von Klassen-, Geschlechts-, Volks- oder Kulturzugehörigkeit. Was er bringt, ist keine Religion sondern ein Verständnis des Menschenwesens, das zugleich der Beginn seiner Verwirklichung ist. Solch Verständnis und seine Realisierung mögen von religiösen Haltungen und Handlungen begleitet sein, eine Religion im Sinne weltanschaulicher Glaubenssätze begründen sie nicht.

Insofern ist die Verwirklichung des Menschenwesens im Sinne des Christus nicht an äußere Wundergläubigkeit und gespensterartige Visionen geknüpft. Sie hängt vielmehr mit der Idee des Menschentums zusammen, die vom Menschen als einem Wesen der Initiative, Verantwortung und Liebe zu dem Übernommenen ausgeht. Die Parusie des Christus-Wesens ist überall da zu suchen, wo sich der Mensch handelnd, Anteil nehmend und tragend in die Welt stellt. Sie ist da zu finden, wo Zentrum des eigenen Ich und Umkreis des Weltganzen einheitlich Mensch werden.

Zeit ist nichts als der Strom, in den ich zum Fischen steige (Henry David Thoreau)

Zeit kann man haben, sich nehmen und verlieren. Manche Menschen haben viel Zeit, andere wenig und einige nie. Offensichtlich ist das Verhältnis zur Zeit unterschiedlich und womöglich sogar höchst individuell. Denn von einigen wird behauptet, dass sie immer Zeit fänden, wenn sich jemand an sie wende, dass sie ihren Besucher nie spüren ließen, unter welchem Zeitdruck sie stehen. Bei anderen ahnt man, dass jedes sich Hinwenden an sie vergebens ist, da sie nie Zeit haben, nie zur Verfügung stehen. Manche glauben sogar, dass Zeit «money» sei. Damit nähren sie die Illusion, dass Zeit käuflich, ein Handelsgut sei. Andere für sich einzuspannen, Lebenszeit auf einem sogenannten Arbeitsmarkt zu schachern, ist Ausdruck solchen Irrtums.

Zeit gehört zum Menschen, er lebt in und mit ihr. Er kann von ihr abhängig und unabhängig sein, sich von ihr befreien und auch eigene «Trends» schaffen, d.h. eigene Zeitinseln, Zeiträume hervorbringen. Kann er Zeit sogar kreieren?

Auf den ersten Blick scheint es, als sei Zeit ein unwiderstehlicher Strom, in dem der Mensch mitgenommen würde, – getragen, gerissen, geschleudert, gebremst oder begleitet, immer aber in Richtung und Tempo bestimmt. Allerdings fließt dieser Strom nicht gleichmäßig, er kennt Verengungen und Erweiterungen, Haupt- und Nebenströmungen. Dementsprechend verändert sich immer wieder seine Geschwindigkeit, macht Beschleunigungen und Verlangsamungen durch. Auch seine gestaltende Kraft ist unterschiedlich. Zuweilen richtet sich seine Kraft gegen bestimmte Widerstände, die sich ihm in den Weg stellen, dann stürmt er mit vertiefter Wucht gegen einen solchen «Prallhang», nur um anschließend in Phasen beruhigten Gleitens überzugehen. Sein Flussbett wird dann breit, flach und die Strömungsgeschwindigkeit träge.

Der Zeitstrom kennt aber auch Wirbel, Unter- und Gegenströmungen. Sie bilden sich jeweils an Hindernissen, die sich seiner konstanten Fließrichtung in den Weg stellen. Dann spitzt sich etwas im Geschehen zu oder der Strom wendet sich gegen sich selbst, er wird gleichsam für einen Augenblick zum Innehalten oder zur Umkehr gezwungen.

Im Ganzen aber besitzt sein Charakter etwas Unwiderstehliches. Dieser Zeitenstrom bewegt sich mit unbeirrbarer Konsequenz im steten Nacheinander. Station auf Station wird in überschaubarer Ordnung durchlaufen. Und was sich mit diesem Strom bewegt, ist getragen von natürlicher Regelmäßigkeit und Konsequenz.

Ein in den letzten Jahren häufig verwendetes Wort für diese Qualität der Zeit ist «der Zeitgeist». Früher nannte man das auch Mode oder Geschmack. Wer hier mitgeht, befindet sich in einer großen Gesellschaft. Er eckt nicht an und weiß sich von Gleichgesinnten umgeben. Man ist über die wesentlichen Fragen des Lebens gleicher Meinung und befindet sich stets im sicheren Hafen. Die grundlegenden Perspektiven sind abgesteckt und als Regelwerk des Verhaltens und Umgangs verinnerlicht. Die Vorwärtsbewegung ist zu einem Gutteil Illusion. Denn was wie Fortbewegung scheint, ist in Wirklichkeit Stillstand, Geschwindigkeit eine Relation zum Tempo der Umgebung.

Wer hier mitreist, ist Treibgut. Das Ziel seiner Fahrt bestimmt er nicht selbst.

Bewusstsein von der eigenen Situation erlangt nur derjenige, der sich aus diesem naturgegebenen Strom emanzipiert. Emanzipation heißt in dieser Beziehung Ausstieg.

Man muss die Adlerperspektive gewinnen können, sich erheben aus den naturwirksamen Kräften vorwärts drängenden Lebens, um nicht blind von ihm mitgerissen zu werden.

Die Adlerperspektive bedeutet in diesem Zusammenhang, Abstand und Überblick zu gewinnen. Dadurch wird Bewusstheit möglich. Bewusstsein, das nicht blind mit dem Strom schwimmt, sondern die Bedingungen des eigenen Daseins bemerkt. Das ist die erste Voraussetzung der Selbststeuerung. Es macht die Strömung sichtbar. Und Strömung kann nur sichtbar werden, wenn der Beobachter einen Punkt gewinnt, der gegenüber der Bewegung unbewegt bleibt. Dieser Punkt ist das Ich oder Selbst, das sich aus den Fluten des Bedingtseins erhebt und den Zeitenlauf als unbewegter Beweger von Adlerhöhen her verfolgt.

Dieses Bewusstsein ist ein erstes Erwachen in der Zeit. Es kann sich steigern zu weiterer Bewusstheit, die bemerkt, dass es nicht nur eine Bewegungsrichtung im Leben des Menschen gibt. Sie entdeckt, dass es im Lebenslauf des Menschen vielmehr zwei Strömungsrichtungen gibt. Die eine ist die geschilderte Bewegung von außen, die Bewegung des Lebensstromes. Sie baut auf, fügt an- und nacheinander, lässt eines aus dem anderen hervorwachsen.

Die andere rührt von einer inneren Bewegung her. Sie wird angetrieben durch Impulse des seelischen Lebens, das seine Kräfte erlebt und dennoch nicht notwendigerweise erkennt. Dieses Leben ist bestimmt von einer Zieldynamik in Form von Wünschen, Begehrungen, Träumen, Bedürfnissen, Sehnsüchten, Begierden und Verlangen. Die begehrende Person ist erfüllt von Vorstellungen, die sie verwirklicht erleben möchte. Das Spektrum möglicher Antriebe kann von elementarer Lustbefriedigung bis zu idealistischen Fortschrittszielen reichen. Im Verfolgen ihrer Anziehungskraft gerät der Mensch dabei, ohne es zu bemerken, in Versuchung, sich selbst zu verlassen. Denn in der Hingabe an diesen Drang beginnt sein Mittelpunkt unversehens nicht bei ihm selbst, sondern in den Zielvorstellungen, auf die hin er sein ganzes Streben und Trachten orientiert, zu liegen.

Er verlässt seine Gegenwart und versetzt sich in die Zukunft. Von da aus beginnt er, seine Existenz zu betreiben. Diese Bewegungsrichtung ist der Lebensbewegung konträr entgegengesetzt. Sie ist dabei radikal und nimmt auf die Belange organischen Aufbaus oder gesicherter Existenzbedingungen keine Rücksicht. Das ist im Unterschied zum vorher geschilderten Lebensstrom der Bewusstseinsstrom der Zeit. Zu ihm gehört alles, was mit wunscherfüllter Vorstellungsbildung, mit Zielsetzungen, Projekten und Projektionen zusammenhängt. Aus seinem Seelen- oder Bewusstseinsleben heraus wird im Menschen dieser zweite Zeitenstrom geboren, der nicht den lebendig-organisch aufbauenden Naturgesetzen des Nacheinander folgt, sondern ihm entgegengerichtet ist.

Seine Wirkung entsteht im Lebenslauf durch die Entwicklung des Bewusstseins in einem stufenweisen Prozess. Es bildet sich zunächst an den Empfindungen der Sinnessphäre und entwickelt daran ein zunehmend intensives Innenleben. Damit geht ein sich steigernder Selbstbezug einher, der gegensätzliche Folgen für die Entwicklung des Bewusstseins hat. Denn in dem Maße, in dem sich der Selbstbezug steigert, die Aufmerksamkeit für das eigene Ergehen zunimmt, nimmt die Übersicht über die Gesamtsituation ab. Die Helligkeit des Eigenerlebens verdunkelt den Blick für das Ganze.

Das paradoxe Ergebnis dieser Entwicklung ist ein Verlust

von Bewusstheit durch Zunahme von Bewusstsein. Die Steigerung des Selbsterlebens als Zunahme von Bewusstseinskräften bedeutet zugleich ein Erblinden für die Situation des Selbst. Oder anders ausgedrückt: Der Mensch erfüllt sich mit treibenden Vorstellungen aus der Zukunft und bemerkt seine Getriebenheit nicht. Er ist besetzt von Selbsterfüllung und Selbstbezug und verfehlt dabei sein eigentliches Selbst.

So gibt es zweierlei Arten sich selbst und die Zeit zu verlieren. Der eine Verlust ergibt sich aus dem blinden Mittreiben im Lebensstrom, der den Menschen zu einem Treibgut des Naturgeschehens macht. Der andere Verlust reißt den Menschen fort von sich in einen Wunschstrom, der ihn zu Zielen lockt, denen er getrieben folgt.

Beide Arten schließen das Menschsein in Freiheit aus. Sie machen ihn zu einem Gefangenen der Naturnotwendigkeit oder von Bewusstseinsillusionen.

Tatsächlich kann der Mensch Zeit nicht haben, sondern sie sich allenfalls schaffen.

Dies geschieht, indem er die beiden Zeitenströme mit seinem Bewusstsein umspannt, sie in sich vereinigt und miteinander verbindet. Die Vereinigung der beiden Bereiche geschieht in einem dynamischen Grenzbereich von Werden und Vergehen. Unter dem aufschäumenden Sturzwasser des über ein Wehr schießenden Flusses kommt der Strom zur Ruhe. Wo sich die beiden Bewegungsrichtungen begegnen, ist Gelegenheit, den Augenblick als Grenzmoment der beiden Zeitenströme zu entdecken und zu erobern.

Im Sinn erfüllten Augenblick hat der Mensch die Welt. Sinn, der nur durch ihn selbst gefunden und bestimmt werden kann. Sinnfindung ist freie Menschentat. Der Mensch findet, d.h. bestimmt sich dabei selbst im Verhältnis zur Welt, im Gleichgewicht zwischen Vergangenem und Zukünftigem. Wer die Langsamkeit entdecken will, muss die Schnelligkeit kennen; wer Schnelligkeit meistern will, muss auch Langsamkeit handhaben können. Geistesgegenwart ist der Schlüssel zum Reich der Zeit.

Ein am 24. Dezember 1920 niedergeschriebener Spruch Rudolf Steiners lautet:[53]

Eine Brücke ist der Mensch
Zwischen dem Vergangnen
Und dem Sein der Zukunft;
Gegenwart ist Augenblick;
Augenblick als Brücke.
Seele gewordner Geist
In der Stoffeshülle
Das ist aus der Vergangenheit;
Geist werdende Seele
In Keimesschalen
Das ist auf dem Zukunftswege.
Fasse Künftiges
Durch Vergangenes
Hoff' auf Werdendes
Durch Gewordenes.
So ergreif das Sein
Im Werden;
So ergreif, was wird
Im Seienden.

Das menschliche Maß zu finden, den Menschen in der Zeit zu bauen ist ein Königsweg, den lebendigen Menschheitsgeist in seiner Wirklichkeit zu schauen.

Alles ist, hat und lebt nach seinem Rhythmus

Immer unsicherer wird dem Menschen, was er wahrzunehmen meint. Dazu trägt neben diffusen Erinnerungen unbewältigter epistemologischer Reminiszenzen des 19./20. Jahrhunderts vor allen Dingen moderne Technik bei, die eine systematisch veränderte Präsentation primärer Erfahrungsquellen anbietet.

Nicht immer weiß er dann, was genau ihm als Wahrnehmungsobjekt vorliegt, was ihm, angesichts gesteigerter Stimulanzwirkungen aber auch zunehmend unwichtig wird. Vordringlich sind ihm intensivierte Erlebnisse und gesteigerte Erregung. So vermehrt er deren Erfahrungsbereich eher, als ihn einzuschränken. Der Zeitraffer ist da nicht wirkungsvoller als die Zeitlupe, ästhetisierte Artifizialität das entscheidende Kriterium. Das gilt für digitalisierte Bilder ebenso wie für digitalisierte Hörquellen, gentechnisch bedingte Geschmackssurrogate oder das gesamte Spektrum haptischer Halluzinationen. Die Welt ist nicht mehr, was sie zu sein scheint. Original und Abbild lassen sich hinsichtlich ihrer Authentizität nicht unterscheiden. Jede Verfremdung wird zum Schöpfungsakt deklariert.

Wie soll der Mensch sich da in einer Welt zurechtfinden, die für sein Alltagsbewusstsein einem analog-gegenständlichen Design folgt und in ihrer Grundstruktur materialistisch naiv interpretiert wird? Scheinbar lässt sich, was wirklich ist, anfassen, messen und wägen. Es ist Teil eines räumlichen Universums und funktioniert zeitlich im Nacheinander.

«Was die Dinge im Innersten zusammenhält», was sie ihrem Wesen, ihrer innewohnenden Eigengesetzlichkeit nach sind, das sind Fragestellungen, die aus diesem begrenzten Horizont nur für die schlicht gebliebenen Gemüter beantwortbar scheinen. Andere, die ihr Eigensein entdeckt haben, fragen nach den Bedingungen dieses Eigenen und seinem Verhältnis zum Anderen. Sie kommen damit aus einer Rolle des naiv-passiven Weltverhältnisses heraus, brechen mit der Zuschauerrolle im Weltgetriebe.

Sie zielen in einen ganz anderen Bereich, erfassen, dass ihre Fragen nicht stellvertretend oder fürsorglich von einer anderen Instanz denn ihrer souveränen Einsicht beantwortet werden können. Sie zielen auf den Zusammenhang der Erscheinungen, begnügen sich nicht mit ihrem bloßen Auftreten. Wie hängt die eine Erscheinung mit der anderen zusammen? Woraus konstituiert sich ihre Wirkung? Welche Bedingungen, Möglichkeiten und Konsequenzen ergeben sich aus ihrem Zusammenhang? Mit diesem Blick wird auf das Wirkende und Werdende, nicht allein auf das Seiende geschaut.

Für diesen Blick ist aber zugleich eine andere Sehkraft erforderlich. Sie kann die Welt nicht lediglich als Abbild erfassen, muss sie doch eine bildende, schaffende Zugänglichkeit zugleich entwickeln, da sie neben dem stofflich Festen auch das potentiell Mögliche, das sich Wandelnde und Gestalt Hervorbringende in ihre Erfahrung einbeziehen soll. Es handelt sich dabei um eine Schicht des Lebendigen, des Leben Hervorbringenden und Leben Gestaltenden. Wenn es durch das gewöhnliche Ansehen, das eher ein Anstarren als Anschauen genannt werden muss, nicht erfasst werden kann, – wodurch dann?

Gleiches kann nur durch Gleiches erkannt werden. Wer das Leben erkennen will, muss dem Leben gleich werden und darf dennoch nicht vollständig mit ihm verschmelzen. Er muss die Vorgänge des Lebendigen bewusst, das ist wach, mitvollziehen, um ihre Wirksamkeit erfahren und im Erfahren erfassen zu können.

Qualitäten, auf die es dabei zu achten gilt, sind zum Beispiel Leichte oder Schwere, immanente prozessbezogene Formkräfte, entwicklungsfördernde Gestaltungskräfte, harmonische oder disharmonische Wirksamkeiten, Entwicklungsabläufe als in sich begründetes Geschehen. Alle diese Qualitäten zeichnen sich durch eine transsubjektive Dimension aus. Sie reflektieren nicht auf eine selbstbezogene Befindlichkeit, sondern beziehen sich auf Vorgänge und Zustände um ihrer selbst und des wirkenden Zusammenhanges willen. Sie erfassen das funktional Sinnvolle, nicht das persönlich Genusshafte.

Gelegenheiten zur Aufmerksamkeit auf solche Geschehnisse

bieten sich im unmittelbaren Erfahrungsfeld des Menschen zahlreich. Einzelheit und Zusammenhang, Detail und Ganzes müssen dabei wechselnd und als Beziehungsgeflecht in die Aufmerksamkeit treten. Ob im Tages- oder Jahresverlauf, in markanten biografischen Abschnitten, dem Lebenslauf als Ganzem oder den elementaren Lebenserscheinungen des Organismus, überall begegnet dem Betrachter eine bestimmte Spannung von Kontinuität und Wandel.

Der Mensch nimmt bei sich selbst ebenso gut wie bei anderen, neben seiner als gleich erlebten Identität, Merkmale eklatanter Veränderungen wahr. Er erkennt sich nach dem Schlaf als identisch mit sich selbst wieder. Zwischen morgendlicher Frische und abendlicher Welke behält er den roten Faden seiner selbst in wechselnder Erscheinung. Da mögen sich die unausweichlichen Ermüdungs- und Abbausymptome des täglichen Lebens noch so unerbittlich seiner physischen Erscheinung eingraben. Je nach Tagesverlauf kann dieser Prozess kontinuierlich, wechselhaft und in Ausnahmesituationen sogar abrupt sein. Da es nur eingeschränkt möglich ist, diesen Prozess mit gleichbleibender Intensität und Ausdauer zu verfolgen, treten in den einzelnen Augenblicken des Wahrnehmens mehr oder weniger deutliche Veränderungen hervor.

Zieht man zum Vergleich einen Lebensabschnitt oder die ganze Biografie eines Menschen heran, wird das Gemeinte deutlicher. Gleiches und Anderes treten untrennbar zusammen auf. Ein Mensch sieht nicht immer gleich aus. Er verändert sich. Ein Organismus zeigt dabei innerhalb seiner Organbereiche sogar unterschiedliche Tempi und Signaturen. Vergangenes und Zukünftiges, Altes und Neues treten gleichzeitig, d. h. nebeneinander auf. Archivar, Akteur und Prophet erscheinen gemeinsam auf der Bühne der Gegenwart und wirken dort aus den Kräften des Fortwirkenden, Aktuellen und Potentiellen.

Ist man einem Menschen über einen längeren Zeitraum nicht begegnet und hat zwischenzeitlich auch keine Abbildungen von ihm gesehen, kann er einem als Fremder erscheinen. Bekommt man jedoch Gelegenheit, ihm wiederum intensiv zu begegnen, seine Ideen, Erlebnisse und Intentionen kennenzulernen, dann schließen sich die Lücken und man kann sich die fehlenden Entwicklungsetappen ergänzend imaginieren. Die Unterbrechungen des Veränderungsvorgangs durch die an Zeit und Raum gebundenen Bedingungen des Wahrnehmens werden durch eine schöpferische Vorstellungskraft überbrückt. Das gelingt allerdings nur einer leidenschaftslos objektiven, d.h. in den Veränderungsprozessen selbst weilenden Betrachtungsweise. In ihr verbinden sich Objektivität als Sachbezogenheit und Subjektivität als individuell-schöpferische Leistung zu einem miterlebenden Wirklichkeitsbezug. Dadurch werden physiognomische Veränderungen eines Menschen nachvollziehbar, der veränderte Ausdruck seiner Gestalt wird in Kontinuität und Wandel kongruent.

Man erkennt sich wieder trotz der verflossenen Zeit. Die Überbrückung des bloßen Nach- und Nebeneinander des Wahrnehmens, die Aufklärung der Beziehung, zeigt: Ein Mensch sieht nicht immer gleich, aber sich ähnlich aus. Die Ähnlichkeit mit sich selbst manifestiert die Übereinstimmung mit sich selbst in der Veränderung.

Das Medium, in dem sich dieser Prozess vollzieht, ist eine lebenstragende Schicht organischen Wandels. Ihr Wirken vollzieht sich als Strömen und Fließen eher denn als Anhäufen und Auftürmen. Ihre Formäußerungen erfolgen mählich und mit fließenden Übergängen. Dennoch ist sie in ihren augenblicklichen Erscheinungen immer konkret und im Wandel identisch. Ihre Organisationsform ist der Rhythmus. Das Leben gestaltet sie in polaren Zuständen. Rhythmus in seinen vielfältigen Formen ist daher auch ein besonders geeignetes Medium, durch das die verborgene Schicht des Lebendigen studiert werden kann.

Seine Eignung zur Erschließung des Lebendigen zeigt der

Rhythmus von den ersten Versuchen einer Annäherung an. Wer ihm mit Schematisierung und Dogmatik begegnen will, stürzt unversehens in die klammernden Arme seines starren Bruders, des Taktes. Beide sind geprägt durch Wiederholung und Gleichmaß.

Was in dem einen Fall jedoch lebendig atmet und schwingt, kennt im anderen Fall nur die definierte Einförmigkeit von Ausschlägen und Amplituden. Organik bzw. Mechanik bezeichnen die so unterschiedlichen Erscheinungsfelder dieser seriellen Strukturen.

Rhythmus verbindet das Flüchtige mit dem Festen zu lebendigem Gewebe, Takt trennt Formzustände und verfestigt sie als autistisch isolierte Abläufe.

Für das Lebenstragende lebendiger Schwingungsverhältnisse fand Heraklit das Wort vom Rhythmus als «einer für alle Lebewesen gültigen Weltordnung»[54]. Léopold Sédar Senghor, der erste Präsident Senegals, nannte Rhythmus «innere Dynamik, die dem Sein Form gibt», einen «Ausdruck der Lebenskraft.»[55] Im jungen 20. Jahrhundert sah Arnold Sommerfeld in der Quantentheorie «das geheimnisvolle Organon, auf dem die Natur die Spektralmusik spielt und nach dessen Rhythmus sie den Bau der Atome und der Kerne regelt.»[56] Allen Äußerungen gemeinsam ist ein Prinzip schöpferischer Ordnung, die sich als fließende Gestaltbildung kundtut.

Rhythmische Gestaltungsprozesse treten aber nicht nur in der äußeren Welt, im Umkreis des Menschen auf. In seiner 1946 erschienenen und in 27 Auflagen verlegten *Kleinen deutschen Versschule*[57] versucht der Germanist und Sprachwissenschaftler Wolfgang Kayser, den Rhythmus vom Metrum zu unterscheiden und individuelle rhythmische Sprachprägungen verschiedener Dichter zu charakterisieren. Dabei deutet Kayser zum Beispiel auf einen «metrischen Rhythmus», der zwar ein bestimmtes Betonungsmuster aufweist, das frei Schwingende eines wirklichen Rhythmus aber noch gar nicht ausbildet. Er unterscheidet davon den «fließenden Rhythmus» in den liedartigen romantischen Gedichten Clemens Brentanos, den «bauenden Rhythmus» aus dem Alterswerk Goethes mit seinem ruhigen, wüchsigen Charakter, den «gestauten Rhythmus» in den Werken Annette von Droste-Hülshoffs und den «strömenden Rhythmus» in den Hymnen Hölderlins.

Rhythmus ist also nicht nur ein allgemeines Bildeprinzip, sondern kann sich verändern, anpassen und individualisieren. Es kann in vielfältiger Weise auftreten, Musik und Tanz bieten dabei bedeutende Erscheinungsfelder.

Rhythmus verbindet Inneres und Äußeres. Keine versteinerte Ammonitenschale entspricht genau einer anderen. Immer sind die in Größe und Volumen rhythmisch ansteigend oder abschwellend gebildeten Kammern gegenüber anderen Exemplaren modifiziert. Die unterschiedlichen Bildungen verraten dabei etwas über die Lebensbedingungen und -ereignisse des vormaligen Tieres. Ähnliche Befunde sind bei jedem Relikt organischer Lebewesen zu machen. Sie sind in einem durch die Zeit wirkenden Entstehungsprozess ausgebildet worden.

Das ist beim Menschen nicht anders. Die fortwährenden Prozesse, durch welche Rhythmus sich ihm Spuren bildend einprägen, sind u. a. der Herz- und Lungenrhythmus, der in Tages-, Wochen-, Monats- und Jahresgeschehen sich gestaltende Zeitrhythmus, Gewohnheiten, Rituale und vieles andere mehr.

Die Spuren rhythmischer Prozesse werden auf ganz verschiedenen Wirkensebenen sichtbar. Anatomisch-physische Formen treten dabei ebenso in Erscheinung wie gegenwärtig prozessuale Vollzüge (Lebensprozesse), seelische Vorgänge oder der rhythmische Wechsel von Bewusstseinszuständen.

Beispiele für anatomisch-physische Bildungen zeigen sich besonders deutlich in der rhythmischen Bildung der Rippen im Bereich des Brustkorbes oder in den strahlenförmig rhythmisch gegliederten Knochen des Handskeletts.

Diese Bildungen sind durch Wiederholung und Variation

gekennzeichnet. Sie folgen einem Muster und entwickeln dieses in einer Serie das Grundprinzip umschwingender Modulationen. Anschaulich werden solche Erscheinungen u. a. in den Ablagerungsfolgen von Knochen- und Schalenbildung.

Wachstumsringe sind so nicht nur im Querschnitt zahlreicher Baumarten zu finden, sondern auch in den feineren Anwachslinien auf den Schalenaußenseiten von Muscheln. Bei verschiedenen Muscheln sind inzwischen Wachstumslinien von halbtäglichen, täglichen, vierzehntägigen, monatlichen und jährlichen Intervallen untersucht worden.

Die in diesem Bereich auftretenden Bildungen weisen augenscheinliche Bildungsgesetze auf, die auch unter ästhetischen Gesichtspunkten verblüffen. Sie stellen ein eindrucksvolles Beispiel für die Spuren lebendiger Tätigkeit an raum- und formgewordenen Erscheinungen dar. Das erscheinende Bild ist Abbild lebendig-organischer Prozesse.

In noch grundlegenderer Weise treten die Spuren rhythmischen Geschehens im Bereich der Geologie auf. Auch hier sind rhythmische Vorgänge zu beobachten, wie sie sich zum Beispiel in den stratigrafischen Erscheinungen finden. Der dänische Naturforscher Nicolaus Steno machte 1669 an ihnen die Entdeckung, dass die räumliche Lagerung von Sedimentschichten übereinander in Wirklichkeit einer zeitlichen Abfolge von Gesteinsablagerungen nacheinander entspricht. Im Bereich der Geologie geschieht das in der denkbar passivsten Weise. Was sich zuletzt als rhythmischer Bildungsprozess ausdrückt, ist in seiner Ausprägung von dem tragenden Medium erlitten worden. Das Bewirkende hingegen ist in den waltenden Naturkräften zu suchen. In mythologischen Erzählungen werden die sich in diesem Bereich abspielenden Vorgänge gleichwohl als lebendige, einem inneren Gesetz folgende Erscheinungen dargestellt. So zum Beispiel in den Götterliedern der Lieder-Edda, in denen die Erde und ihre elementaren Bildungen aus der Substanz des Riesen Ymir durch Götterwirken hervorgehen.

So zeigen sich auf einer basalen Seinsebene rhythmische Erscheinungen in der sogenannten unbelebten Natur, die durch von außen wirkende Gesetze und Kräfte hervorgebracht werden.

Auf einer zweiten Ebene wird Rhythmus sichtbar als ein den Dingen innewohnendes Bildeprinzip. Es tritt durch Wachstum und Fortpflanzung in Erscheinung.

Eine dritte Ebene zeigt rhythmische Prozesse als gesteigerte Innenprozesse. Auch sie können eine äußerlich sichtbare Ausdrucksform finden, spielen sich als Ereignis jedoch vor allem innerlich, mit äußeren Sinnen nicht unmittelbar wahrnehmbar ab. Gemeint sind damit bewusst als innerseelische Prozesse erlebte Erfahrungen.

Wenig und oft macht zuletzt viel (Sprichwort)

Ein im Bereich innerer Schulung häufig gebrauchtes Wort lautet: «Rhythmus ersetzt Kraft». Ausgeglichenheit und Regelmäßigkeit bewirken eine enorme Kraftzufuhr im Lebenslauf. Sie hängt mit selbst gewählten Gestaltungsimpulsen, der Verminderung von Leerlauf und bloßem Zeitvertreib sowie einem Gewinn an gliedernder Ordnung zusammen.

Der Kern dieser Erfahrung beruht auf der Rhythmisierung des Lebens. Das kann bei einer Vielzahl von Rhythmen praktiziert werden. Am naheliegendsten ist da vielleicht der Tageslauf, aber auch die Woche, der Monat, das Jahr oder bestimmte noch größere Lebensabschnitte bieten eine Fülle von Möglichkeiten, um Rhythmus ins Leben zu bringen. Den erwähnten Qualitäten der beiden Zeitenströme entsprechend kann man zum Beispiel tägliche Rückblicke und Vorblicke auf das Erlebte werfen. Ein abendlicher Rückblick wird nach einiger Übung zur Lösung von Aufregungen, Ängsten und Euphorien des Tages führen und die innere Ruhe vor dem Schlafen vorbereiten.

Ein stiller Vorblick auf die kommenden Aufgaben nach dem Erwachen am Morgen vermag etwas von der nächtlichen Verarbeitung des Erlebten und den sich daraus ergebenden Impulsen in das Tagesgeschehen hineinleiten.

Auf diese Weise können Stetigkeit und Selbstbestimmung im täglichen Leben verstärkt werden. Kleine Anstrengungen bauen sich dabei nach einiger Zeit zu beträchtlichen Wirkungen und Potentialen auf.

Außerdem wird der übende Mensch allmählich auf gewisse feinere Kräfte aufmerksam, die ihm durch die Nacht zukommen und die auch in den Gestaltungen des Lebenslaufes erfahrbar werden. Sein Wahrnehmungshorizont erweitert sich auf Bereiche, in denen er Einflüsse von Geborgenheit und Begleitung zu realisieren beginnt. Diese Kräfte bedürfen der inneren Aktivität des Übenden, um als Potential identifiziert und aktiviert werden zu können.

Ein fruchtbares Erfahrungsfeld ist der Umgang mit Lebensfragen und Problemen. Alte Volksweisheit rät, schwere Entscheidungen nicht vorschnell zu treffen, sondern zu überschlafen. Wer in solchen Situationen Erfahrung sammelt, weiß, wie schwer es ist eine einmal gefasste Meinung, eine Tendenz der Entschlussbildung zu verändern. Da kann man über eine drängende Frage oftmals schlafen, sobald man am nächsten Morgen auf sie zurückkommt, stellen sich die bekannten Vorstellungen wieder ein.

Hier beginnt das wirkliche Üben. Es gilt auf Tendenzen, Regungen aufmerksam zu werden bevor sich die bereits eingegrabenen Gedankenstrukturen geltend machen. Diese Aufmerksamkeit erschließt ein Zwischenreich zwischen Nachtdunkel und Taghelligkeit, zwischen Schlafen und Wachen. Es liegt im Bereich der Dämmerung, die sich seelisch vom ersten hellenden Grau bis zur farbigen Künderin der Morgenröte differenziert. In diesem Bereich schweigen die Vorstellungen noch. Wer sich behutsam in diesen Raum vortastet, der erfährt bestimmte Tendenzen in seiner Seele, die er als Hinweise, Mahnungen und Leiden erleben kann. Da keimt die Regung auf, dass eine Entscheidung doch ganz anders getroffen werden könnte als es die Tagesgedanken stets behaupteten. Da wird entdeckt, dass man sich wohler, erleichtert fühlen würde, wenn man auf einen unumstößlichen Standpunkt, auf definitive Rechte verzichten würde. Diese subtilen Tendenzen der Dämmerung entsprechen eigentümlicherweise zugleich dem Gespür, das man als Gewissen identifizieren kann. Allerdings handelt es sich dabei nicht um das vermeintliche Gewissen verinnerlichter Moralgebote und Sittengesetze, die dem Leben des Ich äußerlich sind, sondern um die Übereinstimmung mit dem, was das Ich als sein Eigensein ahnend kennt. Dies wahrnehmen und einbeziehen zu lernen, gehört zu den fruchtbarsten Erfahrungen im Leben.

Besonnenes, regelmäßiges Arbeiten mit Rückschau und Vorblick öffnet die Sicht auf gestaltende Einflüsse im Lebenslauf, welche die Biografie nicht länger als chaotisch und von blinden Zufällen bestimmt erscheinen lassen, sondern eine sinnvolle Ordnung zu erkennen geben. Hindernisse erweisen sich da vielfach als entwicklungsfördernd, Umwege als sichere Verbindung zum Ziel.

Der Lebenslauf tritt als Fuge in Erscheinung, in der sich Motive und Themen durch sinnvolle kontradiktorische Komposition ergänzen, steigern und erfüllen. Je tiefer der Übende dabei einsteigt, umso mehr realisiert er die Identität von aufführendem Künstler, Instrument, Publikum, Komposition und Komponisten. Zugleich wird er gewahr, dass die Komposition schon vor der Aufführung existiert und er als Spieler ihrem Konzept folgt. Andererseits entsteht das Werk aber – jedes Mal neu und modifiziert – erst im Augenblick der Präsentation. Das Durchschauen dieser paradoxen Situation von Gestalten und Gestaltet-Werden lässt den Aufführenden Geleitet-Werden und Freiheit zugleich erleben.

Mit der Zunahme seiner Fähigkeiten beginnt er ein neuer Musiker zu werden. Sein eigenkompositorischer Anteil am schöpferischen Prozess wächst. Er beginnt die Kunst der Improvisation zu erlernen. Als Teil eines Konzertes wagt er sich zunächst vielleicht an eine einzelne Kadenz, um schließlich das Gesamtwerk aus Augenblick und Situation zu erzeugen.

Er entdeckt sich selbst in Zusammenhängen und als Teil eines Ganzen. Er fühlt sich gesehen und aufgehoben. Zugleich weiß er sich aufgerufen zu aktiver Mitgestaltung. Sein Leben wächst und wird reicher aus seinem erwachenden Ich, es wird individueller und authentischer. Die aus Kompositionsgeheimnissen wirkende Lebensführung lässt sich als Wächter, Anwalt und Begleiter der Ich-Entwicklung erleben. Dieses Erleben ist unmittelbar, persönlich-individuell und menschheitlich. Der Übende erlebt sich vom Antlitz des Menschheitsgeistes angeschaut, fühlt sich gemeint und aufgerufen.

Solche Erfahrungen können auch im Bereich der übrigen genannten Rhythmen gewonnen werden, also zum Beispiel der Woche, des Monats oder des Jahres.

Die Qualitäten der siebentägigen Woche zu unterscheiden lernen und bewusst in die Lebensgestaltung einzubeziehen, ist ein solcher Ansatz. Vom Sonntag als Mittelpunkt und Beginn der Woche ausgehend, macht der Montag einen echten Anfang mit aller Eigenart eines Kühlen, Riskanten und Ungewissen. Am Dienstag lässt sich das am Vortag Begonnene energisch fortsetzen. Kraft und erste Sicherheit stehen da bereits zur Verfügung. Am Mittwoch zeigt sich eine gewisse Doppelgesichtigkeit, ein verbindendes Hin und Her zwischen dem bereits Gewesenen und dem noch Kommenden. Dadurch bildet sich eine Art Waage, die zugleich Ruhepunkt als auch dynamischer Quellort ist. Der Donnerstag nimmt das noch zu Vollbringende in Angriff. Dazu sind seine inneren Qualitäten von Ruhe, Gelassenheit und Zuversicht behilflich. Der Freitag besitzt etwas zwiespältig Unsicheres. Er lässt das Geschaffene ansichtig werden. Dabei treten Stolz auf das Geschaffene und Bangigkeit, ob es der Zielsetzung genügt gleichzeitig in Erscheinung. Der Freitag ist Vorwärts- und Rückwärtsbewegung gleichsam in einem. Er gleicht einer Schönheit, die ängstlich den Spiegel bemüht, um zu prüfen ob sie auch schön sei. Erst der Samstag gewährt die unerschütterliche Ruhe, die auf das Geschaffene mit Zuversicht blickt und sieht, dass es gut ist. Der Sonntag ist dann wiederum der Angelpunkt, der Vergangenes und Zukünftiges in einem Punkt gütiger Ruhe zeitlos verbindet.

Den Qualitäten der Wochentage bewusst nachzugehen und in die Empfindung zu bekommen, bedeutet eine differenzierte Gefühlswelt mit dem Leben zu verbinden. Daraus ergibt sich wiederum ein lebendiger Rhythmus. Die Namen der Wochentage weisen dabei auf einen größeren Zusammenhang hin. In ihnen verbergen sich alte Götter- und Planetennamen. Zieht man die verschiedenen europäischen Sprachen heran, wird das sogleich sichtbar. Da ist der Mondentag oder Lundi, der Ziustag oder Mardi, der Mitte-der-Woche-Merkur-Tag oder Mercredi, der Donar-Thors-Tag oder Thursday, der Freia-Venus-Tag oder Vendredi, der Saturntag oder Saturday und eben der Sonntag oder Sunday.

Man kann gegen oder mit wirksamen Rhythmen arbeiten. Die Qualitäten der Wochentage in bewusste Lebensgestaltung einzubeziehen, bewirkt eine Verstärkung ihrer Impulse. Ein bestimmtes Initiativvorhaben hat ganz andere Chancen wenn es den vollen Entwicklungsbogen vom Montag an durchlaufen kann als wenn es ziemlich verloren auf den Freitag gelegt wird. Betrachtende Augenblicke sind am Wochenende wirksamer als am Anfang. Natürlich spielt die Veränderung der Arbeitswoche seit Einführung der Fünftagewoche hier eine entscheidende Rolle. Manche Qualitäten müssen heute an anderen denn den sich anbietenden Zeitpunkten gepflegt werden. Und dennoch kann das bewusste Erkennen und Aufgreifen der unterschiedlichen Qualitäten eine wichtige Rolle spielen.

Wiederum spielt dabei eine Selbstfindung im Rhythmus eine Rolle. Die Selbstfindung bildet auch hier den Ankerpunkt oder Ruhepol im bewegten Geschehen. Menschlich wird Rhythmus dadurch, dass in ihm eine Mitte gefunden wird. Es ist die Mitte zwischen zwei Ausschlägen, einer Amplitude. Die Atem- und Pulsfrequenz sind dabei die elementarsten Erfahrungsbereiche. Ein übersteigerndes Einatmen führt zur Bedrückung, zum Ersticken durch Überfüllung. Übersteigertes Ausatmen führt zur Entseelung durch Entleerung. Goethe nennt die bedrückende und erfrischende Wirkung des Ein- bzw. des Ausatmens. Zum Leben führt dabei nur die taugliche Mitte.

Die Mitte zu finden in den Qualitäten der Woche, heißt einen solchen Mittelpunkt zu finden in sieben unterschiedlichen seelisch-konstitutiven Situationen. Jedem Wochentag stehen zwei bestimmte andere Tage oppositionell gegenüber. Dem Sonntag «gegenüber» befinden sich zum Beispiel Mittwoch und Donnerstag, dem Dienstag gegenüber liegen Freitag und Samstag. Dem Dienstag mit seinem Charakter der Stärke liegt gegenüber also ein Spannungsfeld von Schönheit und Ruhe. Dem Sonntag als Pol ruhender Potentialität liegt gegenüber das Spannungsfeld von merkuriell ausgleichendem Mittwoch und gelassener Zuversicht. Mitte zu finden, heißt da jeweils sich in einen Gesamtzusammenhang zu stellen, der seine Identität durch innere Aktivität des Menschen gewinnt.

Die Qualitäten der Opponenten einzubeziehen in eine Besinnung auf die jeweilige Tagessituation der Woche bewirkt eine feine seelische Anregung durch Mittebildung. Das Spiel zwischen den beiden Opponenten einerseits und dem aktuellen Tag andererseits gibt Gelegenheit zu einer besonderen Verlebendigung der Betrachtung. Wichtig ist es dabei, von einem nur intellektuellen Verständnis in ein wirkliches Erleben, in Empfindung und Gefühl zu kommen.

Man kann diese Übung auch modifizieren, indem man vom aktuellen Wochentag ausgeht und auf der einen Seite die Qualitäten der drei vorausgegangenen und auf der anderen Seite die der drei folgenden Tage meditiert.

Mitte kann dann zum starken Erlebnis werden und was beim Vorherigen, – im Zusammenhang des Lebenslaufes –, eher als architektonisches Gestaltungsprinzip auftrat, nimmt jetzt die Form eines seelisch-musikalischen Gestaltungsprinzips an. Mitte als rücksichtsvolles Raumgeben, als selbstloses Aufklingenlassen wird da zur Erfahrung. Es zeigt sich eine feine Berührung durch den Geist des Menschseins.

Mit dieser Erfahrung zeigt sich, dass es im seelischen Leben nicht bloß eine Mitte als Mitte des horizontalen Ausgleichs gibt. Vielmehr gibt es eine zweite Mitte, die sich nicht zwischen horizontalen, sondern zwischen vertikalen Polen findet.

Im horizontalen Bereich spielt sich die Antinomie von Vergangenem und Zukünftigen, von mehr oder weniger, schneller oder langsamer ab. Bei der vertikalen Dimension geht es hingegen um seelische Spannung und geistige Orientierung, um die Frage ob der Mensch den angemessenen Ort zwischen Oben und Unten findet. Dabei handelt es sich um das Problem zu tiefer Inkarnation ebenso wie um das einer zu geringen Verbindung mit dem leiblichen Dasein. Es geht um die irreleitende Dualität von Geist und Materie, um depressive und manische Seelenverfassungen und um das jeweilige Gleichgewicht seelischer Erlebnisse.

Materielles und geistiges Sein nicht getrennt, sondern jeweils gemischt und untrennbar verbunden zu denken, gehört ebenso zu dieser Mittebildung wie den Ausgleich zwischen Stimulanz und Lethargie, Idealismus und Pragmatismus, Schwärmerei und Skepsis zu suchen.

Mit dem bewussten Aufgreifen des Wochenrhythmus ist eine Tür zu der vertikalen Dimension der Mitte geöffnet. Sie wird je weiter aufgetan, je intensiver die Beschäftigung mit den langfristigeren Rhythmen wird. Die Entwicklung des Lebenslaufes über ein Jahr hin zu verfolgen, geht ohne Orientierung im Oben und Unten nicht ab. Die Betrachtung nach Lebensjahrsiebten ist immer zugleich eine Betrachtung nach Bewusstseinsqualitäten und geistig-seelischen Kriterien. Bezieht man in die Betrachtung noch größere Lebensabschnitte ein, wird dies nur umso deutlicher.

Rhythmus tritt damit aus dem Bereich eines bloß organisch Lebendigen heraus und wird auch zu einer Erscheinung des seelischen und geistigen Lebens. Hier aber wird Rhythmus zu einer vom Menschen frei zu gestaltenden Angelegenheit. Stehen ihm bei der Mittebildung im horizontalen Bereich zahlreiche Naturkräfte bei, so ist er in der Sphäre des Vertikalen auf die Leistung seines Ich angewiesen. Je stärker er sich darum bemüht, wird ihm die Übereinstimmung seines Ich mit dem Wesen des Menschheitlichen oder Menschen-Geistes erlebbar. Der Mittelpunkt dieser Kraftentfaltung liegt und entsteht im Schnittpunkt der horizontalen und vertikalen Linie, die ein Kreuz bilden.

Alles hat seine Zeit – Jedes zu seiner Zeit – Alles zu seiner Zeit

Aller Rhythmus dient der Entwicklung. Goethe schreibt in seinem Aufsatz «Die Natur», dass Leben ihre schönste Erfindung ist, und der Tod ihr Kunstgriff, viel Leben zu haben. Damit bezieht Goethe die größte rhythmische Perspektive, die von Geburt und Tod, in seine Betrachtung ein. Zum Ende seines Textes bemerkt er konsequent: «Sie hat mich hereingestellt, sie wird mich auch herausführen.» Der Jahreslauf ist eines der sinnfälligsten Beispiele für rhythmische Prozesse. An ihm kann manches bemerkt werden, was auch für das Verständnis der rhythmischen Vorgänge beim Menschen hilfreich ist.

Im Bereich der Pflanzen steht die Samenruhe am Anfang. Samenruhe bezeichnet einen Zustand, in dem der pflanzliche Embryo, der meist in Nährgewebe eingebettet ist oder selbst Reservestoffe speichert und stets von einer Samenschale umgeben ist, unter Wasserverlust bis zur Keimung einen unterschiedlich langen Ruhezustand durchmacht. In diesem Entwicklungszustand besitzt die Pflanze als Samenkörper ein physisch-mineralisches Sein, das noch durch keine Aktivität dynamisiert ist. Es ist reine Potentialität. Eine zutreffende Bezeichnung für diesen Zustand ist Ruhen. Die Samenruhe wird bei geeigneten Außenbedingungen durch die Keimung beendet.

Mit dem Keimen beginnt das Sprießen und Sprossen als lebendiger Wachstumsvorgang. Er bereitet sich durch Wasseraufnahme, Quellung des Sameninhalts und Sprengung der Samenschale vor. Darauf folgt die Streckung der Keimwurzel, die in den Boden einwächst, Wurzelhaare ausbildet und sich verzweigt. Damit ist die Keimpflanze verankert und die Aufnahme von Wasser und Nährstoffen aus dem Boden gewährleistet. Gleichzeitig durchbricht die sich stark streckende Keimachse die Erdoberfläche und bringt die Keimblätter oder die ersten Laubblätter ans Tageslicht, wo sie die ersten Assimilationsorgane darstellen.

Spross, Blatt, Stiel und Stamm sind Erscheinungen des fortdauernden Wachstumsvorganges. Sie stellen als Erscheinungsmerkmale des Wachsens einen Veränderungsvorgang dar, der rein vegetativ verläuft. Es handelt sich dabei um einen Vorgang beständigen Aufbauens. Nach dem Ruhen ist das Wachsen das zweite Stadium in der Entwicklungsreihe.

Aufgrund der gegenwärtigen Entwicklungsbedingungen wird dieses Stadium u. U. nicht konsequent genug vorgestellt. Im Allgemeinen versteht man unter Wachsen ein Werden und Vergehen. In dem hier gemeinten Sinn handelt es sich jedoch um ein ausschließliches Wachsen, d.h. ein Werden ohne

Vergehen. Es gibt auf dieser Entwicklungsstufe nichts, was dem Sterben gliche. Stattdessen herrscht fortwährendes Wachstum.

Um eine Vorstellung dieses Zustandes hervorzurufen, könnte man sich denken, wie ein Pflanzliches fortwährend wächst, unentwegt keimt, sprießt und gedeiht. Es entsteht dann ein Pflanzenreich, das sich ununterbrochen ausdehnt und in den Umkreis strebt. Was alt ist, eine Bildung früheren Wachstums, wird überwuchert, sinkt zusammen und bildet den Untergrund für weiteres Wachsen. Auf diese Weise entstünde im Laufe der Zeit eine Art Torfmoorbeschaffenheit des wachstumstragenden Erdkörpers. Voraussetzung für diese Vorstellung ist ein Entwicklungszustand, in dem es ausschließlich Ruhen – als Potentialität Raum bildender Leiblichkeit – und Wachsen – als vegetatives Prinzip – gibt.

Zeit ist unter diesen Bedingungen ein Kontinuum, Entwicklung durch Beständigkeit, fortlaufende Wiederholung und Vermehrung gekennzeichnet. Sie hat ihren Ausgangspunkt im Ruhen und nimmt die Form kontinuierlicher Entfaltung an.

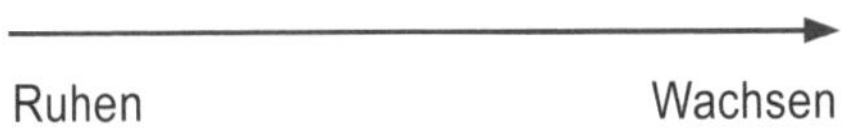

Ein nächstes, dem vorangehenden gegenüber sich dramatisch ausnehmendes Entwicklungsstadium wird im pflanzlichen Leben mit dem Blühen erreicht.

Im Naturgeschehen deutet sich das bereits mit den die Blütenbildung vorbereitenden Stauvorgängen an. Das Wachstum im Stängel- und Blattbereich verlangsamt sich, seine Formen werden kleiner, gedrungener und einfacher. Dann bildet sich der Blütenstand. In ihm kommen ganz neue Bildungsprinzipien zur Erscheinung, die mit dem vorher geschilderten reinen Wachsen nichts gemein haben: Farbe, Duft, die Andeutung eines Innenraumes und schließlich die Generationsfolge. Wo Blüten sich bilden, tritt das Sprießen und Wachsen zurück.

Am Blühen tritt der Anflug eines Seelischen im Pflanzenreich auf. Das lässt sich eindrücklich in der Wirkung des Blütenbereiches auf den Menschen verfolgen. Vor allem an ihm erlebt der Mensch die Schönheit von Farbe und Form. Die von ihm ausstrahlenden Düfte haben eine starke Wirkung auf ihn.

Aus dem Blühen geht die Fruchtbildung hervor. Es ist Folge, Steigerung und beginnende Erfüllung der vorangehenden Entwicklungsstadien. Das Pflanzenwesen macht dabei eine starke Veränderung durch. Sein Gestus verschlichtet sich. Was zuvor durch Farbe und Duft stark in die Umgebung wirkte, tritt jetzt in einem schlichten Grün zurück. Sein Anblick wirkt gegenüber der vorangehenden Pracht geradezu verarmt.

Erst mit dem Reifen wird der untergründig verlaufende Vorgang schwellender Fülle sichtbar. Ein auf die Fruchtbildung gerichtetes Wachstum verrät die «Fruchtbarkeit» der durchlaufenen Entwicklungsschritte. Zugleich tritt eine neue Farbigkeit auf. Sie bezeichnet keinen kurzfristigen Entfaltungs-, sondern jetzt einen Konsolidierungs- und Bewahrungszustand.

Mit der Reife erschöpft sich der Wachstumsprozess. Die Pflanze beginnt zu welken. Ihre Lebenskräfte ziehen sich zurück und konzentrieren sich in den dichteren Bereichen ihres Stängel- oder Wurzelwerkes. Gleichzeitig geschieht ein neues Aufleuchten von Farben und Formen. Mancher Herbsttag ist von einem strahlenden Frühlingstag kaum zu unterscheiden. Es ist, als ob ein Teil des aus dem Kosmos aufgenommenen Lichtes als Farbspiel zu ihm zurückgestrahlt werden solle.

Zuletzt versammelt sich ein Zeugnis des gesamten Entwicklungsprozesses in den Samen. In jeweils sinnreicher, angepasster Form ist dafür gesorgt, dass sich ein für die Arterhaltung ausreichender Teil von ihnen an geeignetem Ort zukünftig wird entfalten können. Das letzte Stadium der Entwicklungsreihe im Pflanzenreich ist das Aussäen.

Den Anfang aller Entwicklung stellt also das Keimen dar. Ihm schließt sich das Wachsen, Blühen und Fruchten an, bevor mit dem Reifen und Welken sich ein neues Säen vorbereitet. Es sind sieben Etappen, in denen sich ein idealtypischer Entwicklungsverlauf vollzieht. Er besitzt einen Anfang, einen Höhepunkt als Mitte und ein Ende, in dem sich das Potential eines neuen Beginns ankündigt.

Entwicklung ist dabei nicht die Wiederholung des bereits vorher Absolvierten. Entwicklung schreitet voran oder fasst zusammen, bleibt jedoch niemals stehen. Auch der Jahreslauf wiederholt nicht bloß das im Vorjahr Durchgemachte. Immer setzt das Neue an einem eigenen Anfang an. Entwicklung darf also nicht als Kreis vorgestellt werden. Sie ist nicht die Wiederholung des immer Gleichen. Auch der Jahreslauf ist kein Kreislauf, er bewegt sich vielmehr auf einer spiralförmigen Entwicklungsbahn.

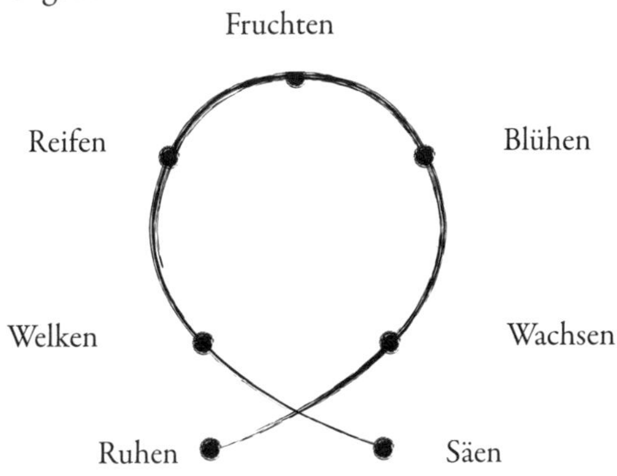

Das kann deutlich werden wenn man Goethes These, dass der Tod ein Kunstgriff der Natur sei um viel Leben zu haben, an nachvollziehbaren Annäherungen überprüft.

Einen fruchtbaren Hinweis gibt dazu Homer mit dem Satz: «Der Schlaf ist der kleine Bruder des Todes.» Denn mit dem Schlaf ist eine versuchsweise Annäherung an das «Hereingeführt-» und «Herausgestellt»-Werden aus dem Leben möglich, wie Goethe Geburt und Tod bezeichnete.

Im Hintergrund dieses Versuches liegt der Gedanke von mehrfachen Erdenleben, die Idee von Reinkarnation und Karma. Mit dieser Idee würde die Lebensspanne als umfassendster Rhythmus in das Blickfeld kommen, das Verhältnis von Entwicklung und Rhythmus eine noch weitere Dimension erhalten.

Der Mensch erhebt sich morgens aus der Nachtruhe. Er bringt zur Entwicklung, was am Vortag als Saat gelegt und in der Nacht seine Winterruhe durchlaufen hat. Einer ersten Anknüpfung, die als Wachstum nach dem Erwachen bezeichnet werden kann, folgt dann das Erblühen einer morgenfrischen Initiativkraft, die sich schließlich zu einer Fruchtbarkeit des Tageswerkes steigert. Daran schließt sich eine Ausreifung der neuen Impulse an, um schließlich mit dem zu Ende gehenden Tag zu welken und zum Abschluss gebracht zu werden.

Das ausgereifte Saatgut neuer Erkenntnisse und Talente macht dann wiederum die Winterruhe der Nacht durch. Die folgenreichsten Beobachtungen können an diesem Bereich nächtlicher Ruhe gemacht werden. Denn was an einem Tag erlebt und erarbeitet wird, findet keineswegs eine lineare Fortsetzung am folgenden Tag. Vielmehr wandelt es sich. Es kann schwächer werden, sich verstärken oder umwandeln. Es kann leichter oder schwerer werden, Perspektiven eröffnen oder verschließen.

Wie bereits eingangs bemerkt wurde, hängt der Reichtum dieses Beobachtungsfeldes von der Intensität des Übens ab. Wer den Prozess des Schlafes sorgfältig begleitet durch Rückschauübungen, die zum Abschluss des Tages und nicht zu lange vor dem Einschlafen gemacht werden, der weiß mit welchen Motiven, Freuden, Sorgen, Erleichterungen und Beschwernissen er den Tag beschließt. Er kann sich erinnern, mit welchen Gedanken er in die Nacht geht, welche Empfindungen ihn dabei begleiten.

Wenn er dann morgens behutsam genug aufwacht, nicht

überstürzt in die alltägliche Wachheit stolpert, sondern sich Zeit zum Erwachen lässt, kann er die fragilen Tendenzen wahrnehmen, die sich mit den vorangehenden Seeleninhalten verbunden haben. Wie ein Samenkorn die Winterruhe nicht unbeeinflusst überdauert, so hat auch die Seele über Nacht entscheidende Erlebnisse. Sie löst sich von der Befangenheit des Erlebten und beginnt das Tagesgeschehen vor dem Hintergrund tieferer Impulse zu beurteilen. Dabei findet sie ein offenes Verhältnis zu dem Geschehenen und beginnt, neue Impulse zu fassen. Mit der Näherung an den neuen Tag werden diese Impulse deutlicher und zielstrebiger. Im Übergang vom Schlafen zum Wachsein ist es dann schwierig, diese Anregungen in das Tagesbewusstsein überzuleiten und nicht zu vergessen. Der Trank der Lethe wird eben nicht nur vor der Geburt gereicht, sondern auch bei jedem Erwachen. Die erste Strophe in Conrad Ferdinand Meyers Gedicht «Lethe» spricht davon in bildhafter Form:[58]

Jüngst im Traume sah ich auf den Fluten
Einen Nachen ohne Ruder ziehn,
Strom und Himmel stand in matten Gluten
Wie bei Tages Nahen oder Fliehn.

Es gibt allerdings auch einen anderen Fluss, den Mnemosyne. Wer aus ihm trinkt, behält was er in der geistigen Welt erlebt hat auch diesseitig in seinem Bewusstsein. Von dieser Erfahrung künden zahlreiche Quellen seit der Antike und in der Gegenwart hat die Mnemonik mit ihren verschiedenen Techniken der Gedächtniserweiterung ihren Namen aus diesem Zusammenhang.

Bewusstseinserweiterung im Sinne der Mnemosyne ist auch im Bereich der Übergänge bei des «Tages Nahen oder Fliehn» möglich. Damit lassen sich sieben Stationen nächtlicher Erlebnisse unterscheiden:

Rückschau,
Verarbeitung,
Rechenschaft,
Klärung,
Orientierung,
Bestimmung,
Konsequenz.

Auch bei diesen Stationen gibt es einen bestimmten Aufbau mit Anfang, Mitte und Abschluss. Es gibt einen Abstieg in die Nacht und einen Aufstieg zum Morgen. Rückschau, Verarbeitung und Rechenschaft hängen mit dem Gewesenen zusammen. Sie blicken zurück, setzen sich mit dem Vollbrachten auseinander und beleuchten es im Zusammenhang der eigenen Ansprüche an sich selbst. Daraus wird eine innere Ruhe, eine Befriedung der Seele möglich. Sie hat ihre Erlebnisse ohne Einschränkung vor sich hingestellt, betrachtet und erwogen. Endlich hat sie ins Schweigen, in die Stille gefunden. Aus diesem Bereich fließen die erfrischenden Kräfte ein, welche dem Schlafenden einen Moment der Gesundung bringen.

Damit vollzieht sich zugleich eine Wende. An jedem Morgen kann beobachtet werden, dass mit den geschilderten Stationen Erlebnisse der Prüfung, Belehrung, Pflege und Gesundung zusammenhängen. Von der «Mitte» der Nacht an richtet sich die Sicht der Seele nach vorn, auf den neuen Tag. Die erwähnte behutsame Aufmerksamkeit kann gerade in den Momenten des Erwachens diese nach vorn gerichteten Anregungen und Anstöße erfassen. Wird der Umgang mit diesem Geschehen vertraut und durch regelmäßiges Üben gekräftigt, dann entwickeln sich diese aus der Nacht kommenden Inspirationen und Intuitionen zu den bedeutendsten Helfern im Leben.

Diese Erlebnisse können zu verdichteten und gesteigerten Erfahrungen werden. Aus dem Bereich der Nacht zeigen sich verschiedene Qualitäten, die in der bildenden Kunst durch Jahrhunderte hindurch ihren Ausdruck gefunden haben.

Christus als Lehrer
August Pfeiffer
(1640-1698)

Christus als Arzt
Holbein d.J.
(1497-1543)

Christus als Hirte
Frühchristlich

Christus als Weltenrichter
Martin Schongauer 1469

Wiederum sind es Begegnungen mit dem Geist des Menschseins, die als innig verwandt mit dem Selbst und wahren Ich erlebt werden. Die Christus-Kraft führt dabei nicht nur über den Abgrund der Nacht indem sie die Kontinuität des Bewusstseins erhält. Wer sich gründlich auf die Rätsel des Schlafes einlässt, für den ist ja keineswegs selbstverständlich, dass der Schläfer am folgenden Tag vermag an sein Gestern anzuschließen, dass er weiß wer er war und wessen Existenz er fortsetzt.

Tatsächlich aber sorgt die geschilderte Kraft auch für seine Entwicklung. Sie nimmt dasjenige hin und hilft es zu verwandeln, was im Tagesgeschehen irrtümlich und fehlerhaft war. Darüber hinaus gibt sie Anregungen und Hilfen zu neuen Initiativen und konstruktiven Ansätzen, das Leben fortzusetzen.

Es zeigt sich, dass die nächtlichen Erfahrungen des Menschen mit einer der Tagesentwicklung ähnlichen Form dargestellt werden können. Die beiden Formen entsprechen sich und sind in einer gewissen Weise komplementär. Das Nachtgeschehen spielt sich in Bewusstseinstiefen ab, die ohne Übung nicht mitvollzogen werden können. Deshalb ist die Kurve hier nach unten gezeichnet.

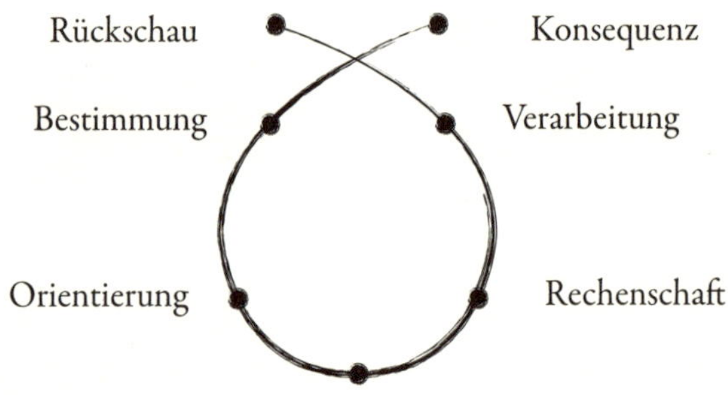

Verbindet man die beiden Linien der Tages- mit der Nachtentwicklung, schließt man die eine an die andere, dann ergibt sich die nachfolgende Figur.

Aus dem «Säen» der einen Phase ergibt sich das Material für die Rückschau. Die «Konsequenz» des nächtlichen Geschehens geht durch eine Ruhephase am neuen Morgen, bevor dann das «Wachsen» als frische Aktivität einsetzt.

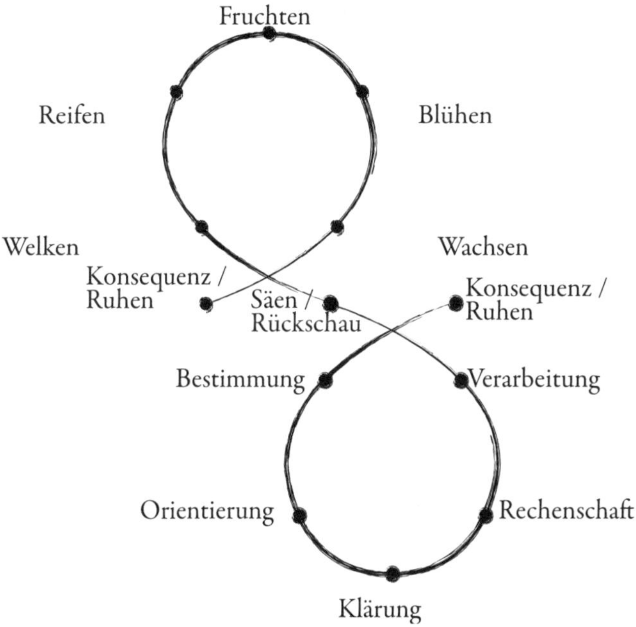

Wichtig ist zu bemerken, dass Entwicklung kein ewiger Kreislauf ist. Vielmehr ist sie ein Weg, der sich durch komplementäre Erfahrungsbereiche in einer Schraubenlinie vorwärts bewegt. Diese Form entspricht einer offenen Lemniskate, bzw. einer laufenden Acht.

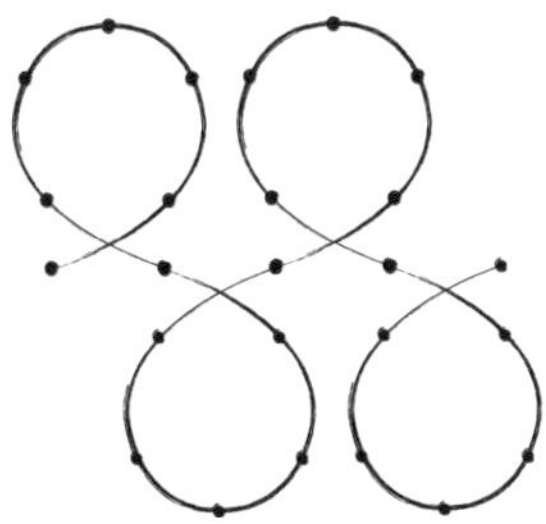

Bekommt man dies in eine lebendige Anschauung, dann verändert sich die Anschauung vom Tod. Marc Aurel, der Philosoph auf dem Cäsarenthron, wurde von Hadrian wegen seiner Wahrheitsliebe einst «Verissimus», der Wahrhaftigste genannt. Veranlagung und Erziehung führten dazu, dass er mit zwölf Jahren den Philosophenmantel nahm und fortan auf harten Brettern, die auf eindringliche Intervention der Mutter immerhin mit einem Tierfell gepolstert wurden, schlief. In seinen Selbstbetrachtungen findet sich der Satz:

Verachte nicht den Tod, sondern befreunde dich mit ihm,
da auch er eines von den Dingen ist, die die Natur will.[59]

In ihm zeigte sich der letzte bedeutende Vertreter der jüngeren Stoa.

Etwa einhundert Jahre früher hatte mit dem jüngeren Seneca ein anderer Vertreter der Stoa seine Anschauungen überzeugend gelebt. Sein älterer Bruder Novatus wies 51/52 als Prokonsul von Achaia eine Klage der Juden gegen den Apostel Paulus ab. Seneca selbst war als Pädagoge an der Charakterbildung seines Schülers Nero gescheitert. Als er später während der Regierungszeit Neros im Zusammenhang der pisonischen Verschwörung denunziert wurde, kam er dessen Befehl zur Selbsttötung ohne zu Zögern nach. Von ihm stammen die Zeilen:

Bereite dich auf den Tod vor, das will besagen:
bereite dich auf die Freiheit vor.[60]

Angela Sturm formuliert als Mensch der Gegenwart in verschiedenen Internetforen:

Der Tod ist nicht das Ende –
er ist der erste Schritt ins wahre, befreite Leben.

Alle helfen dabei, den Schlaf als kleinen Bruder des Todes zu identifizieren. Sie nehmen dem größeren Bruder den Stachel, überwinden seinen Schrecken und schlagen sogar vor, sich mit ihm zu befreunden.

Bei Platon ist eine gewisse Mokanz herauszuhören wenn er formuliert:

Niemand weiß, was der Tod ist,
ob er nicht für den Menschen
das größte ist unter allen Gütern.
Sie fürchten ihn aber, als wüssten sie gewiss,
dass er das größte Übel ist.[61]

Und Immanuel Kant, einer der einflussreichsten Geister der Neuzeit und Repräsentant der Aufklärung schlechthin stellt nüchtern fest:

Den Tod fürchten die am wenigsten,
deren Leben den meisten Wert hat.[62]

Die konsequenteste Einsicht im Umgang mit dem Tod liegt in einem Spruch Johannes Schefflers, besser bekannt unter seinem Pseudonym Angelus Silesius aus dem *Cherubinischen Wandersmann:*

Wer nicht stirbt, bevor er stirbt,
der verdirbt, wenn er stirbt.[63]

In allen diesen eindrucksvollen Aussprüchen findet sich das Erbe der Stoa, die in einzigartiger Weise den ethischen Boden für die Aufnahme des Christentums vorbereitet hat und weitgehend mit ihm verschmolz. Kosmologische Ganzheitlichkeit, Individualisierung durch Selbstbeherrschung, Gelassenheit und Weisheit waren ihre bestimmenden Grundlagen. Logik,

Physik und Ethik wurden als Einheit verstanden, der Mensch als aus Leib, lebendiger Natur, Seele und Geist bestehend, betrachtet. Ihr Begründer wurde zur selben Zeit geboren, als Alexander die Schlacht bei Issos schlug und nicht viel früher Platon der Liebe in seinem «Gastmahl» ein Denkmal gesetzt hatte. Ihre bedeutendsten Lehrer wirkten über einen Zeitraum von etwa fünfhundert Jahren ab 300 v. Chr. (Zenon, Kleanthes, Chrysippos) bis zum Ende des 2. nachchristlichen Jahrhunderts (Marc Aurel).

In die Stoa ist ihrerseits manches eingeflossen, was aus älteren Zeiten stammte. Hier sind vor allem die wegen ihrer Bedürfnislosigkeit, Unabhängigkeit, Freigeistigkeit und ihres Kosmopolitismus bewunderten Kyniker zu nennen. Ihr bekanntester Vertreter ist der legendenumwobene Diogenes. Wahre Tugend schien ihm nur durch ein anspruchsloses Leben und die Überwindung alles Konventionellen möglich. Die bekannteste Legende dichtet ihm als Wohnort eine Tonne an, was jedoch vermutlich auf ein falsch wiedergegebenes Zitat Senecas zurückgeht, der bemerkte, dass ein so anspruchsloser Mensch ebenso gut in einer Tonne leben könne.

Plutarch nimmt dieses jedenfalls als Tatsache und erzählt, dass Alexander der Große einst zu Diogenes trat und ihm einen Wunsch frei gab. Diogenes antwortete: «Geh mir ein wenig aus der Sonne», worauf Alexander entgegnete: «Wäre ich nicht Alexander, wollte ich Diogenes sein.» Zu seinen wenigen Besitztümern gehörte ein Becher, mit dem er Wasser schöpfte. Als er ein Kind sah, das mit bloßer Hand das Wasser auffing, warf er auch diesen weg. Er war vermutlich der Erste, der auf die identifizierende Frage: «Woher kommst du?», antwortete: «Ich bin ein Weltbürger.» Manche solcher Anekdoten sind durch Diogenes Laertios überliefert.[64] Dabei mischen sich historischer Kern und Wirkensgeschichte auf untrennbare Weise.

Das gilt sogar für den Ursprung der Bezeichnung als «Kyniker». Eine Überlieferung führt sie auf die an Hunde erinnernden bissigen, scharfen Redensarten zurück (griech. Kyon = Hund). Eine andere sagt, dass Diogenes so anspruchslos wie ein Hund gelebt und seine Schule deshalb diesen Namen erhalten habe. Auf jeden Fall hat der Name zunächst nichts von der Bedeutung eines Zynikers oder des Zynismus heutiger Prägung. Er entbehrt des Negativen, nihilistischen Zerstörungstriebes. Vielmehr hat er mit radikaler Wahrheitsliebe, Selbsterforschung und konsequenter Lebensführung zu tun. Für die Behandlung religiös-weltanschaulicher Fragen wäre eine Spur des Kynismus von Diogenes auch in der Gegenwart zuweilen eine Wohltat.

Jedenfalls würde die Behandlung geisteswissenschaftlicher Fragen in erheblichem Umfang vor Wundergläubigkeit, seelischen Fieberzuständen sowie leiblichen Krankheitsdispositionen geschützt und das Problem der falschen Propheten radikal vermindert.

Bei gewichtigen Unterschieden ist Stoa und Kynismus eines gemeinsam: die Forderung nach Selbstbeherrschung durch Bedürfnislosigkeit, einem Leben in Einklang mit den Gesetzen der Welt (nicht der bürgerlichen Ordnung) und einer einheitlichen Lebenshaltung im intellektuellen und praktischen Leben. Beide stammen in ihren Zielrichtungen aus tiefen, noch viel älteren Mysterienzusammenhängen.

Mit Mysterien sind hier Orte gemeint, an denen Menschen systematisch für bestimmte Einsichten und Fähigkeiten geschult wurden, die zu ihren Lebzeiten noch nicht zum Gemeingut gehörten. Solche Mysterien sind bekannt aus dem antiken Griechenland, Ägypten, Iran und anderen Orten. Es gab sie im südlichen Bereich Europas ebenso wie im Norden. Zum Norden zählen Bereiche wie Irland, Britannien, Skandinavien, Frankreich, Nord-Mitteleuropa, Russland und der östliche Bereich bis zum Iran, zum Süden alles, was sich von der südlichen Mitte zum Mittelmeer hin und um es herum orientiert.

Ihnen gemein war, dass die Auszubildenden in diese Einrichtungen nicht durch öffentliche Bewerbung oder allgemeine Zugänglichkeit aufgenommen wurden. Vielmehr wurden die Schüler nach bestimmten Kriterien in direkten Verfahren ausgewählt. Die Mysterien waren in dieser Hinsicht elitär. Unter diesen Voraussetzungen entsprachen sie dem heutigen höheren Bildungswesen. Ihr Ziel war die Einweihung der Adepten. Was sie erfuhren und aufnahmen, sollte dann im Laufe der weiteren Entwicklung für die Bevölkerung insgesamt fruchtbar gemacht werden. Vor allem ging es um das zentrale Geheimnis der Menschwerdung: Wie sind Verhältnis und Beziehung von sinnlicher zu geistiger Welt beschaffen und was bedeutet das Rätsel des Todes? Dabei war die Blickrichtung in den nördlichen und südlichen Mysterien unterschiedlich. Der Weg der nördlichen Mysterien öffnete den Blick nach außen in den Kosmos, die südlichen Mysterien wiesen den Weg ins Seeleninnere.

Frei wurde der Blick für die dabei jeweils zu erringenden offenbaren Geheimnisse jedoch nur durch eine entsprechende Präparation. Sie bestand in einer Reinigung und Klärung. Der Blick in die Geheimnisse des Weltalls und der in ihm wirkenden Naturkräfte konnte nur frei werden, wenn die Seelenkräfte vorher geläutert wurden, wenn sie frei wurden von der niederen Wunsch- und Bedürfnisnatur. Das geschah durch ein Lernen des Sterbens in dem Bereich des seelischen Lebens. Tod durch Selbstüberwindung, durch Verzicht, Entsagung und Entäußerung ebnete als mystische Erfahrung den Weg zu den übersinnlichen Geheimnissen der Welt.

Ales Stenar bei Ystad, Schweden

Blick auf die Küste von Käseberga

Als Repräsentanten einer solchen Orientierung können zum Beispiel die Schiffssetzungen in Schweden gelten, wie sie sich mit Ales Stenar in dem 15 Kilometer von Ystad entfernten Ort Kåseberga finden.

Auf einem etwa 37 Meter hohen Hügel liegt dort die mit 68 Metern Länge größte erhaltene Steinsetzung in Skandinavien. Von den einst 60 verwendeten Steinen sind noch 59 erhalten. Das Alter ist bis heute nicht zweifelsfrei geklärt. Die Angaben schwanken zwischen eintausend vor bis eintausend Jahre nach Christi Geburt. Eindeutig aber ist, dass es sich um keine Grabanlage handelt. Auch in der Umgebung wurden keine Gräber gefunden.

Die Anlage hat eine exakte Nord-Süd-Ausrichtung, also nach Sonnenaufgang bzw. -untergang zum Zeitpunkt der Winter- oder Sommersonnenwende. Ihr Standort liegt an bemerkenswerter Stelle. Wenige Schritte von der Steilküste entfernt auf der höchsten Erhebung des sanft geschwungenen Terrains. Diese in den Lauf der Gestirne eingemessene Anlage bildet

zugleich einen freien Schnittpunkt im Spiel elementarischer Kräfte aus Licht, Luft, Wasser und Erde. Einen vollkommeneren Ort für subtile Beobachtungen im Naturgeschehen des Umkreises kann man sich kaum denken.

Carl Gustaf Gottfried Hilfeling, die Ales Stenar 1777 vor der Rekonstruktion

Anders Österling (1884 – 1981) wurde von dem Ort zu einem Gedicht angeregt, das in seinen Stimmungen etwas von den elementarischen Verhältnissen einfängt. Die ungeklärte Bedeutung des Wortes «Ale» wird bei ihm zum Helden einer Sage personifiziert. Die erste Strophe lautet:[65]

Ales stenar

Där kusten stupar mellan hav och himmel
har Ale rest ett jätteskepp av stenar,
skönt på sin plats, när axens ljusa vimmel
med blockens mörka stillhet sig förenar,
en saga lagd i lönn
vid brus av Östersjön,
som ensam vet, vad minnesmärket menar.

Da, wo die Küste stürzt inmitten Meer und Himmel,
baut' Ale einst ein Riesenschiff aus Stein,
schön an dem Ort, wo Ähren helle wimmeln,

und mit der Blöcke dunkler Stille einen,
liegt ein Geheimnis verborgen
im Brausen der Ostseeflut,
sie allein weiß, was in den Steinen ruht.

Wer sich in eine solche Stimmung hineinversetzen kann, der wird auch bei dem schon einmal erwähnten Immanuel Kant aufmerken, wenn sich in dessen «Praktischer Vernunft», unabhängig von allen inhaltlichen Problemen, aus der Sprache etwas herauslöst, was ganz dem Geist des Nordens mit seiner kosmischen Orientierung entspricht: «Zwei Dinge erfüllen das Gemüt mit immer neuer und zunehmender Bewunderung und Ehrfurcht, je öfter und anhaltender sich das Nachdenken damit beschäftigt: Der gestirnte Himmel über mir und das moralische Gesetz in mir.»[66]

In solche Stimmung findet nur hinein, der Launenhaftigkeit, subjektivistischen Beurteilungszwang und persönliches Gutdünken überwinden kann. Dann tritt er das Erbe der nördlichen Mysterienschulung an. Die nördliche Mysterienströmung war eine Schulung des Sterbens im subjektiv Seelischen. Es machte empfänglich für das wesenhaft Wirkende in Natur und Umkreis. Wer dieses Sterben gelernt hatte, dem musste schon sehr viel weniger Bange vor dem übrigen Sterben sein.

In den grimmschen Märchen findet sich ein Zeugnis für die durch die nördliche Schulung eintretende Weisheit. Es ist das Märchen vom Gevatter Tod.[67] Einem armen Mann, der bereits zwölf Kinder hat, wird ein dreizehntes geboren. In seiner Not weiß er nicht ein noch aus. Er läuft auf die Landstraße hinaus und will den Erstbesten, der ihm begegnet, bitten, Gevatter zu stehen. Dabei begegnet er als Erstes dem lieben Gott, dessen Angebot zur Gevatterschaft er jedoch ablehnt, da der liebe Gott nicht gerecht sei und den Reichen gebe, die Armen aber hungern lasse. Als nächstes trifft er den Teufel, den er ebenfalls ablehnt, da er die Menschen betrüge und verführe.

Zuletzt kommt der dürre Tod auf ihn zugeschritten und empfiehlt sich mit dem Hinweis, dass er alle Menschen gleichmache. Das ist dem Vater recht und er willigt ein. Daraufhin verspricht der Tod das Kind reich und berühmt zu machen, denn wer ihn zum Freund habe, dem könne es an nichts fehlen.

Nach einer ordentlichen Taufe und gesunder Kindheit reift das Kind zum Manne und erhält Besuch von seinem Paten. Der führt ihn hinaus in den Wald und zeigt ihm ein bestimmtes Kraut. «Jetzt sollst du dein Patengeschenk empfangen. Ich mache dich zu einem berühmten Arzt. Wenn du zu einem Kranken gerufen wirst, so will ich dir jedes Mal erscheinen. Steh' ich zu Häupten des Kranken, so kannst du keck sprechen, du wolltest ihn wieder gesund machen, und gibst du ihm dann von jenem Kraut ein, so wird er genesen. Steh' ich aber zu Füßen des Kranken, so ist er mein, und du musst sagen, alle Hilfe sei umsonst. Aber hüte dich, dass du das Kraut nicht gegen meinen Willen gebrauchst, es könnte dir schlimm ergehen.»

Das macht das Patenkind zu einem gemachten Mann, der jedoch die Auflage seines Paten schon bald nicht mehr befolgt und Missbrauch mit der Heilermacht treibt. Zuletzt muss der Tod dieses Treiben beenden und so holt er ihn schließlich unerbittlich zu sich.

Die Geschichte gewährt in mancherlei Geheimnis Einblick. Der Tod als Gevatter führt sein Patenkind in ein imaginatives Verständnis des menschlichen Lebensorganismus ein. Steht der Gevatter am Kopf des Kranken, so ist Heilung möglich. Denn der Kopf als Zentrum des Nerven-Sinnes-Systems ist der Ort, wo permanent Abbauprozesse vor sich gehen, – dort ist der Tod ganz natürlich zu Hause. Da ist nur auf das richtige Maß zu achten, um mit der richtigen Medizin Heilung zu bewirken.

Mit den Füßen als Bewegungs- und Willenspol des Menschen hat der Tod jedoch keine wesensgemäße Verwandtschaft.

Stellt er sich dort ein, ist alle Hoffnung auf Besserung vergebens. Diese Naturgesetze sind zu respektieren, anders gerät das Arzttum zu dunkler Magie, mit der gegen die natürliche Ordnung angearbeitet werden soll. Gegen Willkür und Lüge aber stellt sich der Tod.

Ein anderer Aspekt deutet auf die Einführung in die Geheimnisse der Pflanzenwelt und ihre heilenden Wirkungen hin. Wer den Tod als Gevatter gewinnt, dem stehen die Geheimnisse der Naturwelt offen wenn sie auf legitime Weise erworben und verwendet werden.

Es ist auffällig, dass über den Tod als Herrscher einer Unterwelt oder Ähnlichem nichts gesagt wird. Eher tritt er als Makler des Lebens auf und als Hüter des Übergangs. Er eröffnet den Blick auf verborgene Perspektiven, regelt die Abfolge von Geburt und Tod, breitet sich jedoch nicht als Herrscher eines Schattenreiches aus. Das bleibt verhüllt.

Der Weg des Südens

Ganz anders ist dieser Bezug im südlichen Mysterienstrom. Dort leitete die Einführung in die Geheimnisse des Menschseins und seines Zusammenhanges mit dem Weltganzen stärker in das Innere hinein. Sie machte nicht halt im Bereich des Bewusstseins auf der Ebene des seelischen Lebens, sondern führte bis zum Bereich der Lebenskräfte, von Wachstum, organisierender Leibbildung und Fortpflanzung.

Selbst während des Schlafes bleiben diese Kräfte gewöhnlich mit dem physischen Leib verbunden während sich das an die Seelenorganisation gebundene Tagesbewusstsein von ihnen löst. Der südliche Einweihungsweg brachte das Moment des Sterbens jedoch bis an diesen Bereich heran, d.h. die Lebenskräfte wurden aus ihrer Verbindung mit dem physischen Leib gelöst.

Dadurch entsteht eine andere und tiefere Todeserfahrung als

sie im Bereich der nördlichen Mysterien auftritt. Sie riskiert das Leben selbst oder bekommt es frei für eine Schau der wirkenden Kräfte.

Im Gilgamesch-Epos Mesopotamiens, das in seiner Entstehung bis in das 3. Jahrtausend vor Christus zurückreicht, tritt der Grenzbereich erschütternd ins Bewusstsein. Im Zwiegespräch Gilgamesch mit der «großen Schenkin» heißt es da in der 10. Tafel:[68]

Mein Freund, den ich über die Maßen liebte,
Der mit mir durch alle Beschwernisse zog
Enkidu, den ich über die Maßen liebte,
Der mit mir durch alle Beschwernisse zog –
Er ging dahin zur Bestimmung der Menschheit.
Um ihn hab ich Tag und Nacht geweint,
Ich gab nicht zu, dass man ihn begrübe –
Ob mein Freund nicht doch aufstünde von meinem Geschrei –
Sechs Tage und sieben Nächte,
Bis dass der Wurm sein Gesicht befiel.
Seit er dahin ist, fand ich das Leben nicht,
Strich umher wie ein Räuber inmitten der Steppe.
Nun, Schenkin, hab ich dein Antlitz erblickt –
Möchte ich den Tod, den ich so fürchte, nicht ersehen!
Gilgamesch wohin läufst du?
Das Leben, das du suchst wirst du nicht finden!
Als die Götter die Menschheit erschufen,
Teilten den Tod sie den Menschen zu,
Das Leben behielten sie für sich selbst.
Du, Gilgamesch, dein Bauch sei voll,
Ergötzen magst du dich Tag und Nacht!
Feiere täglich ein Freudenfest!
Tanz und spiel bei Tag und Nacht!
Deine Kleidung sei rein, gewaschen dein Haupt,
Mit Wasser sollst du gebadet sein!

Schau den Kleinen an deiner Hand,
Die Gattin freu sich auf deinem Schoß!
Solcher Art ist das Werk des Menschen!

Wie andere Texte in diesem Zusammenhang auch, ist dieser Wortlaut nicht als direkter Beleg für das Dargestellte aufzufassen. Vielmehr geht es darum, indirekte Bestätigungen durch Stimmungen, Motivbezüge und Seeleninhalte zu bemerken.

Schließlich hängt es nicht nur mit den großen Zeiträumen zwischen der hier geschilderten Vergangenheit und dem Heute und nicht nur mit den diskreten Äußerungen wie zum Beispiel der keltischen Kulturvölker zusammen, sondern liegt auch in der Eigenart der Mysterien begründet, dass so wenig direkte Zeugnisse von ihnen überliefert sind.

Eines ihrer unumstößlich gültigen Gesetze war die Verschwiegenheit. Sie sollte sowohl die Quellen rein halten als Unvorbereitete davor schützen, an überwältigenden Erlebnissen Schaden zu nehmen. Friedrich Schiller beschwört diese Gefahr dramatisch in seiner Ballade «Das verschleierte Bild zu Sais»:[69]

Kein Sterblicher, sprach des Orakels Mund,
Rückt diesen Schleier, bis ich selbst ihn hebe.
Doch setzte nicht derselbe Mund hinzu:
Wer diesen Schleier hebt, soll Wahrheit schauen?
«Sei hinter ihm, was will! Ich heb ihn auf» –
(Er ruft's mit lauter Stimme) «Ich will sie schauen.» – «Schauen!»
Gellt ihm ein langes Echo spottend nach.

Gellt ihm ein langes Echo spottend nach.
Er sprichts und hat den Schleier aufgedeckt.
Nun, fragt ihr, und was zeigte sich ihm hier?
Ich weiß es nicht. Besinnungslos und bleich,
So fanden ihn am andern Tag die Priester

Am Fußgestell der Isis ausgestreckt.
Was er allda gesehen und erfahren,
Hat seine Zunge nie bekannt. Auf ewig
War seines Lebens Heiterkeit dahin,
Ihn riß ein tiefer Gram zum frühen Grabe.
«Weh dem», dies war sein warnungsvolles Wort,
Wenn ungestüme Frager in ihn drangen,
«Weh dem, der zu der Wahrheit geht durch Schuld,
Sie wird ihm nimmermehr erfreulich sein.»

Mit der Isis ist dabei auf jenen alt-ägyptischen Zusammenhang hingewiesen, in dem der Übergang, – anders als etwa in Griechenland, – nicht den Abstieg in ein Reich der Schatten, eine Wirklichkeit zweiten Ranges, sondern ein ereignis- und bedeutungsreiches Hinüber und Herüber der Grenze zweier Lebensbereiche bedeutete.

Wiederum findet sich auch unter den Volksmärchen ein Beispiel, wie auf dieser Ebene der Tod eine andere Erfahrung darstellt als auf der Ebene des Gevatter Todes. «Die Boten des Todes» erzählen von jenem Schwinden der Lebenskräfte, welche die Erfahrung des Todes immer realer und realer werden lassen.[70]

Bezeichnenderweise lässt es einem Riesen auf der großen Landstraße einen unbekannten Mann begegnen, der ihn auffordert, anzuhalten. Der Riese weigert sich und auch die Mitteilungen, dass ihm hier der Tod entgegentrete, kann ihn nicht schrecken. Im folgenden Kampf behält der Riese die Oberhand und lässt den Tod besiegt und kraftlos zurück.

Bald darauf kommt ein junger Mann des Wegs, hilft ihm und wartet, bis er wieder zu Kräften kommt. «Weißt du auch», fragte der Fremde ihn, indem er sich aufrichtet, «wer ich bin, und wem du wieder auf die Beine geholfen hast?» «Nein», antwortete der Jüngling, «ich kenne dich nicht.» «Ich bin der Tod», sprach er, «ich verschone niemand und kann auch mit dir keine Ausnahme machen. Damit du aber siehst, dass ich dankbar bin, so verspreche ich dir, dass ich dich nicht unversehens überfallen, sondern dir erst meine Boten senden will, bevor ich komme und dich abhole.»

Das Leben des jungen Mannes verstreicht und nicht lange, da kommen Krankheiten und Schmerzen, die ihn bei Tag plagen und des Nachts die Ruhe rauben. Doch er ist beruhigt, denn sterben werde er ja nicht, ohne dass der Tod seine Boten geschickt habe.

Da klopft ihm eines Tages jemand auf die Schulter: er blickt sich um, der Tod steht hinter ihm und fordert ihn auf, zu folgen.

«Wie», antwortete der Mensch, «willst du dein Wort brechen? Hast du mir nicht versprochen, dass du mir, bevor du selbst kämest, deine Boten senden wolltest? Ich habe keinen gesehen.» «Schweig», erwiderte der Tod, «habe ich dir nicht einen Boten über den andern geschickt? Kam nicht das Fieber, stieß dich an, rüttelte dich und warf dich nieder? Hat der Schwindel dir nicht den Kopf betäubt? Zwickte dich nicht die Gicht in allen Gliedern? Brauste dir's nicht in den Ohren? Nagte nicht der Zahnschmerz in deinen Backen? Wird dir's nicht dunkel vor den Augen? Über das alles, hat nicht mein leiblicher Bruder, der Schlaf, dich jeden Abend an mich erinnert? Lagst du nicht in der Nacht, als wärst du schon gestorben?» Der Mensch wusste nichts zu erwidern, ergab sich in sein Geschick und ging mit dem Tode fort.

In imaginativer Form spricht das Märchen von den Lebenskräften als einem Riesen, der sogar den Tod niederringen kann. Es schildert die Ahnungslosigkeit des Menschen, der die Wirklichkeit des Todes nicht kennt und es ist in seiner ganzen Botschaft der Versuch einer Einführung in sein Geheimnis. Diesmal spielt sich die Geschichte ganz im Bereich der Lebenskräfte ab. Da geht es nicht um Eitelkeit, nicht um Besitzstreben und nicht um Machtgewinn. Der Schauplatz liegt unterhalb des seelischen Lebens mit seinen verführerischen Wünschen.

Das ist Mysterienschulung für das Volk. In solch einer Geschichte findet sich das Mysterienerbe des Südens für die allgemeine Kulturentwicklung überliefert. Bemerkenswert ist, dass der Jüngling seine Bekanntschaft mit dem Tod durch Mitleid schließt. Seine ersten Seelenregungen sind unschuldig und menschlich. Er hat Aussicht, sich mit dem Tod zu befreunden.

Das Sterben wird in der nördlichen Mysterienströmung an einem anderen geistigen Ort geübt als in der südlichen. Im Norden geschieht es in den Bereichen des Seelischen, im Süden in den Bereichen der Lebenskräfte. Beiden gemeinsam ist, dass der Tod dabei zu einer anderen Erfahrung wird als sie das für den modernen Menschen mit seiner Todesfurcht ist. Er erhält eine komplementäre Gestalt, er stellt nicht das Ende der Existenz, sondern einen Übergang, einen Durchgang dar. Im einen Fall öffnet sich der Blick für die geistigen Vorgänge in Natur und Kosmos, im anderen Fall gibt sie den Blick frei für tiefe Geheimnisse im Menscheninnern.

Diese Entwicklung, die zur Zeitenwende verlischt und durch den oströmischen Cäsar Justinian I. (* um 482 – † 565) einen äußeren Abschluss erfährt, indem er noch bestehende Mysterienstätten schließt, ist aber noch keineswegs abgeschlossen. Die Mysterienkultur hat eine große Aufgabe, insbesondere in Zeiten, in denen sich die intellektuelle Aufmerksamkeit so einseitig der Außenseite der Welt zuwendet.

Die These, dass die Mysterien heute im Hauptbahnhof stattfinden (Joseph Beuys), macht darauf aufmerksam, dass nach den beiden ersten Stufen der Antike, heute ein dritter Schritt fällig ist. Dieser Schritt kann nicht mehr elitär für eine diskrete Minorität reserviert sein. Die Würde des Menschen als individuelle Entität ist eine unumstrittene Tatsache geworden. Sie hat ihren Ausdruck in unveräußerlichen Menschenrechten und in einer praktizierten Grundsolidarität hinsichtlich der Existenz jedes Einzelnen gefunden.

Der Hauptbahnhof steht sowohl für die Agora als auch die Tempelverschwiegenheit der Antike. Jeder kann Träger des offenbaren Geheimnisses sein. Wie viel er davon ausplaudert, mitteilt, zerredet oder still in sich wachsen lässt, ist seine Sache. Er verantwortet es selbst: vor sich, vor der Sache, vor der Welt. Jeder ist soweit Ich-Mensch, dass er aus dem Zentrum seines Wesens, seiner Persönlichkeit leben und wirken kann.

Aber, worin besteht das offenbare Geheimnis? Was ließ den Jüngling zu Sais zerbrechen? Es ist der Mensch selbst, – das Wesen, das handeln und wissen kann, was es tut. Er ist aufgerufen, er selbst zu sein, den unverschleierten Blick auf die eigene Wahrheit zu ertragen.

Immer mehr Ich-Selbst zu werden, bedeutet für alles Handeln die volle Verantwortung zu tragen, bereit zu sein für unbegrenzte Ich-Identität. Nicht mehr im Schonraum der geschützten Abgeschiedenheit, sondern in völliger Öffentlichkeit sich zu sich selbst zu bekennen. Damit sind selbstverständlich keine propagandistischen Tricks oder intellektuellen Scharmützel gemeint, keine Inszenierungen und Maskeraden.

Wer sich auf diese Bedingung einlässt, lebt im Hellen, wird transparent. Da hält nur stand, was sich in des Wortes tieferer Bedeutung «verantworten» lässt. Denn alle sehen alles, alle wissen alles, niemand wird getäuscht. Als einzige Quelle der Täuschung verbleibt die Selbsttäuschung. Dem Ich-Selbst wird von überall geantwortet, weil es sich unbegrenzt vor der Welt verantwortet.

Was utopisch klingen mag, ist doch bereits Realität. Wird ein Mensch heute nach seinen erklärten Zielen und Absichten beurteilt, dann ist die entscheidende Frage, ob er «echt» ist, ob Reden und Handeln übereinstimmen. Nur wer mit seiner ganzen Existenz für sich selbst bürgt, überzeugt. Da darf es kein Zögern und kein Zagen geben. Voller Einsatz wird verlangt und abgefordert. Rückhaltloses Engagement für erklärte Ziele ist selbstverständlich.

Erstaunlich ist das scharfsinnige Sensorium, mit dem Unstimmigkeiten gewittert und aufgedeckt werden. Jeder kennt sich ein bisschen selbst, jeder ist zu einem Gutteil Psychoanalytiker, – und in jedem liegt das Erbe der alten Mysterien verborgen. Das kennt die seelischen und lebensgemäßen Proportionen der Existenz. Was da allein gilt, was als Maßstab bleibt, ist die Frage ob jemand mit Haut und Haaren für seine Sache eintritt, mit der er verbunden ist.

Das öffentliche Mysterium unserer Zeit ist, ob jemand mit seiner ganzen Existenz für das eintritt, was er als seine Aufgabe erklärt. Passiert er das Nadelöhr, stellt er sich ganz zur Verfügung, gibt er sich seiner Sache vollständig hin? Mit Haut und Haaren bedeutet immerhin: bis in die Leiblichkeit!

Die Mysterien der Gegenwart fragen nach der Identität von Ich und Existenz. Wer sie entwickelt, lernt das Sterben in die Selbstbestimmung hinein. Denn die Liebe zur selbst gewählten und ganz verantworteten Sache geht über den Trieb zur Selbsterhaltung und einem kommoden Lifestyle hinaus. Das dritte Sterben, das in den Mysterien der Hauptbahnhöfe, Zugangsstraßen, Markt- und Arbeitsplätze gelernt wird, ist das Sterben in die Aufgaben, in Arbeit und in Liebe hinein. Sein Programm ist ganz und gar selbstbestimmt, solidarisch sein Stil, anteilnehmend und rücksichtsvoll seine Verwirklichung.

Rhythmus ersetzt Kraft. Es gilt den eigenen Rhythmus im Werden und Vergehen zu finden. Die Gestaltung des Tageslaufes, die großen geschichtlichen Werdebögen der Menschheit, die eigene Entwicklung von Tag zu Nacht, Geburt zu Tod, Leben zu erneutem Leben, – sie alle sind rhythmisch durchpulst. Diesen Puls zu spüren, mit ihm zu leben und sich von ihm tragen zu lassen, bewirkt eine Kraftzufuhr, die auf äußere Macht nicht angewiesen ist. Sie lässt jene liebevolle Begleitung durch den Menschheitsgeist erfahren, die in der Gegenwart immer lebensvoller und lebensvoller erfahren werden kann.

Die zweite Strophe des ideell-geistigen Grundsteinspruches der Allgemeinen Anthroposophischen Gesellschaft lautet:[71]

Menschenseele!
Du lebest in dem Herzens-Lungen-Schlage,
Der dich durch den Zeitenrhythmus
In's eigne Seelenwesensfühlen leitet:
Übe *Geist-Besinnen*
Im Seelengleichgewichte,
Wo die wogenden
Welten-Werde-Taten
Das eigne Ich
Dem Welten-Ich
Vereinen;
Und du wirst wahrhaft *fühlen*
Im Menschen-Seelen-Wirken.

Denn es waltet der Christus-Wille im Umkreis
In den Weltenrhythmen Seelen-begnadend;
Ihr Lichtes-Geister
Lasset vom Osten befeuern,
Was durch den Westen sich formet;
Dieses spricht:
In dem Christus wird Leben der Tod.
Das hören die Geister in Ost, West, Nord, Süd:
Menschen mögen es hören.

Die Inflation, Illusion und Wirklichkeit des ICH

Die Wege zur Ichheit sind mühsam und voller Hindernisse. Manche sind offensichtlich und eindeutig, andere verborgen und unvermittelt. Manchmal gerät die Selbständigkeit des Menschen in Bedrängnis zwischen Ungeheuern wie Skylla und Charybdis, die sie zu zerreißen drohen. Was in Wirklichkeit wenig ist, kann da nach außen als ein viel und was reichlich vorhanden ist als verschwindend gering erscheinen.

Bei der Christianisierung Europas spielte Ulfilas eine kaum zu überschätzende Rolle. Als Nachkomme von christlichen Großeltern, die bei einem der zahlreichen gotischen Kriegszüge aus Kappadokien (Zentralanatolien) deportiert worden waren, wurde er um 311 bei den Westgoten geboren und wuchs dort heran. Sprachlich war er im Gotischen, Griechischen und Lateinischen gleichermaßen zu Hause. Schon früh widmete er sich dem geistlichen Stand und wurde in die Liturgie durch das Amt des Lektors einbezogen. Da es bei den Goten üblich war, die Lesungen der heiligen Schrift muttersprachlich vorzunehmen, war er mit der Übertragung entsprechender Passagen vertraut und besaß damit wichtige Voraussetzungen für seine spätere Bibelübersetzung. Mit ungefähr dreißig Jahren wurde er zum «Bischof der Christen im gotischen Land» geweiht. 348 führte er die Mehrheit der gotischen Christen als Schutz vor Verfolgungen und mit Billigung des Kaisers Constantius in das Berggebiet Mösiens (heutiges Serbien). Von dort aus lehrte und wirkte er unter den verschiedenen gotischen Volksschaften. Als Folge seiner Tätigkeit traten in verhältnismäßig kurzer

Zeit die Westgoten als Ganzes, Ostgoten, Vandalen, Langobarden, Burgunden und andere zum Christentum über. Der Kaiser nannte ihn den «Moses seiner Zeit».

Seine Schüler beschrieben ihn folgendermaßen: «Die Goten, die von ihm in der Religion erzogen und durch ihn zu milderen Sitten geführt waren, gehorchten ihm leicht in allen Dingen, überzeugt, dass nichts von dem, was er sagte oder tat, schlecht sei, sondern dass es alles den Gotteseifrigen zum Besten diene. Hatte er doch auch seine Tapferkeit auf das Vielfältigste bewährt, indem er für den Glauben unzähligen Gefahren Stand hielt, als die genannten Barbaren noch dem heidnischen Kult oblagen.»[72]

Da es in dieser Zeit noch keine Lektionarien, d.h. kanonisierte Auswahlen für die Lesungen im Kultus gab, übersetzte er im mösischen Exil sukzessive sämtliche Schriften aus dem Griechischen ins Gotische. Nur die Bücher der Könige ließ er wegen der darin enthaltenen zahlreichen Kriege aus, da sein kriegslustiges Volk eher des Zügels als der Anregung seines Kampftriebes bedurft habe.

Für die Übersetzung ins Gotische war allerdings mehr notwendig als die bloß sprachliche Übertragung. Die gotische Sprache war bis dahin schriftlos. Daher erfand Ulfilas ein gotisches Alphabet mit einer Mischung von zwei Dritteln griechischer sowie einem Drittel lateinischer Buchstaben und Runenzeichen. Außerdem ersann er neue Wörter (Neologismen), die vorher in der gotischen Sprache nicht vorhanden waren.

So geht das Wort «ICH» in seiner Schriftform letztlich auf Ulfilas zurück, der zunächst «IK» schrieb, woraus sich durch Lautverschiebung und Konnotation die Schreibweise Ich bildete.[73]

Die Worte des Johannesevangeliums «Ich bin der Weg und die Wahrheit und das Leben» übersetzte Ulfilas: «Ik im sa wigs jah sunja jah libains.» Jesus wird von Wulfila «Iesus» geschrieben, Christus «Xristus». Den Anfang des 1. Paulusbriefes an die Korinther: «Christus sandte mich nicht, um zu taufen, sondern um die Botschaft zu verkünden», übersetzte er: «Niþan insandida mik Xristus daupjan, ak wailamerjan»[74]. Aus den Initialen des Namens «Iesus Christus» bildet sich das Wort «Ich». Die Wortbildung entspricht einer von Ulfilas erhobenen Forderung, heilige Worte in Abkürzungen auszudrücken. Damit wollte er einerseits Sparsamkeit in ihrer Verwendung und andererseits eine Verschlüsselung gegenüber Unkundigen sowie Ehrfurcht in ihrem Gebrauch ausdrücken. Und mit dem Ich des einzelnen Menschen bestand für Ulfilas durchaus eine intime Verbindung zu dem großen ICH des Menschensohnes in den Evangelien. Dem Namen und Inhalt des Wortes «Ich» wohnt ein Geheimnis inne.

Davon ist der Gegenwart nicht viel geblieben. Kaum ein Wort wird so inflationär verwendet wie das Wort «Ich». Nicht dass damit sein Geheimnis entschlüsselt wäre, aber war es bis zur Mitte des 20. Jahrhunderts beispielsweise noch üblich, in der direkten Rede des betroffenen Subjektes das Personalpronomen «ich» durch das Indefinitpronomen «man» zu ersetzen, so gibt es heute eine wahre Mitteilungsflut darüber, was «ich denke», «ich erlebe», «ich fühle», «ich tue» usw. Für die landläufige Psychologie und Soziologie macht sich sogar verdächtig, wer nicht genügend unbeschwert im Konzert der Ich-Posaunen mitbläst. Zwischen Bedeutungsvollem und Belanglosem wird dabei nicht unterschieden.

Es wäre eine reizvolle Vorstellung, für die unzähligen Gelegenheiten, bei denen das heilige Wort nichtig, eitel und selbstbezogen verwendet wird, einen Zwangskursus Latein wirksam werden zu lassen und es mit dem Wort «Ego» auszutauschen. Das wäre zwar der lateinischen Sprache gegenüber unfreundlich, von seinem Inhalt her aber eindeutig. Das Ich hat durchaus zwei Perspektiven, – die auf das große ICH des Menschheitsgeistes und die auf das kleine Ich des Menschlich-Allzumenschlichen hinzielende.

Wie stark aber auch das Gegenteil verbreitet ist, kann man an der epidemisch auftretenden Depressivität und Mutlosigkeit bemerken, die das Wort gänzlich vermeiden möchte. Mangelndes Selbstwertgefühl und Antriebslähmung äußern sich in der Vorstellung, wertlos zu sein. Häufig liegen auf dem Grund solcher bedrückten Seelen mehr Schätze verborgen als in den wohlfeilen Auslagen der Ich-Schreier. «Du sollst den Namen des Herrn, deines Gottes, nicht eitel im Munde führen», hat eine ungeschmälerte Bedeutung für die Gegenwart. Denn im Sinne Ulfilas mahnt es zu einem behutsamen Umgang mit dem kostbaren Namen «Ich», den ein jeder Mensch nur für sich selbst gebrauchen kann. Für jeden klingt er gleich und doch ist mit jedem Einzelnen eine unverwechselbare Einmaligkeit verbunden.

Wer allerdings von sich «Ich» sagt und was er damit jeweils meint, bzw. ausspricht, bedarf einer genauen Klärung. Mit der Behauptung: «Ich denke» allein, ist zum Beispiel noch nichts gewonnen. Daran ändert auch die populäre Formel des «Ich denke, also bin ich» nichts. Denn vielleicht denkt der Sprecher gar nicht, vielleicht hält er etwas für Realität, was tatsächlich Illusion ist oder er unterliegt einer Projektion, fremd- oder selbstentworfen, von der er glaubt, dass sie wirklich sei.

Vielfach beginnt das Problem damit, dass jemand sich für den Produzenten seiner Gedanken hält, der lediglich Schauplatz für Bewusstseinsinhalte bietet. Dieses Problem wird in schlechten Schulen systematisch gefördert, indem statt lebendigem, selbsttätigem Denken fertige Formeln und memorierpflichtiges Wissen vermittelt werden. Ein Leben lang können solche Stereotypen ungehindert und unverändert einen Menschen blockieren. Er merkt dies umso weniger, je durchgängiger dieselben immer gleichen Formeln in seiner Umgebung auftauchen. Uniforme Ansichten haben unter sich etwas enorm Bestätigendes.

Eine Zeit, in der das Wort «Ich» Hochkonjunktur hat und die Manipulationsmechanismen ungeahnte Perfektion erreicht haben, nimmt ihren Abgrund gern für den Höhepunkt der Aufklärung. Ob Kulturbetrieb, Scientific Community oder Mainstream, – die Illusion der Konvention ist häufig genug Frucht süßer Selbsttäuschung.

Wer sich die Frage: «Bin ich?» ernsthaft stellt, wird die prägenden Einflüsse von Vererbung, Milieu und Erziehung nicht übersehen, die sein Anschauen und Denken zu einem Großteil bestimmen. Er wird aber auch die Frage zu beantworten suchen, was denn das Denken sei und welche Bedeutung es für seine Selbstbestimmung hat. Dabei stellt er fest, dass ganz gleich wie er es anstellt, er aus dem Denken nicht herauskommt. Er mag es interpretieren und benennen wie er will, immer betätigt er das Denken, er setzt es voraus und bemüht es. Selbst wenn er die vorlauten Stimmen der Propagandisten, Beurteiler und Schnellrichter in sich zum Schweigen bringt, die häufig genug in der Maske des Denkenden auftreten, wenn er innere Ruhe in sich herstellt und in eine Zone vorstellungsfreien Lebens eintritt, – sobald er sich Rechenschaft über seine inneren Vorgänge ablegt, Fazit zieht oder Ergebnisse formuliert, bemüht er das Denken. Sämtliche Aussagen über das Denken beruhen auf Denkvorgängen. Alle relativierenden Äußerungen setzen sich selbst als Ergebnis von Denkprozessen absolut.

Man kann auch das eigene Denken beschreiben, um nicht ausschließlich von *dem* Denken zu sprechen. In dem persönlichen wird man jedoch immer eine Spielart, eine Färbung, einen Stil des Gesamten beschreiben. So kann das individuelle Denken gründlich oder oberflächlich, konsequent oder sprunghaft, sachlich oder subjektiv, stimmig oder widersprüchlich, gemütvoll oder kalt und unbegrenzt vielfältig anderes sein. Das Denken selbst ist ein alldurchdringendes Ganzes, das in solchen Eigenschaften immer nur als Ausschnitt erscheint.

Das führt zur Entdeckung seiner eigentümlichen Doppelnatur. Wir sind des Denkens teilhaftig und besitzen es doch nicht ganz. Wir sind Anwender, nicht Eigentümer und ihm gegenüber doch ganz frei und verfügungsberechtigt. Insofern erscheint die Formulierung «ich denke» in jedem Fall etwas albern. Denn so absolut wie die Formulierung klingt, gelingt uns das nie. Andererseits trifft eine Wendung wie «Es denkt in mir» das Erlebnis auch nicht. Denn eines trifft mit Bestimmtheit zu: ohne unsere Eigentätigkeit findet, von Krankheitserscheinungen abgesehen, kein Denken in uns statt.

Ein bloßes «Gedanken haben» im Sinne des oben genannten «Schauplatz-Bietens für Bewusstseinsinhalte» ist kein Denken. Denken ist Tätigkeit. Sie ist anstrengend, zielgerichtet und aufmerksam. Sie folgt inneren Gesetzen, die als Logik formuliert werden und mit dem Zusammenhang der Erscheinungen zu tun haben.

Denken ist aber auch geistiges Blicken und Sehen. Es hat mit Lichtqualitäten zu tun, die die Erkenntnisfinsternis der Seele aufhellen. Wo ein undeutlicher, innerlich in Dunkel gehüllter Zusammenhang klar wird, da steigert sich das geistige Blicken zum Schauen.

Denken kann auch als Lauschen auftreten. Es kann aufmerksam sein für Harmonien und Dissonanzen, auf Stimmigkeiten und Klangqualitäten. Es kann Ober- und Untertöne wahrnehmen, verborgene Botschaften erspüren. Es nimmt in diesem Bereich eine weitere Wirklichkeitsschicht wahr. Dabei wird deutlich erlebt, dass es nicht das Gehirn ist, das am Denkvorgang allein beteiligt ist. Das Gefühl, die Herzregion beginnt aktiv zu werden.

Schließlich gibt es eine noch tiefere Region, aus der gedacht werden kann. Es ist die Region der moralischen Impulse und selbstlosen Willenskraft. In dieser Region kann sich das Denken angespornt oder sogar aufgerufen fühlen, bestimmte Zusammenhänge und Aufgaben zu bemerken. Es wird zu bestimmten Entdeckungen angeregt, die soziale Not lindern helfen oder Spannungsverhältnisse in den Blick bekommen. Das Gewahrwerden des anderen geschieht durch mein Denken. Der andere teilt sich mir durch seine Existenz mit, ich nehme ihn durch mein Denken auf.

Mit nichts anderem fühlen wir uns so verbunden wie mit unserem Denken. Indem wir es praktizieren, breitet es sich offen vor uns aus. Es ebnet uns den Weg zum Gegenüber, es beleuchtet dieses. Es eröffnet uns den Weg zu seiner Wahrheit, die zugleich unsere Wahrheit und die Wahrheit der Welt sein kann. Unser Ich weiß sich ganz und gar vom Denken bestimmt und getragen. Das Denken ist ein Mittler, in dem eine universale Kraft zur Erscheinung kommt, die den Einzelnen mit dem All verbindet. Der Urgrund der Welt teilt sich auf den Bahnen des Denkens mit. Was sich ihm als universale Kraft zu erkennen gibt, überantwortet sich dem Denkenden selbst. Es erscheint nicht nur in ihm, es ist und wird in ihm, durch ihn.

So lässt sich das Denken in mir als Erlebnis auch anders ausdrücken. An Stelle des «Ich denke», kann gesetzt werden «Denken in mir». Statt «Ich mache meine Gedanken», «Ich fasse Gedanken» oder «Gedanken in mir».

In dem Gedicht «Punkt» von Alfred Lichtenstein kommt das Geworfensein in die Welt der Vereinzelung, des Schmerzes leiblicher Existenz und Dunkelheit zum Ausdruck.[75]

Die wüsten Straßen fließen lichterloh
Durch den erloschnen Kopf. Und tun mir weh.
Ich fühle deutlich, dass ich bald vergeh –
Dornrosen meines Fleisches, stecht nicht so.
Die Nacht verschimmelt. Giftlaternenschein
Hat, kriechend, sie mit grünem Dreck beschmiert.
Das Herz ist wie ein Sack. Das Blut erfriert.
Die Welt fällt um. Die Augen stürzen ein.

Johannes Scheffler formuliert als christlicher Mystiker das offene Beziehungsfeld zwischen Punkt und Umkreis. Er weiß mehr als er sagt und er sagt es so, dass er die Antworten nicht vorweg nimmt. Er lässt den Raum zur Entdeckung des Selbst und der Welt frei.[76]

> Ich weiß nicht, was ich bin; ich bin nicht, was ich weiß;
> Ein Ding und nit ein Ding, ein Stüpfchen und ein Kreis.

Bei Johannes sagt Christus:

> Ich und der Vater sind eins.

Durch das Denken wird diese Einheit dem Menschen geboten. Wird das Erleben des Denkens nur kraftvoll und lebendig genug, dann führt es direkt zu einem Erleben der wirkenden Christus-Kraft.

Davon sprechen die Worte des Hohepriesterlichen Gebetes bei Johannes wenn es darin heißt:

> So wie du Vater, in mir lebst und ich in dir,
> so mögen sie mit uns mitleben.
> Dann wird der Erdenwelt aufgehen,
> dass du es bist, du mich gesandt hast.
> Ich habe die Offenbarung, wie sie mir durch dich wurde,
> weitergegeben an sie.
> (Joh 17, 21, 22)

Wir kommen durch das Denken über einen bloßen Naturzustand hinaus. Wir können uns der Welt gegenüberstehend begreifen und doch unseren Platz in ihr bestimmen. In dem Denken können wir den Lehrer, der uns zur Selbständigkeit erzieht, den Heiler, der unsere Isolation zu überwinden hilft, den Richter, der die Zusammenhänge zu beurteilen vermag und den Herrscher, der sich selbst zu bestimmen imstande ist, erkennen. Damit erhält das Paulus-Wort: «Nicht ich, sondern der Christus in mir», eine umfassende Bedeutung.

Seine Erfahrung zu erleben, setzt voraus, das Denken als Seelentätigkeit viel intensiver und tiefer zu erfassen, als das im gewöhnlichen Seelenleben geschieht. Das Denken muss nicht nur gewusst, sondern gefühlt werden. Das Denken kann so zum Beobachtungsfeld werden, von dem zuletzt ohne Verlust von seelischer Gesundheit oder Selbständigkeit gesagt werden kann: «Es denkt in mir.»

Aus dem «Ich denke» wird die Feststellung einer eigenen Aktivität und das «Es denkt in mir» wird zu einer inneren Erfahrung. Punkt (Ich) und Umkreis (Es) stehen sich nicht ausschließend gegenüber, sondern beginnen ein wechselndes, atmendes Verhältnis miteinander zu entwickeln.

Das lenkt den Blick auf die andere Seelenfähigkeit, das Fühlen. Es steht heute viel stärker im Fokus als noch vor wenigen Jahrzehnten. Fristete es früher ein Dasein als subjektive und zimperliche Schwester des allein tragfähigen Denkens, so hat sich die Wertschätzung des Fühlens seitdem stark gewandelt. Heute ist das Fühlen als seriöse und gegenüber bloßer Verstandestätigkeit tiefer schürfende Quelle der Erfahrung weitgehend anerkannt. Es ist bemerkt worden, dass die Betätigung des Fühlens keineswegs unausweichlich auf schwankenden Boden und wilde Subjektivität führt. Das ist inzwischen sogar bei einigen Vertretern der wissenschaftlichen Welt akzeptiert.

Fühlen bedeutet, die Erscheinungen und Ereignisse der Welt erlebend mitzuvollziehen. Die Welt muss dabei keineswegs nur außerhalb des Menschen liegen. Auch was in ihm liegt, was mit Gedanken oder Vorstellungen zusammenhängt, kann Inhalt und Geschehen seines Fühlens werden. Was mich anweht, was mich berührt, was an mich herandringt, mich wärmt oder frösteln lässt, all das erregt die Wogen meines Fühlens.

Was ein Mensch fühlt, ist zu seiner Sache geworden. Fühlen heißt Anteil nehmen. Durch das Fühlen wird der Mensch dem Menschen zum Menschen. In zahlreichen Märchen entsteht für den Helden in dem Augenblick Hoffnung auf Rettung, in dem ein anderer angesichts seiner Not Mitleid zeigt.

Fühlen verbindet uns mit der Welt, ob mit anderen Menschen, mit der Natur oder mit uns selbst. Unser Fühlen macht uns zum Mitmenschen und zum Bürger der Welt. Auch bei dieser Seelentätigkeit besteht jedoch das Problem zu engen Selbstbezuges. Die Auskunft darüber, was «ich fühle», wovon «ich betroffen» bin, was «ich schmerzvoll» erlebe, was «mich so unendlich traurig» macht, sagt zunächst über die Welt sehr wenig. Vielmehr macht sich eine solche Aussage selbst zum Gegenstand und arbeitet sich an den eigenen Zuständen ab.

Der Besucher, der mit wichtiger Miene vor einem Kunstwerk bekennt: «I like it» oder im anderen Fall «I don't like it», sagt zunächst nur etwas über sich selbst aus, nämlich dass er ein selbstgewisser Banause ist. Interessant für die Welt wäre hingegen, was sich von einem Kunstwerk mitteilt, auf welche Dispositionen es beim Betrachter trifft und zu welcher Anteilnahme es ihn anregt. Wodurch berührt mich eine Begegnung? Zu welchen neuen Erlebnissen, zu welcher neuen Erfahrung führt mich mein Gegenüber? Schon die paradoxe Formulierung «mein Gegenüber» zeigt, dass dabei ein sublimer Vorgang von Wesensbegegnung und Austausch stattfindet. Im Verhältnis zum Gedanken, lasse ich in meinen Gefühlen die Existenz des anderen mich tiefer berühren und erfüllen. Auf der Ebene des Fühlens kommt es zu einem eingreifenderen Austausch.

Auch beim Fühlen gibt es also die berechtigte Perspektive eines «es fühlt». Anders ausgedrückt, könnte man auch sagen: die Welt teilt sich mir auf den Bahnen des Fühlens mit. Sie kündet sich mir in meinem Fühlen.

Diese Perspektive verändert das Fühlen grundlegend. Es wendet sich auf subtile Weise um. Diese Umwendung geschieht von mir zur Welt. Ich fühle nicht länger vor allem mich, sondern ich beginne mich mit meinem Fühlen der Welt zuzuwenden. Das Fühlen wird zum Organ tieferer Äußerungs- und Erscheinungsschichten der Welt. Rainer Maria Rilke hat über diese Erfahrungsebene in einem Gedicht, «Die Blinde» in dem *Buch der Bilder*, geschrieben:[77]

… Jetzt geht alles in mir umher,
sicher und sorglos; wie Genesende
gehn die Gefühle, genießend das Gehn,
durch meines Leibes dunkles Haus.
Einige sind Lesende
über Erinnerungen;
aber die jungen
sehn alle hinaus.
Denn wo sie hintreten an meinen Rand,
ist mein Gewand von Glas.
Meine Stirne sieht, meine Hand las
Gedichte in anderen Händen.
Mein Fuß spricht mit den Steinen, die er betritt,
meine Stimme nimmt jeder Vogel mit
aus den täglichen Wänden.
Ich muss nichts mehr entbehren jetzt,
alle Farben sind übersetzt
in Geräusch und Geruch.
Und sie klingen unendlich schön
als Töne.
Was soll mir ein Buch?
In den Bäumen blättert der Wind;
und ich weiß, was dorten für Worte sind,
und wiederhole sie manchmal leis.
Und der Tod, der Augen wie Blumen bricht,
findet meine Augen nicht …

In der Gegenwart finden immer mehr Menschen einen sicheren Stand in dieser Welt inspirativen Lebens. Sie sind nicht mehr ausschließlich auf die Welt der Sinne, auf das Mess- und Wägbare angewiesen, um ihre Orientierung zu finden. Wo das «Ich fühle» zu einem «Die Welt fühlt sich in mir» wird, da verbindet sich eine weitere Wirklichkeit mit der aufkeimenden Vertrautheit. Das Fühlen vermittelt dieses im Menschlichen sich vertraut finden, das im Menschlichen Versammelt-Sein. Denn auch im Fühlen kann der Schritt vom Ego-Bezug zur Weltverbindung getan werden. Auch da kann es heißen: «Nicht ich, sondern der Christus in mir.» Begegnung wird da zu einer feinfühlenden ätherischen Erfahrung.

Das Wollen stellt unter den Seelentätigkeiten gewiss das größte Rätsel dar. Konnte schon beim Denken die Frage gestellt werden, ob derjenige, der zu denken behauptet tatsächlich denkt oder lediglich Vorstellungen reproduziert, so ist dieses Problem beim Wollen noch sehr viel gravierender. Auch beim Wollen hört man immer wieder Äußerungen, die behaupten: «Ich will dies, ich will das!» Bei genauerem Hinsehen ist dann oft zu bemerken, dass solches Wollen sich im Handumdrehen ins Nichts auflöst.

Vielfach wird Wollen einfach mit Wünschen verwechselt. Ein fataler Irrtum, der rasch aufzulösen ist. Beim Wünschen kann man sich bedienen lassen, Wünschen ist bequem. Wollen ist hingegen ausnahmslos anstrengend.

Viele versuchen das Wollen zu erfassen indem sie auf die Zielsetzung einer Handlung schauen. Dabei satteln sie das Pferd jedoch vom Schwanz her auf, denn das Ziel einer Handlung stellt man sich vor. Strategien ans Ziel zu kommen denkt man sich aus. Beides verrät nach Ausführung einer Handlung allenfalls, ob die Umsetzung gründlich vorbereitet war, über die willensgetragene Durchführung sagt es hingegen wenig aus. Dem kommt man schon eher auf die Spur, wenn man die Vorgänge des Vollzuges verfolgt.

Bleibt jemand dem einmal gefassten Entschluss treu? Steht er zu seinem Projekt auch wenn unerwartete Schwierigkeiten auftreten? Hält er durch auch wenn es weh tut? Manchmal bringen Handlungen Nachteile mit sich. Wer ein wahrheitsliebender Mensch ist, kennt das Problem. Viele Menschen fragen einen nach der Meinung zu irgendwelchen Angelegenheiten. Meistens möchten sie allerdings nur ihre eigene Ansicht als Antwort hören. Ehrlichkeit macht unbeliebt, es sei denn sie kommt als schmerzfreies Salbenpräparat daher. Begabte oder fähige Menschen werden gern vereinnahmt, für anderer Leute Zwecke eingespannt. Häufig kommen dabei die raffiniertesten Schmeicheleien und Köder zum Einsatz, um solch einen Menschen für bestimmte Zusammenhänge zu gewinnen. Da gibt es wenig Scheu, Ehrgeiz und Eitelkeit zu kitzeln, Machtgewinn und ein komfortables Leben in Aussicht zu stellen. In solchen Situationen den Idealen, eigenen Zielen, sich selbst treu zu bleiben, – das verlangt Willenskraft.

Woher diese Willenskraft kommt, ist nicht leicht zu durchschauen. Auf jeden Fall kann sie durch Üben gestärkt werden. Wer sich eine bestimmte Aufgabenstellung abverlangt und durch regelmäßig wiederholte Übung an ihr arbeitet, steigert sein Willenspotential. Der Wille hängt mit den immerfort aufkeimenden Prozessen im Menschen zusammen. Wie die reflektierende Seite des Denkens mit dem Nerven-Sinnespol in Verbindung steht, das Fühlen mit den schwingenden rhythmischen Prozessen, so das Wollen mit dem Stoffwechsel-Gliedmaßenbereich. Es ist ein vulkanisches Reich, das mit seiner eruptiven Kraft in den fortwährenden Umwandlungsvorgängen des Blutes physiologisch erscheint. An jedem Tag werden im Blut 210 Milliarden rote Blutkörperchen neu gebildet. Das sind pro Sekunde 2,5 Millionen, – ein kaum vorstellbarer Vorgang! Die gleiche Menge wird regelmäßig abgebaut. Das Blut ist also der physiologische Repräsentant des Werdens und Vergehens, eines fortwährenden Umbildungsprozesses im Menschen.

Mit dieser Feststellung ist aber noch nicht die Eingangsfrage nach dem «Wer?» beantwortet. Wer will wenn wir behaupten: «Ich will»?

Häufig spielen da Kräfte und Beweggründe eine Rolle, über die wir uns keine Rechenschaft ablegen. Selbsterhaltung, Triebhaftes, Verlangen und Gier sind mächtige Motoren der Willensregungen. Die Befindlichkeit des Leibes übt zuweilen eine größere Herrschaft über das Wollen und Handeln aus als das Ich.

Wann aber handeln wir aus dem Ich heraus? Im absoluten Sinne nur dann, wenn wir alle seine Dimensionen überschauen, wenn wir wissen, was wir tun, warum wir es tun, wie wir dabei vorgehen und was wir bewirken. Dazu sind wir gegenwärtig aber gar nicht imstande. Unsere Wirklichkeit ist vielmehr, dass wir mit diesen Blickrichtungen den reinen Willensbereich aus den Augen verlieren und uns wiederum dem Vorstellungsbereich annähern. Wesenstypisch für den Bereich des Wollens ist hingegen, dass wir zu ihm mit unseren gewöhnlichen Bewusstseinskräften nur begrenzt Zugang haben.

Von den eigentlichen Willensprozessen in uns wissen wir im Vollzug sehr wenig. Wir erleben ja noch nicht einmal bewusst mit, welche tragenden Vorgänge geschehen, wenn wir die Hand heben. Denn den Ablauf vom Impuls, die Hand zu heben bis zu seiner Ausführung durch Energietransport, Muskelkoordination und Feinmotorik erleben wir keineswegs in all seinen Details initiierend und kontrollierend mit. Wir können am Ende erstaunt das Fazit ziehen, dass es funktioniert hat. In Bezug auf das «Wie?» sind wir jedoch mehr oder weniger blind.

Von Zeit zu Zeit ergibt sich im Leben Gelegenheit zu dem bitteren Fazit, dass bestimmte Vorhaben nicht gelungen sind. Bei der Ursachenforschung liegen zahlreiche Gründe rasch auf der Hand. «Die Zeit war noch nicht reif», «man hat mich nicht verstanden», «ich habe nicht die notwendige Unterstützung gefunden», «es war Pech im Spiel», sind einige der Erklärungsansätze, die häufig zu hören sind.

Möglicherweise ist eine einfachere und zutreffendere Erklärung jedoch darin zu finden, dass das Wollen nicht hinreichend war. Wollen hängt von einem sich zur Verfügung-Stellen ab. Die Schlüsselfrage lautet dann, ob sich der Mensch für seine Vorhaben genügend zur Verfügung gestellt, ob er sich ganz eingebracht hat. Das macht die Identifikation mit einer Handlung aus. Identifiziert er sich ganz? Ist er mit Haut und Haaren mit seiner Initiative verbunden? Dieses Moment qualifiziert entscheidend, ob ein Mensch wirklich will, ob er berechtigt sagen kann: «Ich will!»

Mit dem «Ich will» geht der Handelnde ganz in die Sache hinein, er verbindet sich mit ihr. Er beginnt dabei, ganz von sich abzusehen. Es wird ihm gleichgültig, ob es schmerzt oder freut, ob er ein applaudierendes Publikum hat oder nicht. Denn sein Tun ist bedingungslos.

Tatsächlich gibt es keinen paradoxeren Schauplatz für das «Nicht ich» als das Wollen. Denn Wollen bedeutet aus seinem Wesen heraus Identifikation. Identifikation vorauszusetzen und gleichzeitig die Distanzierung des «Nicht ich» zu realisieren, erscheint paradox.

Genau darin aber liegt die Wirklichkeit eines tatsächlichen Christus-Erlebens. Wer in seinen Eigenwillen hineinstirbt, kann die Auferstehung eines geläuterten menschlicheren Willens erleben. Das ist ein sanftes, demütiges Geschehen. Deshalb ist ein Entscheidendes noch zu ergänzen.

Blindes Festhalten an einmal gefassten Zielen führt in den Fanatismus, unbedingtes Durchsetzen solcher Ziele zu Brutalität und Terrorismus. Wodurch wird das bedingungslose Wollen menschlich?

Das «Nicht ich» der Seelentätigkeiten bedarf zur Bewusstwerdung der analytischen Differenzierung. In seiner menschlichen Wirklichkeit müssen die einzelnen Bereiche sich ergänzend jedoch wieder zusammenwirken, zu einer Einheit werden. Die Wirklichkeit des Christus erscheint da, wo das «Nicht ich» zugleich im Denken, Fühlen und Wollen auftritt:

Erwärme
Unsere Herzen;
Erleuchte
Unsere Häupter;
Dass gut werde,
Was wir aus Herzen
Gründen,
Was wir aus Häuptern
Zielvoll führen wollen.

Wie es am Ende der zusammenfassenden Strophe des Grundsteinspruches für die Allgemeine Anthroposophische Gesellschaft heißt.[78]

Um eine Handlung «gut» werden zu lassen, muss die aktive und passive Kraft des Fühlens mitwirken. Diese doppelte Natur des Fühlens kommt im Mitleiden, im Anteil nehmen, im Lieben, aber auch im beurteilenden Empfinden und abspürenden Hinhören zur Erscheinung.

Mit der einsetzenden Christianisierung der nordeuropäischen Völker hat sich durch Ulfilas ein Impuls der Sparsamkeit in spirituellen Dingen verbunden. Dieser in gewissem Sinne an den platonischen Apell zur Mäßigung erinnernde Zug enthält eine zeitgemäße Botschaft für die Annäherung an das Ich: contra inflationem verborum sacrorum!

Die inflationäre Entleerung der Worte von spirituellem Inhalt muss aufgehalten werden. Sie ist Voraussetzung für das Erleben des anwesenden Menscheitsgeistes. «Ich bin der Weg, die Wahrheit und das Leben. Niemand kommt zum Vater denn durch mich.» Der unmittelbare Bezug zum Geistigen der Welt geht dem Menschen immer stärker verloren. Einen neuen Bezug findet man aber nur durch Wegbereitung. Bequem ist das nicht. Der Weg muss vorbereitet, gebahnt werden. Weiter oben wurde dieser Weg ein dreifaches Sterben genannt. Auch die dreifache Realisierung des «Nicht ich» ist ein solches Erlebnis. Nur durch das Nadelöhr des «Nicht ich» führt der Weg zum wahren Ich und göttlichen Weltengrund. In dem wohl bekanntesten Text Ulfilas, der Übertragung des Vaterunser ins Gotische, ist dieser Zug ergreifend zu erleben.[79]

Atta unsar thu in himinam,
Veihnai namo thein.
Qimai thiudinassus theins.
Vairthai vilja theins, sve in himina jah ana airthai.
Hlaif unsarana thana sinteinan gif uns himma daga.
Jah aflet uns thatei skulans sijaima, svasve jah veis
afletam thaim skulam unsaraim.
Jah ni briggais uns in fraistubnajai, ak lausei uns
af thamma ubilin;
Unte theina ist thiudangardi jah mahts jah vulthus
in aivins. Amen.

Von diesem Text gibt es eine Übertragung Rudolf Steiners, die auf besondere Art den darin waltenden Geist wiedergibt. Er leitet sie mit den Worten ein: «Wenn wir dieses in der Sprache Wulfilas so wunderbare Gebet versuchen in unsere heutige Sprache zu übersetzen, dürfen wir nicht wörtlich übersetzen, sondern müssen etwa sagen:

Wir empfinden Dich droben in geistigen Höhen,
Allvater der Menschen.
Geweihet sei Dein Name.
Zu uns komme Dein Herrschaftsgebiet.
Es walte Dein Wille, so wie im Himmel, also auch auf der Erde.
Allvater, dessen Name die äußere Leiblichkeit des Geistes bildet,

dessen Herrschaftsbereich wir anerkennen wollen,
dessen Wille walten soll, Du, Du sollst auch das Irdische
durchdringen, so dass wir unsern Leib täglich werden sehen,
neu entstehen sehen gewissermaßen durch die irdische Ernährung.
Dass wir im sozialen Leben nicht einer Schuldner des andern
werden, dass wir uns als gleiche Menschen gegenüberstehen.
Dass wir nicht mit dem Geistig-Leiblichen verfallen ...
Lass uns nicht verfallen in dasjenige, was aus unserem Leibe
heraus unseren Geist in Finsternis bringt,
sondern erlöse uns von den Übeln ... – die aber entstehen,
wenn man zu stark mit dem Geiste in das
Leibliche hinein verfallen würde.
Dein ist der Herrschaftsanspruch, Dein ist das Machtrecht,
Dein ist die Offenbarung als Licht, als Glanz,
als allwaltende soziale Liebe.[80]

Die Schlussformel bezieht sich dabei unmittelbar auf die Wiederherstellung der Verbindung von Mensch und Gott, auf das Kommen seines Reiches.»

Die freie Übertragung Rudolf Steiners greift einiges von der Bedeutungsfülle auf, welche die Worte thiudangardi, mahts und vulthus im gotischen Sprachraum besaßen. «Thiudangardi», mit Herrschaftsanspruch übersetzt, war ein Königssitz, ein Königshof, ein Schloss oder Königsreich. «Vulthus», mit Offenbarung übersetzt, bezeichnete Herrlichkeit, Klarheit, Ehre und Majestät. «Mahts» schließlich, mit Machtrecht übersetzt, konnte Macht, Kraft, Vollmacht oder auch magische Handlung bedeuten.

In allen diesen Attributen, die dem gotischen Sprachgeist viel eher entsprechen als die im Laufe der Zeit immer stärker eingetretene Zusammenziehung auf eine nahezu abstrakte Formulierung wie «Dein ist das Reich und die Kraft und die Herrlichkeit in Ewigkeit», liegen Worte vor, die dem Willensbereich entsprechen. Insbesondere die Nuancierung einer magischen Handlung, eines bis in die Leiblichkeit wirkenden Verwandlungsgeschehens bei dem Wort «mahts», gibt etwas von der Wirklichkeit des Wollens wieder. Wollen wirkt in der unbewussten Tiefe des Seelengrundes. Wollen hat die Kraft zu schaffen, zu bilden, zu verwandeln.

In diesem Bereich ganz Mensch zu werden ist wahrhaftig ein Unterfangen, das ganz und gar in die Nähe des Christus-Geistes führt.

Abgelegen Mittendrin – Punkt und Umkreis

Wer in dieser Zeit einen der größeren Friedhöfe in Deutschland besucht, kann nicht selten ein eigentümliches Geschehen erleben. Ein in feierliches Tuch oder besondere Livree gekleideter Uniformierter schreitet gemessenen Schrittes durch die meist parkartig gestaltete Anlage. Seine Hände tragen in feierlicher Gebärde einen Gegenstand. Kleidung und Bewegung sind aufwendig gewählt. Sie fügen sich zum Ritual einer zeremoniellen Parade, einem Totenmarsch. Die Form ist groß gewählt, das Seltsame nur: der Uniformierte defiliert ganz allein. Niemand geht ihm voran, niemand ihm nach, niemand mit ihm, niemand nimmt Anteil.

Ein größerer Kontrast von Aufwand und Nichtbeachtung ist kaum vorstellbar. Ein einzelner Mensch paradiert in stummer Gebärde, das Gefäß mit den sterblichen Überresten ausgestreckt in den Händen. Über ihm spannt sich der Himmel. Das füllige Blattwerk der hohen Bäume wogt, Vögel singen, an manchen Grabmalen machen sich Gärtner geschäftig an dem Bewuchs kleiner Areale zu schaffen.

Ein isolierter Mensch hat seine Bestattung durch Dienstleistungsvertrag geordnet. Er war der Letzte und Einzige, sich seiner selbst anzunehmen. Der moderne Mensch ist einsam.

Die Friedhöfe in den Städten werden rückgebaut. Große

Flächen stehen schon bald anderen Verwendungen zur Verfügung. Durch Feuerbestattung und anonyme Urnenfelder schwindet der Platzbedarf für die Bestattung der Verstorbenen. Auf dem Areal einer Erdbestattung finden acht Urnen Raum und in den Urnenfeldern kann die Bestattungsdichte noch wesentlich höher organisiert werden. Säkularisierung, Verstreuung von Familien und soziale Vereinzelung sorgen für veränderte Begräbnisformen.

Bald könnten die Mahnmale der Sterblichkeit, die Monumente des Todes aus dem Weichbild der Siedlungen verschwinden. Sanfte Parks, stille Grünanlagen könnten den Blick der Lebenden erfrischen. Das Leben würde dann noch anmutiger, noch schöner und schmerzfreier erscheinen können als heute. Das Hässliche und Erschreckende wäre verdrängt.

Der Weg durchs Nadelöhr ist einsam

Der Tod ist nur äußeres Bild. Worauf die Sterbekultur hinweist, ist die Qualität des Lebens. Wer die Verbindung zu den Toten verliert, kann sie auch nicht zu den Lebenden aufbauen. Die innere Situation des Gegenwartsmenschen ist Einsamkeit, denn die Illusion des Todes lässt sich nur unter der Bedingung der Einsamkeit etablieren.

Das Alleinsein kennt viele Ebenen. Die Abgeschiedenheit von den Mitmenschen ist eine von ihnen. Gern wird sie durch Events, Massenveranstaltungen und Betriebsamkeit verschleiert. An die Stelle menschlicher Bindungen treten virtuelle «Social Communities» wie Facebook, MySpace oder YouTube. Gespräche werden durch Twittern ersetzt, Begegnungen finden im Chatroom statt. Auf einer Beratungsseite für elektronische Kommunikation heißt es: «Freunde finden, Meinungen diskutieren und Profile bewerten – in den Social Networks von heute ist immer was los!» Wer dann stundenlang vor dem Bildschirm gesessen hat, kennt sich entweder selbst nicht mehr oder ist einsamer als je zuvor.

Verzweifelt versucht der Mensch Nähe zu anderen zu bekommen. Trotz aller Bemühungen aber stellt er fest, dass seine Erlebnisse keine wesensvermittelnden Verbindungen schaffen. Das geht ihm mit Menschen nicht anders als mit der Natur, der Seele oder geistigen Erfahrungen. Der Aufbruch in unbekannte Territorien, ob durch Abenteuertourismus, Extremsportarten oder Drogenkonsum führt über den augenblicklichen Kick nicht hinaus. Die betretene Welt in ihrem unbekannten Gegenüber bleibt im Kern fremd und verschlossen. Die Einsamkeit hat viele Gesichter. Der Mensch begegnet ihr in sich selbst, vor sich selbst und mit sich selbst.

Das Wasser verbirgt ihm seine fließende, formende, steigende und fallende Kraft. Statt der Kraftnatur des flüssig Bewegten sieht er das Hirngespinst H_2O. Statt in einer realen Welt zu leben, schließt er sich in eine Gespensterwelt aus, in der ihm die perlende, erfrischende, weckende Leichte der Luft entflieht zu einen Traum aus Stickstoff, Sauerstoff und Ozongehalt, die lodernde, verzehrende und reinigende Macht des Feuers zu einem Konstrukt aus Brennstoff, Oxidationsmittel und Zündtemperatur wird und der tragende Grund der Erde sich zu einer Abstraktion von Kugelgestalt, Rotation und Treibhauseffekt auflöst.

Dieser Welt geht der Mensch und sie ihm verloren. Sie wird stumm, kalt, starr und dunkel. Ökologische Rettungsbemühungen und sentimentale Selbststimulationen stellen da häufig nur das verzweifelte Strampeln des Ertrinkenden dar. Sie reduzieren seinen Einsatz auf den Kampf ums Überleben. Vermeintliche Anteilnahme entlarvt sich als Selbsterhaltungstrieb. Von einem Dialog mit dem lebendigen Organon der Natur kann da keine Rede sein.

Die Analyse dieses Zustandes findet sich bereits bei Andreas Gryphius im 17. Jahrhundert in zahlreichen Variationen.[81]

> In dieser Einsamkeit, der mehr denn öden Wüsten,
> Gestreckt auf wildes Kraut, an die bemooste See:
> Beschau ich jenes Tal und dieser Felsen Höh',
> Auf welchem Eulen nur und stille Vögel nisten.
> Hier, fern von dem Pallast; weit von des Pöbels Lüsten,
> Betracht' ich: wie der Mensch in Eitelkeit vergeh',
> Wie, auf nicht festem Grund all unser Hoffen steh',
> Wie die vor Abend schmähn, die vor dem Tag uns grüßten.
> Die Höll', der rauhe Wald, der Totenkopf, der Stein,
> Den auch die Zeit auffrisst, die abgezehrten Bein'
> Entwerfen in dem Mut unzählige Gedanken.
> Der Mauern alter Graus, dies unbebaute Land
> Ist schön und fruchtbar mir, der eigentlich erkannt,
> Dass alles, oh'n ein' Geist, den Gott selbst hält, muss wanken.

Dem Menschen obliegt es Eingang zu finden mit dem, woraus er sich selbst ausgeschlossen hat. Goethe bemerkt von der Natur:

> Natur! Wir sind von ihr umgeben und umschlungen – unvermögend, aus ihr herauszutreten, und unvermögend, tiefer in sie hineinzukommen. Ungebeten und ungewarnt nimmt sie uns in den Kreislauf ihres Tanzes auf und treibt sich mit uns fort, bis wir ermüdet sind und ihrem Arme entfallen. (...) Wir leben mitten in ihr und sind ihr fremde. Sie spricht unaufhörlich mit uns und verrät uns ihr Geheimnis nicht. (...) Gedacht hat sie und sinnt beständig; aber nicht als ein Mensch, sondern als Natur. Sie hat sich einen eigenen allumfassenden Sinn vorbehalten, den ihr niemand abmerken kann.[82]

Das zentrale Rätsel darin ist der Mensch, – Rätsel und Lösung zugleich. Denn Lösung kann nur von einem «Geist, den Gott selbst hält», erhofft werden. Da liegt die Einsamkeit des Menschen begründet. Geist unter Geistern ist man nicht einfach, man muss es werden. Ansonsten gliche man einem unreifen Jüngling, der auf seine Talente stolz ist und ihre Ausbildung zu Fähigkeiten vernachlässigt.

Terra Australis

Einsam sein in dem hier angedeuteten Sinn bedeutet nicht, ohne Gesellschaft zu sein. Das wird demjenigen sofort deutlich, der sich auch nur um ein wenig Selbsterkenntnis bemüht. Er entdeckt in sich alles Mögliche, das entweder andere in ihm sehen oder er gern verdrängen möchte. Es ist dabei nicht einfach, die Orientierung zu gewinnen.

Andere sehen vieles in ihren Mitmenschen. Manche entwickeln ein übersteigertes Bild zur positiven, andere zur negativen Seite hin, meistens in dieser Reihenfolge. Denn die Sichtweisen auf einen Anderen sind in der Regel nicht stabil. Sie schwanken zwischen positiven und negativen Polen. Zum Zeitpunkt des Kennenlernens und gespannten Interesses besteht eine Neigung zur Schwärmerei, die wenig später durch eine Ernüchterungsphase in ihr Gegenteil umschlägt. Schwärmerei bleibt es auf ganzer Linie. Hoffnung bestünde in der mittleren Phase. Dazu müsste die auftretende Nüchternheit allerdings eine selbstbestimmte Seelenhaltung sein. Tatsächlich aber ist sie zumeist nur eine Abkühlung zum Negativen hin.

Für den Betroffenen bleibt die Frage, was an den Sichtweisen seiner Mitmenschen berechtigt und zutreffend ist und was nicht. Er ist zur Klärung auf sich selbst angewiesen und sein eigenes Urteil. Dabei stellt er eine eigentümliche Befangenheit fest und ein Taumeln zwischen Hoffen und Bangen. Denn nur allzu gern nimmt er die Komplimente des Anfangs als Realität und tut die Kritik der späteren Phase als ungerechte Nörgelei ab. Der Mensch ist erstaunlich irrtumsempfänglich.

Unterzieht er sich dem mühsamen Geschäft der Selbstanalyse, dann erlebt er einen heftigen Kampf um sein Selbstwertgefühl. Einige liegen in ihrer Selbsteinschätzung stets im Bereich optimistischer Überhebung, andere können kaum ein gutes Haar an sich entdecken. Selbsterkenntnis ist an vorausgehende und begleitende Übungen gebunden. Sie hat ein stabiles inneres Gleichgewicht ebenso zur Voraussetzung wie eine starke Willenskraft, Mut und bewusstseinsmäßige Klarheit.

Seelische Stabilität ist vonnöten, um nicht in irreleitende Selbstbespiegelung und müßigen Narzismus abzugleiten. Nüchternheit hat hier die Bedeutung zur Fähigkeit einer betroffen-unbetroffenen Sichtweise. Sich Anschauen zu können ohne dauernden Selbstbezug, das Beobachtete als Feststellung eines sachlichen Hinweises wie Höhenlinien auf einer Landkarte zu nehmen, sind Fähigkeiten auf die es dabei ankommt. Unterdes ist das Terrain der Landvermessung in stetem Wandel und der Vergleichsmaßstab wandelt sich mit der Zeit, – keine einfachen Voraussetzungen für eine exakte Ortsbestimmung.

Wer weiter in das unübersichtliche Terrain voranschreitet, stößt bald auf das Wahrheitsproblem. Er bemerkt, dass er nicht ohne Weiteres bereit ist, in alle möglichen unausgeleuchteten Ecken zu schauen. Fehlende Anhaltspunkte aber beschädigen den Kompass des Urteils. Auch das Urteilen beiseite zu lassen, ist kein einfacher Entschluss. Denn alles, was in der Selbsterkenntnis in den Blick kommt, besitzt einen intimen Bezug auf das eigene Sein und Werden. Das Selbst begegnet seinen eigenen Spuren, ist sich selbst Environment. Alles Geschehene, alles Gelungene, Misslungene, Geförderte und Behinderte, alles Großzügige und alles Gemeine, Hinterhältige, Verschlagene kann da sichtbar werden.

Alles macht betroffen. Innere Landschaften können sich jäh verändern. Wo eben noch liebliche Gefilde sich dehnten, gähnt abrupt ein finsterer Abgrund. Was fern lag, erscheint unvermittelt nah. Perspektiven im Seelenraum folgen anderen Gesetzen als in der äußeren Welt. Ihr Maßstab ist die Bedeutung, welche die Seele ihren Erlebnissen zumisst. Wirkliche Selbsterkenntnis führt immer über das Zurückgedrängte, Verborgene, Dunkle.

Vor ihm aber ist eine Grenzlinie gezogen. Der forschende Blick stößt auf innere Hindernisse, die sich als Scham äußern. Die Sicht auf die eigene Geschichte wird durch Nebel verhüllt, der Forscherdrang durch Widerstände, Widerwillen gebremst. Nur zu leicht lässt er sich ermüden und in unverfänglichere Gefilde abdrängen. Hier findet ein Kampf statt für den Rilkes Wort, dass «jeder Engel schrecklich» sei, taugt. Der Kampf wird nur durch unbedingte Transparenz gewonnen, dort, wo Schuld vor sich selbst und der Welt unverstellt eingestanden ist. Die Frage der Sühne oder besser: der Heilung, bleibt davon zunächst noch unberührt.

Dieses Feld ist eine Kraftfrage. Solange diese Kraft nicht aufgebracht werden kann, stehen die undurchdringliche Nebelwand und die Scham als Schutz vor der eigenen Seele, die von ihrer Wirklichkeit zerschmettert werden müsste, solange sie der Selbstschau nicht gewachsen ist. Der Schutz hat hier etwas Gütiges und Gnädiges, auch wenn er sich subjektiv nicht so anfühlt, weil das Erlebnis der Schwäche und die Ahnung eines Verborgenen bleiben. Ist diese Ahnung stark und bleibt die Anstrengung zur Aufklärung schwach, setzt das Verdrängen ein. Verdrängen ist auf Dauer ebenso wenig gesund wie es im Augenblick schützt.

In diesen Erlebnissen ist manches paradox. Schwäche und Verdrängen gewähren Schutz, wo Stärke die Lösung ist. Scham verstellt den Blick, obwohl sie ein sicheres Indiz für ein untergründiges Urteil ist. Gesundheit stellt hier die Balance zwischen Erträglichem und Zumutbaren dar. Wer nach der einen oder der anderen Seite ins Ungleichgewicht gerät, verliert seinen inneren Halt.

Im Laufe der Zeit wird jedoch immer klarer, dass die anfänglichen Illusionen des Selbstbildes korrekturbedürftig sind. Die eigenen Wunschvorstellungen werden ebenso hinfällig wie die von außen gegebenen Kommentare. Die Wirklichkeit sieht anders aus und sie kennt nicht nur individuell-persönliche Züge. Es ist nicht nur das eigene Selbst, das als treibende Kraft im eigenen Sein erkannt wird. Neben persönlich Unzulänglichem finden sich Kräfte, die über die Einzelexistenz hinausgehen. Dazu gehört lokal Eingeschränktes ebenso gut wie epochal Abhängiges. Bestimmte Brauchtümer, spezifische Gewohnheiten und Wir-Gefühle einer Umgebung wirken als identitätsähnliche Erscheinungen. Der oft beschworene Zeitgeist, der zumeist nur zeitabhängige Moden meint, ist ein ebensolcher gruppenhaft wirkender Einfluss. Er kann die innere Physiognomie einer ganzen Generation oder sogar von Generationsfolgen prägen, ohne dass die Betroffenen von dieser Wirkung ein klares Bild hätten.

Der allgemeine Hang zu Häme, Kritiksucht und Spott ist eine solche Erscheinung. Scheinheiligkeit, Gleichgültigkeit und Gefühlskälte sind ein zweiter Sektor von pandemischer Verbreitung. Destruktion, Auslöschung und Seelenleere bezeichnen einen dritten Bereich des zeitgenössischen Abgrundes. Es gibt keinen Zeitgenossen, der sie nicht als Tendenzen seiner Seele bemerken kann. Ihre Existenz ist jedoch nicht allein auf persönliche Verursachung zurückzuführen. Die Zeitgenossenschaft erzeugt die Brut im Inneren, die als Gegenkraft von Aufklärung und Menschlichkeit auftritt.

Selbsterkenntnis kann sich nicht an der Konfrontation mit dem problematischen Bereich eigener Existenz vorbeidrücken. Sie muss des abgründigen Schlundes gewahr werden, jedoch auch lernen, der Anziehungskraft des Abgrundes zu widerstehen. Wer sich auf ihn einlässt, wird von ihm ergriffen. Um das Böse zu erkennen, muss man nicht mit ihm gemein werden. Es zu erkennen, bedeutet es zu identifizieren. Darin liegt eine entscheidende Prüfung geistiger Mündigkeit auf dem Weg zu wahrer Selbsterkenntnis.

Dieser Weg zeigt an entscheidenden Stellen Sicherheitsvorkehrungen. Das Erleben von Scham im Anschauen des eigenen Wesens ist eine solche Grenze. Sie zeigt ihm seine Ohnmacht in den eigensten Angelegenheiten. Zugleich ist mit ihr ein geheimes Wissen verbunden. In diskreter Form signalisiert sie ihm Orientierung. Man schämt sich nur für das nicht zu Rechtfertigende, nicht für das Gutzuheißende. Die hier gemeinte Scham kennt also nicht nur uns intim, sondern auch unseren Weg. Sie ist ein diskreter Begleiter, der uns vor uns selbst schützt und uns unterweist. Die Aufmerksamkeit auf diesen Begleiter zu richten, ist eine Hilfe auf dem Weg zur Wirklichkeit des eigenen Selbst.

Unterscheiden und unterschieden

Der geschilderte Gang ist ein Weg zum Grab, an dessen Ende sich der Mensch in seiner Unvollkommenheit und Sterblichkeit schaut. Die illusionären Vorstellungen, die er sich bisher von sich selbst und der Welt machte, fallen mit ihm ins Grab. Es ist damit ein Endpunkt erreicht, der ihn davor bewahrt, weiter auf den Heerstraßen der Täuschung zu ziehen. Doch stellt sich jetzt eine neue Frage: was hilft ihm aus dem Grab heraus?

Wie findet er neu ins Leben? Dazu gehört, Wesentliches von Unwesentlichem zu unterscheiden, Konsequenzen zu ziehen und aufzuräumen. Es gehört dazu, sich die eigene Zeit zu schaffen, den eigenen Rhythmus zu gestalten. Ein neues Sprechen muss gelernt werden, ein Sprechen, das nicht insistiert, nicht verletzt und verspottet, sondern aufbaut, schöpferisch ist.

Die Welt des geistig Schönen gilt es zu entdecken, die Unterscheidung von Ästhetizismus und Raffinement gegenüber echter, durchlebter, Mensch werdender Kunst zu vollziehen. Sie lehrt Unschuld von Naivität, Tugend von Bigotterie, Anteilnahme von Sentimentalität zu unterscheiden und den schönen Schein als Atmungsraum der Seele zu gestalten.

Erlebtes konsequent zu machen, Interesse mit Folgen zu verbinden, Irrelevantes aus der Agenda zu streichen, ist ein weiterer Zug dieses neuen Lebens. In ihm finden Seelenbereiche, die sich zuvor isolierten und auseinandergingen einen neuen Zusammenhalt. Denken wird verantwortlich, Begegnung gründlich und Wollen achtsam. Beurteilungen werden Zuspruch, Anstöße Ansporn und Eingriffe Beistand.

Dieser Weg führt in die ätherisch-elementaren Schichten der Welt. Er kennt den Einfluss des Festen, Flüssigen, Warmen und Lichten auf den Seelengrund. Er weiß, dass ein warm anmutender Gedanke nicht notwendigerweise zur Wahrheit führt, denn Wärme kann auch aus selbstbefangener Sympathie resultieren. Ebenso wenig darf Licht mit Liebe gleichgesetzt werden. Denn der blendende Strahl des Intellekts kennt kein Mitgefühl und Erbarmen.

Der Weg zu Wirklichkeit und Wahrheit ist eine Prüfung durch Täuschung und Irrtum. Vertrautheit mit den lebensbildenden Kräften des Weltalls und Umschmelzung der eigenen Seelenfähigkeiten schaffen jedoch Voraussetzungen, um den Blick für die geistige Wirklichkeit der Erscheinungen frei zu bekommen.

Es öffnen sich neue Zugänge, die Wesentliches als Wesenhaftes zeigen. Der Mensch beginnt nicht mehr vor und mit, sondern in den Erscheinungen zu leben. Er wird zum Wesen unter Wesen.

Für die geistige Welt sichtbar werdend, beginnt er selbst zu sehen. Da wird der Menschheitsgeist von etwas Abstraktem, einer bloßen Idee, zu etwas lebendig Konkretem. Der Mensch erkennt sein Verhältnis zu den gestaltenden Kräften der Welt. Er wird zu dem, was er denkt, womit er sich befasst, wovon er sich leiten lässt. Erkennen heißt hier zugleich Gestalten. Wenn es einen Weg vom Geschöpf zum Schöpfer gibt, dann hier. Der Mensch sucht – und gestaltet im Suchen – das menschliche Maß. Er kann es finden im Spiel der Kräfte von Schwere, Form,

Leichte und Auflösung. All das findet er in seiner Organisation. Er findet es in seinen Lebenskräften und in seinem Seelenleben. Das gestaltende Wahrnehmen dieser Vorgänge macht ihn erst zum bewussten Bewohner seines Umkreises.

Er bemerkt, wie aus der Tiefe, dem Umkreis und der Höhe gestaltende Einflüsse auf ihn einwirken. Die einstige Einsamkeit verwandelt sich in Anwesenheit. Das Weltall ist nicht länger leerer Raum. Was dem Menschen die Lebensmöglichkeit gibt, zeigt sich ihm in geistiger Wechselwirkung, aus Selbsterkenntnis wird Welterkenntnis.

Balancierte Gegenwart

Eine Grundvoraussetzung für den geschilderten Weg ist seelisch-geistige Hygiene. Dabei zeigt sich wiederum die Bedeutung von Rhythmus in der Entwicklung. Denn gerade im geistigen Leben gibt es ein zu viel und zu wenig, ein zu tief und zu flach, ein zu fest und zu lose, ein zu leicht und zu schwer. Es gilt, einen zuverlässigen Halt im lebendigen Gleichgewicht zu gewinnen.

Balance entsteht da aus Bewegung. Es ist das eine spezielle Dynamik, zu deren Entstehung die gewöhnliche Motorik nicht ausreicht. Bei der genügt ein einförmiges Geschehen, das sich durch Stetigkeit und Selbstverständlichkeit auszeichnet. In der geistigen Bewegung sind zur Wahrung des Gleichgewichtes jedoch andere Qualitäten erforderlich, vor allem das Bewegungsmoment aus Geistesgegenwart. Dabei gibt es zunächst nur zwei Möglichkeiten, denn Geistesgegenwart ist entweder anwesend oder abwesend, vorhanden oder nicht vorhanden. Eine dritte Möglichkeit besteht in dem sich Nähern und Entfernen des Geistes.

Zur Beurteilung und Analyse der Motorik geistiger Bewegungen sind Ehrlichkeit und Illusionslosigkeit vonnöten. Entsteht der Eindruck von Bewegung womöglich nur als äußerer Anschein durch optische Täuschung? Beharrungsvermögen zum Beispiel kann solche Illusionen zaubern. Es wirkt wie ein stehender Zug, der durch Umgebungsbewegung, etwa eines auf dem Nebengleis abfahrenden Zuges, glauben macht, selbst in Bewegung zu sein. Stillstand scheint da Fortschritt, besonders wenn bei einer Vorwärtsbewegung Risiken und Misserfolge auftreten.

Geistige Bewegung kennt als Wirklichkeit nur den Augenblick. Anwesenheit ist ihr entscheidendes Merkmal. Eine Bewegung ist wirklich, so lange die wirkende Kraft im Prozess von Werden und Vergehen tätig ist. Sie muss sich immerfort neu im Geschehen qualifizieren. Insofern sie nicht mehr zu sein behauptet als sie tatsächlich ist, walten in ihr Bescheidenheit und Demut.

Geistesgegenwart ist also die geistige Anwesenheit, die als menschlich bezeichnet werden darf. Sie ist nichts anderes als sie zu sein vorgibt, aber auch nicht weniger und vor allem eine wirkende Kraft. Die Grenzbereiche von Annähern und Entfernen gehören als Übergänge zu ihrer menschlichen Wirklichkeit. Josef Beuys hat das Wesen der Bewegung in einer Weise beschrieben, die für diesen Zusammenhang wesentlich ist:

> In der Tiefe der Isolation, in der völligen Abgeschiedenheit von jedem Spirituellen, vollzieht sich ein Mysterium im Menschen. Erst wenn man ein ganz neuer Mensch geworden ist, wird man auch zu Dingen fähig werden, die bisher dem Menschen unmöglich erschienen sind. Diesmal muss die Auferstehung durch den Menschen selbst vollzogen werden. Der Mensch muss sich gewissermaßen selber mit seinem Gott aufraffen. Er muss Bewegungen vollziehen, Anstrengungen machen, um sich in den Kontakt zu bringen mit sich selbst. Und das ist ja der wahre Sinn des Wortes ‹Kreativität', Inkarnation des Christus-Wesens in die physischen Verhältnisse der Erde. Dadurch hat sich ein kosmisches Ereignis vollzogen, kein nur historisches. Da hat sich ein Kraftfluss von

absoluter Realität vollzogen. Und nun geschieht mit dem Menschen eine Umwandlung, mit der er sehr große Mühe hat. Sehr schwer fällt es dem Menschen, aus eigener Kraft die Selbstbestimmung auch wirklich in Anwendung zu bringen. Das fällt ihm ungeheuer schwer. Er möchte viel lieber nochmal was geschenkt bekommen. Er kriegt aber nichts mehr. Er kriegt nichts, gar nichts, von keinem Gott, von keinem Christus. Und dennoch bietet sich diese Kraft an und will mit Gewalt hinein. Aber unter der Voraussetzung, dass sich der Mensch selber aufrafft.[83]

Im Übergänglichen ist diese reale Kraftwirkung unmittelbar zu beobachten. Das sind die Situationen der Annäherung und des Entfernens. In der Mitte steht dabei die Anwesenheit des Geistes so lang die Kraft trägt.

Das ist keine Frage von Organisation. Routine stellt eine von zwei speziellen Versuchungen zum Verlust von Geistesgegenwart dar. Sie wirkt aus dem Bereich der Schwere und will den Augenblick in ein Moment der Dauer verfestigen. Die andere Gefahr lauert in der Unverbindlichkeit. Das Moment angenehmer Leichte tendiert bei ihr zu Auflösung und Rückzug aus der Gegenwart durch den Verlust an Verantwortlichkeit.

Auch die Aufmerksamkeit auf geistige Atmosphären spielt bei der Ausbildung von Geistesgegenwart eine wichtige Rolle. Dabei geht es zum Beispiel darum zu bemerken, in welcher Gesellschaft und unter welchen Umständen man zu schöpferischer Arbeit findet. Es gibt Menschen und Situationen, die anregend sind und in deren Gegenwart man unentwegt zu fruchtbaren Ideen kommt. Andere Verhältnisse wiederum legen sich drückend und lähmend auf die Seele. Aus dieser Beobachtung ergeben sich aufs neue zwei Gefahren. Die eine fühlt sich in ihrer stimulierenden Umgebung so wohl, dass sie den Kontakt zu Einflüssen außerhalb dieses Kreises kappt und sich in süßem Selbstgenuss verliert. Die andere analysiert die günstigen Bedingungen, um sie zu optimieren und festzuschreiben. In beiden Fällen ist es um die lebendige Geistesgegenwart geschehen.

Geistesgegenwart als schöpferische Potenz ist an den Menschen gebunden, durch Instinkt, Trieb und Begierden geleitete Naturwesen kennen sie nicht. Tatsächlich tritt in der Geistesgegenwart das schöpferische Ich in Erscheinung. Es ist dabei für das Ich nicht leicht, ihren latenten Charakter zu erhalten. Nicht alle Menschen sind gleichermaßen einfallsfähig. Das hängt von individuellen Fähigkeiten, Umständen und Lebensgebieten ab. Das Erleben der Fähigkeit zu Geistesgegenwart kann in jedem Fall leicht in Selbstgenuss oder Eitelkeit abgleiten. Im einen Fall erglüht das Ich für sich selbst, im anderen meint es sich ganz allein auf sich selbst abstützen zu können. Illusion und Irrtum sind jedoch das Ende von einer Geistesgegenwart der Mitte oder des Menschlichen. Den Augenblick zu einer geistigen Ewigkeit zu transformieren, in ihm als Mensch aufzugehen ist jenes höhere rhythmische Prinzip, das hier eine Rolle spielt.

Vom Sichtbarwerden des Ich

Die Gesetze des Lebenslaufes halten manche Hilfen zur Ich-Entwicklung bereit. Nur selten verläuft ein Lebensweg gerade und gleichförmig. Mit einsetzender Selbständigkeit des jungen Erwachsenen vollziehen sich vielmehr die überraschendsten Wendungen.

Da folgt eine junge Frau dem Ruf, den sie als Bestimmung in sich vernimmt. Sie unternimmt konsequent die Schritte, die für eine qualifizierte Tätigkeit Voraussetzung sind und arbeitet sich erfolgreich voran. Der Einstieg ins Berufsleben gelingt, sie bewährt sich und schon bald kann sie das in der Jugend erträumte Projekt mit Gleichgesinnten verwirklichen. Man arbeitet aus einem gemeinsamen Ideal. Die Ansprüche sind hoch und die Arbeit gedeiht. Dann setzt plötzlich und unvorhergesehen der Rückschlag ein. Die Sache macht keinen rechten Sinn mehr, der Schwung erlahmt, die Verständigung mit den Mitarbeitern wird schwer. Zuletzt muss das Projekt aufgegeben werden. Die junge Frau steht vor dem Nichts.

In einem anderen Fall verlässt jemand frühzeitig die Schule, um sich ins Leben zu stürzen. Eltern und Erzieher sind entsetzt darüber, wie der Betreffende seine glänzenden Begabungen scheinbar verschwendet und ungenutzt lässt. Eine Berufsausbildung wird begonnen und abgebrochen, Partnerschaften eingegangen, die ebenfalls nicht recht zu dem Betreffenden zu passen scheinen. In allen Schritten zeigt sich ein ungestümer Elan, der kein Zurück und kein Anderes kennt. Irgendwann zerschellt der Jugendsturm und der Betreffende steht vor einem Trümmerhaufen, den er entweder unbetroffen zurücklässt oder sich mit ihm ein langes Leben abplagt. Eine entscheidende Alternative, die sein Lebensfazit bestimmen wird.

Unzählige Beispiele lassen sich finden. Bei allen ließe sich gegen die Mitte des Lebens der Punkt finden, an dem die Entwicklung nicht gleichförmig fortgesetzt werden kann. Es tritt eine ernste Krise ein, die eine Art Todesmoment darstellt. In einem Fall spielt sich das mehr auf der Bühne des seelischen Lebens, im anderen ganz äußerlich offenbar als Konkurs, Trennung oder Kündigung ab.

An einem solchen Punkt weiß der Betreffende nie, wie es weitergeht. Er ist einsam. Mitten im Leben stehend ist er zu alt, um gut gemeinte Ratschläge von Freunden oder Verwandten gefügig aufzunehmen. Er muss die Lösung selber finden trotz des Dunkels vor und um ihn, trotz seiner Hilflosigkeit, trotz seiner Ohnmacht.

Obgleich die Situationen vollkommen individuell sind, gleichen sie sich in einer Hinsicht doch sehr: das Leben geht weiter, nach einiger Zeit haben die Betroffenen wieder Tritt gefasst und ihr Leben neu aufgenommen. Häufig gewinnt es eine neue Gestalt, häufig treten neue Menschen hinzu, häufig verändert sich der eigene Charakter dabei vollständig.

Anderen will es dann oft scheinen, dass eine Veränderung zum Besseren eingetreten ist. Die Persönlichkeit hat an Eindeutigkeit gewonnen, sie ist zugleich stärker und zugänglicher geworden, vielleicht auch bescheidener, besonnener. Mit der neuen Situation hat sie ihre Aufgabe gefunden, mit der sie verbunden bleibt. Der eine hat durch Kampf und Wirbel den Ort gefunden, an den er entgegen aller Jugendprognosen gehörte, die andere durch das Scheitern eine neue Welt erobert.

Im Rückblick nach einigen Jahren erscheint es dann wie der Beginn eines neuen Lebens, bzw. der Beginn des eigentlichen eigenen Lebens, ein Neuanfang, der auf einer Krise, auf Trümmern aufgebaut wurde. Es ist außerordentlich fruchtbar, wenn an dieser Stelle kein Bewusstseinsschlaf den Blick für das trübt, was sich tatsächlich ereignet hat.

Der Blick stellt dann fest, dass die Lösung keineswegs so eingetreten ist, wie sich der ordnende Verstand das gern vorstellen möchte. Er würde gern sagen, dass es ein Ende eines Alten, eine Überlegungsphase und dann einen Neuanfang gab. Doch das ist in der Regel viel zu schematisch und oberflächlich.

Denn das Ende der vorangegangenen Situation war in der Regel eine Katastrophe, der Betroffene wie betäubt und unfähig zu entscheiden. Häufig war er auch äußerlich auf Hilfe durch andere angewiesen. Er konnte nicht etwa durch ruhige Analyse und kühle Überlegung die Lösung für seine Schwierigkeiten finden. Seine Gesamtsituation war vielmehr von tiefer Ohnmacht geprägt. Er war unfähig zu denken, sein Fühlen war taub und sein Wollen gelähmt. Gerade diese Ohnmacht aber war die entscheidende Voraussetzung für den Durchbruch.

Jede Biografie ist ein Weg des Selbst zu sich selbst. Nur wird er nicht in der Weise bewältigt, wie das einem unbeschränkten Ich angemessen wäre: souverän, umsichtig, konstruktiv. Das Ich erweist sich vielmehr als hilfsbedürftig. In solchen Situationen wird die Wirklichkeit des Christus-Wesens häufig zu einer geistig konkreten Erfahrung. Denn es sind die Kraft und liebevolle Führung des Menschheitsgeistes, die in solchen Momenten behutsam lenkend dem Ohnmächtigen zur Seite stehen.

Der beschriebene Weg der Selbsterkenntnis erzählt von den Lebensbedingungen des Ich. Dieser Weg ist praktisch, insofern er nicht theoretisch wirklich wird, sondern durch Übung und Selbsterziehung gegangen wird. Dabei beginnt der Mensch allmählich zu verstehen, dass es den früher von ihm erlebten Gegensatz von Ich und Welt so nicht gibt. Er sieht, dass seine Entwicklung nur in und mit der Welt geschehen kann. Dabei überwindet er das Gegenüber von Ich und Welt, von Ich und Du. Er bemerkt, dass er ein Angehöriger der Welt und ein Geist unter Geistern ist. Diese Entwicklung macht ihn im Geistigen existent und sichtbar. Sichtbar zu sein, ist die Voraussetzung zum Gesehen-Werden.

Das Erleben der Ohnmacht in entscheidenden Lebenssituationen bringt die Christus-Wesenheit näher und macht sie spürbarer. Sie zeigt sich in Augenblicken, in denen das Ich in der Krise ist, in denen es keineswegs vollmächtig an seiner Entfaltung arbeitet, sondern im Gegenteil wie verhüllt ist. Damit offenbart sie sich als die liebevoll waltende Wesenheit, die das kindliche, hilfsbedürftige Ich in seiner Entwicklung beistehend begleitet.

Punkt und Umkreis

> Atmen, du unsichtbares Gedicht!
> Immerfort um das eigne
> Sein rein eingetauschter Weltraum. Gegengewicht,
> in dem ich mich rhythmisch ereigne.

Einzige Welle, deren
allmähliches Meer ich bin;
sparsamstes du von allen möglichen Meeren, –
Raumgewinn.

Wieviele von diesen Stellen der Räume waren schon
innen in mir. Manche Winde
sind wie mein Sohn.

Erkennst du mich, Luft, du, voll noch einst meiniger Orte?
Du, einmal glatte Rinde,
Rundung und Blatt meiner Worte.

Rainer Maria Rilke[84]

Die Entfaltung des Ich gleicht einem Atemvorgang. Atmen verbindet den Menschen auf spezifische Weise mit seiner Umwelt. Er nimmt sie auf und vereint sie mit seiner eigenen Organisation. Das Verwandelte fließt verändert in die Umgebung zurück. Das Ich des Menschen wächst an den atmenden Begegnungen mit der Welt. Fortwährend wird es angeregt, setzt es sich mit den Erscheinungen der Welt auseinander, verändert sich selbst und lässt durch seine Lebensäußerung sein verändertes Sein in sie einströmen.

Es gibt vielerlei solcher Atemvorgänge im Menschen. Er blickt in die Welt. Seine Augen ernähren sich aus der Welt des Sichtbaren und sie stellen ihn durch seine Tätigkeit auf jeweils spezifische Weise in die Welt hinein. Beeindruckt werden und aufnehmendes Interesse bilden dabei ein Aequilibrium. Der durch Eindrücke bereicherte Mensch schaut anders in die Welt als der Ignorant.

Sehen verändert die Welt und kann geübt werden. Für den Ungeübten sind Wälder grün, ist Wasser blau und Luft unsichtbar. Seine Wahrnehmungen sind karge Phantasmen seiner

Vorstellung. Wahrnehmen zu üben, bedeutet sich von toten Begriffen zu lösen und die Phantasie zu entkrampfen. Wer die Tore seiner Sinne zur Welt öffnet, dem zeigt sie sich in ihrem flutenden Reichtum. Wasser erscheint dann in unzähligen Variationen klar oder trüb, ruhig oder bewegt, grün, gelb oder orange. Wälder zeigen sich mit der Tageszeit wechselnd, abends zuweilen gold-orange, morgens blau-silbern und mittags bräunlich. Luft kann sprühen, flirren und stumpf werden.

All das kann der Mensch durch seinen Sehsinn erfassen. Er sieht dabei soviel aus der Welt heraus wie er in sie hinein sieht. Er macht die Welt ärmer oder reicher, je nachdem wie er an ihr teilnimmt. Und zugleich wächst oder schrumpft sein Ich.

Das ist auch beim Hören, Riechen, Schmecken und dem ganzen weiteren Umkreis der Sinnestätigkeiten nicht anders.

Der Mensch stellt sich in die Welt, «ernährt» sich aus ihr und ernährt sie durch das, was er zurückgibt. An manchen Beispielen ist die sinnreiche Wechselwirkung dieses Vorganges unmittelbar anschaulich, an anderen ist sie verborgen. Verbrauch und Produktion von Sauerstoff bzw. Kohlenstoffdioxid durch Mensch und Pflanze stellen solch einen offenbaren Zusammenhang dar. Die Zunahme der Artenvielfalt von Singvögeln in Gartenlandschaften hängt ebenso mit dem Wechselverhältnis von Mensch und Umwelt zusammen wie die Verarmung von Landschaften und Biotopen. Der Mensch ist Natur und schafft Natur durch den ganzen Umkreis seiner Sinnestätigkeit.

Im Bereich des Sprachsinns kann er durch die differenzierte Wahrnehmung von Vokalen und Konsonanten, von Rhythmen und Sprachmelodien, von Klangfarben und Ausdrucksmodulationen die Vielfalt sprachlicher Mitteilung erfahren. Dabei steht weder der Gedankensinn noch der Hörsinn im Mittelpunkt. Sprache ist ein ganz eigenständiges Laut- und Klanggeschehen, das in spezifisch organisierter Form menschliche Kommunikation ermöglicht. Ein gut entwickelter Sprachsinn äußert sich aber nicht nur im Aufnehmen von Gesprochenem, sondern auch in der angemessenen Form der Mitteilung. Der Sprache eine Gestalt zu geben, in der sie die Absichten des Sprechenden in möglichst zuträglicher und dem Inhalt entsprechender Weise mitteilt, verrät etwas von der Sprachsinneskompetenz des Sprechers. Auf ganz unvergleichliche Weise stellt die Sprache ein sinnliches Medium für den Zusammenhang von sprechendem Zentrum und hörendem Umkreis dar. Umgekehrt erfährt jeder aufmerksame Sprecher, wie sehr ihn die Art des Zuhörens zu stimulieren oder zu frustrieren vermag. Da wird die Hörerschaft als Umkreis zum Zentrum eines Gespräches und der Sprechende als Zentrum zur Peripherie seiner Hörerschaft.

Auch die unteren Sinne (Willenssinne) sind durch eine deutliche Vermittlungstätigkeit gekennzeichnet. Der Gleichgewichtssinn ermöglicht eine harmonische Stellung in der Welt, wobei Welt und Mensch in einem gegenseitigen Interaktionsverhältnis stehen. Eine Beule am Kopf hinterlässt unter Umständen auch an ihrem Gegenpart unübersehbare Spuren. Ähnliches gilt in mindestens gleicher Weise auch für den Bewegungssinn, der die eigene Bewegung erfasst und ihre sinnvolle Interdependenz zur Außenwelt ermöglicht. Der Lebenssinn, der den Menschen so eindringlich über sein eigenes Befinden orientiert, hängt weitgehend mit Bedingungen zusammen, die ihm aus der Welt zukommen. Der Tastsinn stellt schließlich den Prototypen eines Sinnesverhältnisses von Zentrum und Umkreis dar, denn ohne tastendes Wesen kein Bewohner der Welt, ohne die Welt kein Angebot für einen interessierten Bewohner.

Die Sinnestätigkeit ist eine potentielle Quelle selbstloser Wesensvermittlung. Nicht umsonst heißt das von ihr gestiftete Feld Wahr-Nehmung. Die Sinnestätigkeit führt in das Reich der Wahrheit hinein, wenn der Mensch nur aufmerksam, offen und aufnahmebereit genug ist. Sinnestätigkeit kann ein Ort reiner Menschlichkeit sein, zur Erfahrung eines hingegeben Göttlichen führen.

Atmende Berührung

Ein intimer Atemvorgang liegt auch beim Fühlen vor. Durch die mannigfache Vielfalt unserer Gefühle beziehen wir die Begegnungen, die wir an der Welt haben, auf uns. In den Gefühlen ist der Mensch bewusster als in den Wahrnehmungsvorgängen. Sie machen seine Gestimmtheit aus und bestimmen vielfach seine Handlungen. Gefühle künden ihm intim und innerlich sein Verhältnis zur Welt.

Gefühle sind eine Bewusstseinserscheinung des Übergangs. Sie entzünden sich an bestimmten Vorgängen, die häufig nicht bewusst wahrgenommen werden. Sie können dann untergründig wachsen und intensiver werden, bis sie das Gemüt vollständig ausfüllen. Selbst dann noch kann der Fühlende ganz von ihnen eingenommen sein und seinen Zustand nicht aus einer objektiven, bzw. Außensicht betrachten. Er ist gefangen, so wie ein Träumender von den Bildern und Eindrücken gefangen ist, die ihm durch die Seele ziehen. Gefühle und Träume haben eine nahe Verwandtschaft.

Mit Gefühlen umzugehen, erfordert ihre empfindliche Natur nicht zu stören und gleichzeitig einen Beobachterstatus zu ihnen einzunehmen. Dafür sind Behutsamkeit und Einfühlungsvermögen vonnöten.

Zuweilen lässt sich dann das Aufkeimen eines Gefühls aus dem Verborgenen herauslösen und seine weitere Entwicklung beobachten. Ganz geringe Anlässe zeigen sich da zuweilen als Verursacher einer die Seelenverfassung belastenden Betrübnis. Ebenso kann eine unverhoffte Zustimmung oder freundliche Geste zur Hochstimmung über viele Stunden führen. Eine Analyse solcher Vorgänge zerstört ihre Besonderheit nicht. Sie macht sie aber durchschaubar und vom Ich her beeinflussbar.

Gefühle können durch Bewusstsein sogar gestärkt und intensiviert werden. Sie sollten aber keinen sich verselbständigen Herrschaftsanspruch ausüben. Den zuweilen nichtigen Anlass einer Gefühlswallung zu bemerken, gibt die Möglichkeit, sich zu prüfen und das persönliche Reiz-Reaktionsschema zu bearbeiten. So wie ein beschädigter Sehsinn zur Blindheit führt, kann auch ein defizitäres Gefühlsleben seelische Amaurosis verursachen.

Ein gesund ausgebildetes Fühlen gibt die Möglichkeit, tiefer mit der Welt vertraut zu werden. Wir können uns in sie hineinversetzen und sie kann zu uns sprechen. Häufig kennen unsere Gefühle die Wahrheit eines Sachverhaltes viel früher als Gedanken sie zu erklären vermögen. In seinen Gefühlen beurteilt der Mensch die Welt. Ob es die Begegnung mit einem unbekannten Menschen ist, der Klang einer bestimmten Musik, eine Naturerscheinung oder eine Idee zur Lösung schwieriger Probleme, – immer begleitet das Fühlen ihre Aufnahme. Denn es sind nicht nur naturgegebene Sympathien oder Antipathien, die in uns aufsteigen sobald wir einem anderen begegnen. Es sind zu einem wichtigen Teil auch Wahrnehmungen, die wir durch Ausbildung unseres Fühlens erst ermöglichen. «Man sieht nur mit dem Herzen gut. Das Wesentliche ist für die Augen unsichtbar», lässt Antoine de Saint-Exupéry den Fuchs als Berater des Kleinen Prinzen sagen.

Das Herz aber bedarf des Schutzes und sorgfältiger Erziehung. So wie es von Neid zerfressen, von Eitelkeit betäubt und von Habgier gelähmt werden kann, so kann es auch durch Schönheit anmutig, durch Selbstlosigkeit rein und durch Tapferkeit stark werden.

Albert Einstein äußerte einmal: «Das Studium und allgemein das Streben nach Wahrheit und Schönheit ist ein Gebiet, auf dem wir das ganze Leben lang Kinder bleiben dürfen.»[85] Damit ist die Frage nach der Ausbildung des Fühlens gestellt. Wie lässt sich das Fühlen so anregen, dass es eine brauchbare Verbindung zwischen Ich und Welt darstellt? Wie kann man auf den Bahnen des Fühlens das ganze Leben hindurch Mensch werden? Dilthey bemerkte zu dem Verhältnis von

Gewahrwerden und Entwickeln von Gefühlen: «Ein Gefühl, das wir nicht erlebt haben, können wir in einem anderen nicht wiederfinden.»[86]

Will man die Erziehung des Fühlens von Kindesbeinen an ins Auge fassen, dann geht es demnach darum, die Welt als Gefühl im Kind erstehen zu lassen. Erziehung und Unterricht dürfen sich nicht allein dem Intellekt und Wissen zuwenden. Vielmehr muss alles, was im Unterricht besprochen, wohin der Blick gelenkt wird, von Gefühlen begleitet und im Kind selbst zum Gefühl werden. Das erfordert Pädagogen, die selbst ihren Unterrichtsstoff durchlebt haben und die die Kunst verstehen, bei Kindern eine solche Gefühlsanteilnahme hervorzulocken.

Dabei geht es nicht etwa um die Übertragung der Erwachsenengefühle auf das Kind. Die Kunst besteht vielmehr darin, in Kindern eine innere Aktivität anzuregen, welche eine selbständige Gefühlswelt hervorbringt. Erziehung heißt in diesem Zusammenhang die Gestalt dieser Gefühlswelt aufmerksam zu begleiten und formend im Sinne des individuellen Kindes und seiner Menschwerdung zu beeinflussen. Franziska zu Reventlow schrieb in eines ihrer Tagebücher: «Alles Fühlende leidet in mir, aber mein Wille ist stets mein Bezwinger und Freudenbringer.»[87] Das ist das Zeugnis einer Frau, die ihr Leben lang Kind geblieben ist beim Studium des Fühlens im Zusammenhang von Wahrheit und Schönheit. Zugleich werden in ihren Worten die Spuren einer Erziehung wahr, die bei ihr deshalb authentisch und gültig sind, weil sie als Folgen von Selbsterziehung auftreten.

Das aber müsste die gegenwärtige Erziehung immer mehr verstehen, dass jede Erziehung eigentlich Selbsterziehung zu sein hat. Denn es geht nicht darum, dass ein Erzieher aus einem Kind etwas macht, sondern dass das Kind lernt, selbst etwas aus sich zu machen. Erziehung bedeutet in diesem Zusammenhang Hilfestellung, nicht die Formung und Verformung eines jungen Menschen nach den Vorstellungen des oder der Älteren. Rudolf Steiner begnügt sich aus diesem Grund nicht mit der Formulierung einer neuen, weiteren Pädagogik oder pädagogischen Theorie. Er regt zur Ausbildung einer Erziehungskunst an und differenziert zwischen der üblichen Betrachtungsweise: «Man redet eigentlich nur von Selbsterziehung, wenn man meint die Art, wie der Mensch sich selber erzieht;» und der von ihm entwickelten neuen Sichtweise: «aber alle Erziehung ist nicht nur in diesem subjektiven Sinne, sondern auch im objektiven Sinne Selbsterziehung, nämlich Erziehung des Selbst des andern.»[88]

Franziska zu Reventlow kennt den Gewinn einer solchen Selbsterziehung. Was vorher leidendes Fühlen war, d.h. passives Beeinflusst-Sein durch die Welt, das wird zu einem Aktiven und Freudenbringer. Der entscheidende Beistand kommt ihr vom Willen zu. Erziehen ist immer Anstrengung, Willensentfaltung, das mag zunächst schmerzhaft sein, führt aber im Erfolgsfall zu höheren Freuden. Diese Erziehung geschieht an dem Selbst durch das Selbst, sie führt aber vor allem zu dem Selbst. «Im Deutschen hängt erziehen zusammen mit ziehen. Was man heranzieht, lässt man aber in seiner Wesenheit ungeschoren. Will man einen Stein aus dem Wasser ziehen, so zerschlägt man ihn nicht», so Rudolf Steiner noch einmal an gleicher Stelle zu der Frage von Erziehung und Selbstwerdung.

Für das methodische Repertoire zur Ausbildung des Fühlens sind sprechende Beispiele, ergreifende Erlebnisse und die Welt des Schönen wichtige Bausteine. Von großen bis zu unscheinbaren kleinen Dingen sich berühren zu lassen, bietet ein weites Übfeld. Es gibt da eigentlich keine Ausnahmen. Immer kann man sich fragen. «Wie spricht mich ein Gegenüber an? Was will es mir mitteilen?» Das Fühlen firmiert als Brücke zwischen uns und der Welt. Vielleicht muss man sich manchmal zurückhalten. Vielleicht kann man ein bestimmtes Erlebnis nicht ertragen, weil es überwältigend ist in Gemeinheit, Schmerz oder

Schönheit. Aber auch das gehört zum Erlernen der Kommunikation mit der Welt, sich ihr nicht unbegrenzt auszuliefern.

Gefühle können Gewissheit lehren: «Man kann vieles unbewusst wissen, indem man es nur fühlt, aber nicht weiß.»[89] Sie führen tiefer in die Wirklichkeit als bloßes Wissen und sie zeigen durch das sie tragende Organ, das menschliche Herz, eine Verwandtschaft mit jener Region, in der sich der Menschheitsgeist bereits auf so eindrückliche Art zeigte. Das Fühlen gründet auf dem rhythmischen Leben des Menschen. Es hängt da mit dem Erleben des Schönen ebenso zusammen wie mit der positiven Zuwendung des Fühlenden zur Welt. «Schönheit ist empfundener Rhythmus. Rhythmus der Wellen, durch die uns alles Außen vermittelt wird.»[90]

Fühlen erschließt die Welt und gibt den Menschen der Welt. Im Fühlen atmet ein Ausgleich zwischen dem Menschen als Zentrum und der Welt als Umkreis, wo sich das eine dem anderen anvertraut. Unprätentiöses Fühlen ist eine Äußerung der Selbstlosigkeit, welche das fragmentierte Gegenüber von Mensch und Welt zu versöhnen vermag. Es ermöglicht Frieden und erst im Eintreten dieses Friedens erlebt der Mensch ganz sich und sich als eins mit der Welt.

Versenkt man sich in diese Wirklichkeit des Fühlens, kann man beobachten, wie Zentrum und Umkreis sich umstülpen: Das Fühlen verbindet mit einer Angelegenheit des Weltgeschehens und damit rückt diese Sache ganz ins Zentrum der Aufmerksamkeit. Das Zentrum aber kreist um die Sache und vergisst sich dabei vollständig. Es fühlt und lebt mit der Sache. Verbindet sich das Bewusstsein wiederum mit dem fühlenden Subjekt, rückt dieses ins Zentrum. Mittelpunkt und Umkreis kehren sich um. So kann man Zentrum und Umkreis in einer wechselnden Bewegung atmen lassen und dabei den Ausgleich von Innen und Außen, Mittelpunkt und Umkreis, Mensch und Welt erleben. Ein Geist der Versöhnung, des Heilens und Ausgleichens wird anwesend erfahren.

Mit diesem Verhältnis von Innen und Außen tritt wiederum auch das Motiv der Balance auf. Zu dem früher Besprochenen des Zuviel und Zuwenig tritt jetzt das Gleichgewicht von Innen- und Außenleben hinzu. Das ist eine Angelegenheit seelischer Gesundheit. Das Fühlen als Mittler stellt dabei einen weiteren Aspekt des Menschheitsgeistes als heilende Wesenheit dar.

Als solches wird seine Wirkung bereits von Kindern erfahren. Man sieht es Kindern an und sie bringen es auch zum Ausdruck, ob eine Schule nur «Spaß» oder sogar «Freude» macht. Sie sind inhaltlich erfüllt, tendenziell gesünder, phantasiereicher und initiativer, wenn sie eine Erziehung erleben, die im Einklang mit dem Menschlichen arbeitet. Erscheinungen von Destruktivität, Ermüdung und Ablehnung sind nicht von ungefähr heute mit dem allgemeinen Erscheinungsbild von Schule verbunden. Zu viele pädagogikfremde Absichten und verborgene Agenden sind in eine von internationalen Leistungsvergleichsstudien als Grundlage von Einsparungspotentialen durchsetzte Bildungsplanung eingeflossen.

Was die methodische Seite der Gefühlsentwicklung betrifft, gilt für den Bereich des erwachsenen Menschen weitgehend Ähnliches wie für das Kind. Beim Kind spielt allerdings für die Entwicklung des Gefühlslebens vieles noch als unbewusste Wiederholung, d.h. als Wirkung von Atmosphären und Gewohnheiten eine Rolle, die durch Erzieher eingerichtet werden. Beim Erwachsenen ist in seine wache Selbstverantwortung und Entschlusskraft gestellt, was beim Kind stellvertretend fürsorglich gestaltet wird.

Eine anregende, schöne Umgebung, Raum und Muße sich substantiellen Erlebnissen hinzugeben, spielen dabei eine große Rolle. Die Lebenserfahrungen eines erwachsenen Menschen vermitteln ihm allerdings Bereiche des Schönen, die einem Kind noch nicht zugänglich sind. Die Runzeln und Falten des Alters vermögen ein Kind in ziemliche Ratlosigkeit ob ihrer ästhetischen Beurteilung zu stürzen, ein Erwachsener entdeckt und würdigt an ihnen hingegen die schmückenden Spuren eines erlebnisreichen Lebens.

Wo zwei in meinem Namen beisammen sind

Demut ist eine den Menschen in vielerlei Hinsicht zierende Tugend. Das gilt unter anderem auch für sein Denken. Durch den Materialismus sind da unzählige Irrtümer populär geworden, die vollständig aus der Wirklichkeit herausgeführt haben. Eine Hymne solch irreleitender Auffassungen ist zum Beispiel das Lied «Die Gedanken sind frei». Was zunächst unbeschwert daherkommt, erweist sich bei näherer Betrachtung als realitätsferne Ideologie. Gedanken werden da als nächtliche Schatten bezeichnet, die vorbeifliehen, nicht gewusst werden können, das Angenehme, sich Schickende und Begehrenswerte zum Inhalt haben, die ermöglichen in Parallelwelten zu leben und sich am wohlsten in Gesellschaft von Wein, Weib und Gesang fühlen.

Auch wenn das Lied in Zeiten politischer Unterdrückung eine willkommene Waffe des Widerstandes war, bleibt sein Inhalt fragwürdig. Gedanken müssen eben keine vorbeihuschenden Schatten sein und sollten nicht mit Begehrungen, Konventionen und Plattitüden gleichgesetzt werden.

Der fatalste Irrtum dieses Textes liegt aber vielleicht in der Aussage, dass niemand die Gedanken eines anderen wissen könne. Das weiß schon eine alte Redensweise besser, die sagt, dass jemandem seine Gedanken und Absichten auf die Stirn geschrieben stehen und dass man wissen kann, was jemand im Schilde führt, d. h. zu verbergen sucht.

Wenn aber schon die Gedanken leiblich sichtbar werden können, dann ist es nur ein kurzer Schritt zu der sprichwörtlichen Einsicht: «Das Volk weiß mehr als zehn Gelehrte.» Darin liegt mehr als nur eine populäre Anbiederung beim Publikum. Wer die Informationspolitik in Gruppen oder Gemeinschaften verfolgt, der kann zahlreiche Erfahrungen sammeln, wie wenig sich Menschen «für dumm» verkaufen lassen und wie wenig sich geheim halten lässt, was führende Kreise überlegen. Gedanken sind eine Kraft und sind als Realitäten in der Welt wirksam. Wie anders ließe sich die Kontroverse zwischen Charles Darwin und Alfred Russel Wallace über den Plagiatsvorwurf oder zahlreiche andere Urheberrechtsstreitigkeiten erklären? Ideen können von verschiedenen Menschen gleichzeitig an ganz verschiedenen Orten der Welt gedacht werden. Gedanken können zu einem bestimmten Zeitpunkt verpönt sein und zu einem anderen mit einem Schlag populär werden. Gedanken sind wirksam und stehen in einem realen geistigen Zusammenhang miteinander.

Selbstverständlich spielt das zeitliche Milieu dabei eine Rolle. Aber das Milieu mag Gedanken zulassen, es mag sie begünstigen oder behindern, – hervorbringen tut es sie nicht. Das menschliche Denken vielmehr erarbeitet sie und stellt sich damit in den weltumfassenden geistigen Zusammenhang des Gedankenwebens hinein.

Die Entdeckung, dass jeder Mensch am Hervorbringen dieses Gedankengewebes produktiv beteiligt und Mitglied eines weltumspannenden Denkgeschehens ist, kann Anstoß zu folgenreichen Initiativen werden. Eine besondere Fruchtbarkeit kommt dem im mikrosozialen Leben, in der Begegnung von Mensch zu Mensch zu.

Da gilt einerseits, dass ein Mensch umso interessanter ist je markantere Standpunkte er vertritt. Problematisch wird es auf der anderen Seite jedoch, wenn der zweite Mensch ebenso akzentuierte Standpunkte mit abweichendem Inhalt vertritt. Dann ist das soziale Klima nicht garantiert, jedenfalls nicht das einer milden, besonnenen Serenität.

Vielmehr stellen Diskussionen und Dispute da noch die

anregendsten und möglicherweise kultiviertesten Formen der Auseinandersetzung dar. Es gibt aber auch unfruchtbare und abträgliche Spielarten des Dissenses, die in Ablehnung, Hass und Verfolgung münden. Es ist zu einer Emotionalisierung von Gedankeninhalten gekommen, die mit dem menschheitlichen Charakter des Denkens nichts mehr zu tun haben. Wie kann man aus dieser Sackgasse herausfinden?

Ein probates Mittel ist, sich auf die Argumentation des anderen einzulassen. Was sagt er genau? Ist seine Argumentation schlüssig, ist sie widerspruchsfrei? Zeigen sich bei der Überprüfung seiner Gedanken Sprünge und Lücken? Wie ist der andere zu seiner Auffassung gekommen?

Zuweilen verraten die Gedanken eines Menschen bestimmte Absichten, die er nicht offen ausspricht. Gelegentlich fällt es jemandem schwer, einen Gedanken in Worte zu fassen. Manchmal gibt die Einseitigkeit im Aufbau einer Überlegung Hinweise auf seine Sozialisation; meistens verraten die Überlegungen eines Menschen etwas über seinen Charakter.

Ein Gedanke muss nicht inhaltlich überzeugen, um verständlich zu werden. Vielmehr kann sein Entstehungsmilieu wesentliche Hinweise zum Erkennen des denkenden Menschen und auch über den Zusammenhang von Denken und Individuum geben. Genau betrachtet gibt es sogar keinen einzigen Gedanken, der nicht in seinem Zusammenhang und seiner Aussage durchschaubar wäre, wenn man ihm sorgfältig nachgeht. Freilich muss bei dieser These zwischen «verstehen» und «nachvollziehen» unterschieden werden. Der Gedanke eines anderen Menschen kann erfasst werden, muss deshalb aber noch lange nicht nachvollziehbar sein. Die Mechanismen der Unterdrückung zu begreifen, bedeutet nicht sie nachzuvollziehen.

Letztlich trägt bei genauerem Hinsehen jeder Gedanke einen individuellen geistigen Fingerabdruck an sich. Sobald er nicht bloß eine ganz allgemeine Wahrheit ausspricht, sondern Züge individueller Denkleistung an sich trägt, wird diese Spur des Individuellen sichtbar.

Versucht ein Mensch das Denken eines anderen zu verstehen, dann lässt er sich weitgehend auf ihn ein, beginnt sich auf den Spuren des Denkens für ihn zu interessieren. Das Denken, von dem wir früher bereits einmal festgestellt haben, dass es ein Erfahrungsfeld wirkender Christus-Kraft sein kann, bereitet den Weg zum anderen Menschen.

Versucht man diesen Weg zu gehen, stößt man sogleich auf eigene Unzulänglichkeiten. Wer in einem Sachverhalt sehr engagiert ist, dem fällt es schwer, eine andere Ansicht in Betracht zu ziehen. Er kämpft dann für seine eigene Auffassung und setzt das Denken lediglich dafür ein, die rivalisierende Meinung zu entkräften.

In emotional geführten Auseinandersetzungen wird zuweilen das Denken sogar vollständig außer Dienst gestellt, bzw. vergessen. Tief sitzende Abneigungen können dazu führen, dass die abweichende Idee eines anderen Menschen von vornherein nicht in Betracht kommt. Das ganze Gesprächsverhalten kann so sehr von Sympathie und Antipathie geprägt sein, dass bestimmte Teilnehmer eines Gespräches von vornherein ausgeschlossen sind. Entweder sie werden a priori nicht hinzugezogen oder konsequent übersehen.

Es gibt zahlreiche Hindernisse auf dem Weg zum anderen Menschen. Da können Dienstgrade, Karriereabsichten, gesellschaftliche Ränge, Geschlecht, Ethnien, Vorurteile, Dünkel, Lebensalter und alle möglichen anderen Beschränktheiten eine Rolle spielen.

Das Denken ist nicht bloß eine rationale Angelegenheit. Es ist nicht synonym mit dem Verstand. Es ist eingebettet und verwoben mit dem gesamten Seelenleben. Es findet Förderungen oder Hindernisse im Fühlen und es ist vollständig auf das Wollen angewiesen, da es eben nicht automatisch geschieht.

Den Weg zum anderen Menschen über das Denken zu suchen,

heißt also sich mit dem ganzen Seelenleben zu engagieren, bedeutet vollen Einsatz. Die Voraussetzungen sind dabei in der eigenen Person zu schaffen. Zahlreiche Hindernisse und Engstellen sind zu überwinden, bevor ein Verstehen des fremden Gedanken gelingt. Selbsterziehung durch Selbstüberwindung heißen die Zauberkräfte dieses Unterfangens. Es ist eine Art Reinigungsvorgang, der Raum und Klima für die Begegnung mit dem anderen Menschen schafft.

Das Selbst kümmert sich um seine Voraussetzungen und stellt die notwendigen Bedingungen bei sich her. Damit öffnet sich ihm der Zugang nach Außen, in den Umkreis. In gewisser Weise ist das Denken immer Zentrum, da es den Ausgangspunkt, den Ursprung des inneren Blickens ausmacht. Zugleich ist es immer auch Peripherie, da es anschaut, sich mit einer Welttatsache beschäftigt. Diese Tatsachen müssen nicht im räumlichen Sinne «außen» sein. Geht der denkende Blick ins Seeleninnere, dann stellt sich das denkend betrachtende Ich diesem Inneren wie einem Äußeren gegenüber.

Denkend schafft der Mensch fortwährend eine Punkt-Umkreisbeziehung. Dies gilt umso mehr als das Denken selbst fortwährend ein Leben in Zusammenhängen bewirkt. Diese Beziehungen ermöglichend, sich dabei weitgehend unbemerkt im Hintergrund haltend, ist das Denken eine Kraft, die wie ein guter Hirte sich um den Zusammenhalt des einzelnen mit der Gesamtheit sorgt. Es schafft Seelenfrieden, indem dieser Zusammenhang entsteht, es erhellt den Kontext und stiftet so die leitenden Gesichtspunkte, aus denen sich Orientierungen für das Leben ergeben.

Das Denken zu erleben, es zum Erlebnis zu machen, ist die Voraussetzung dafür, die ganze Tragweite dieser Tatsachen zu erfassen. Dafür aber ist eine innere Verstärkung des persönlichen Denkens erforderlich. Das Denken muss lebendig, aufnahmefähig und mitleidsfähig werden.

Rudolf Steiner sieht den Beginn eines solchen Denkens

seit dem letzten Drittel des 19. Jahrhunderts und beschreibt: «Die Herzen beginnen, Gedanken zu haben; die Begeisterung entströmt nicht mehr bloß mystischem Dunkel, sondern gedankengetragener Seelenklarheit.»[91]

Ein solches Denken muss die Menschen nicht überkommen. Es kann aktiv geschult werden. Die Initiative dazu und das erforderliche Instrumentarium ist eine Aufgabenstellung des Individuums. Die Beschäftigung mit geisteswissenschaftlichen Inhalten, Meditation und Übungen können konstruktiver Bestandteil dieses Instrumentariums sein. Meditation erhält in diesem Zusammenhang eine ganz bestimmte Perspektive: «Wenn man innerlich erkraftet und erweckt die Seele, dass man seine Gedanken gleichsam hört oder sieht, dann hat man das Meditieren; es ist ein mittlerer Zustand. Es ist weder Denken noch Wahrnehmen. Es ist ein Denken, das so lebendig in der Seele lebt, wie das Wahrnehmen lebendig lebt, und es ist ein Wahrnehmen, das nichts Äußeres, sondern Gedanken in der Wahrnehmung hat.»[92]

Unter solchen Voraussetzungen kann das Erleben des Christus-Geistes real werden. Es zeigt sich der Menschheitsgeist dann als Kraftgestalt, die dem Menschen Inhalt und Hilfe werden kann. Die falschen Propheten der Gegenwart wollen ihn als physische Gestalt sehen. Als solches soll er für Weltfrieden, Freiheit und Fortschritt sorgen. Ihre Haltung erinnert an die Gebetsperversionen, die man früher kleinen Kindern beigebracht hat: «Lieber Gott, mach mich fromm, dass ich in den Himmel komm.» Passive Erlösungsgedanken, kommode Weltzufriedenheit bis in die Nachtodlichkeit hinein, – das ist irreal und menschenunwürdig. Allerdings zeigen zahlreiche Beispiele bis zum heutigen Tag wie verführbar und leicht zu täuschen der Mensch ist. Die Techniken der Verführung und Beeinflussung nehmen dabei unausgesetzt zu und bedrohen die Menschenwürde.

Die neue Christus-Erfahrung kann sich dem Menschen überraschend und unerwartet zeigen. Sie ist nicht auf exklusive Kreise beschränkt. Sie macht sich auch nicht von bestimmten Weltanschauungen oder Kulturkreisen abhängig. Der Menschheitsgeist ist in der Gesamtmenschheit wirksam. Das Erleben seiner Anwesenheit kann gegenwärtig und in die Zukunft hinein immer mehr und von jedermann realisiert werden. Die Idee des Menschseins, die Erkenntnis vom Allgemein-Menschlichen seiner Konstitution, kann den Menschen wie ein Blitz aus heiterem Himmel treffen.

Da kann ihm die evolutionäre Kraft sichtbar werden, die mit der Organisation des Sinneswesens verbunden ist und für deren völlige Selbstlosigkeit gesorgt hat. Dass die Organisation nichts für sich selbst will, sondern der reich differenzierten Wahrnehmungsmöglichkeit dient, verrät einen bestimmten Charakter. «Niemand kommt zum Vater, denn durch mich»,[93] liegt in der alltäglichen Erfahrung der Sinne. Was in den Werken der «Schöpfung», den Taten des «väterlichen Schöpfergottes» ausgebreitet vor uns liegt, das ist auf diskrete, unaufdringliche und wahrhaftige Weise uns offen für die allgegenwärtige Begegnung. Deshalb konnte Goethe, dieser überaus sinnliche Mensch davon sprechen, dass derjenige, der Wissenschaft und Kunst besitze auch Religion hat und dass Religion als Spezialunternehmung etwas für diejenigen sei, welche Wissenschaft und Kunst nicht haben.[94] Eine Wissenschaft im goetheschen Sinne ist eine anschaulich sinnende, die Sinneswahrnehmung in ihrer Bedeutung würdigende Unternehmung, und Kunst ist das schlechthin im Sinnlichen sich bewegende Kulturschaffen des Menschen. Kunst zeigt, deutet, lässt hören, tasten, schmecken, riechen, bewegt, spricht, regt zum Nachdenken an und ist Gegenüber. Sie lebt im und vom ganzen Spektrum des Sinneswesens. Kunst gibt Raum für Subjektives, weil ihr Medium gänzlich unsubjektiv ist.

All das ist nur möglich durch die vorbehaltlose Hingabe und Selbstlosigkeit der Sinnesorganisation. Die Sinne lassen uns in

Ruhe, sie sprechen nicht in subjektiven Kommentierungen zu uns wenn wir etwas sehen, hören usw. Für sie gilt in uneingeschränkter Weise das Pauluswort: «Nicht ich, sondern der Christus in mir.»

Im Bereich des Fühlens kann diese Geste im atmenden Pendelschlag zwischen polaren Zuständen bemerkt werden. Im Fühlen ist eine Kraft bemerkbar, die auf Ausgleich zusteuert. Sie lässt Raum für alles mögliche Gegensätzliche: Liebe und Hass, Freude und Leid, Bescheidenheit und Hoffart. Immer aber regt diese Kraft im Bereich des Fühlens zu Ausgleich und Befriedung an. Auch im Fühlen findet sich untergründig das «Nicht ich ...» Auf dieses Geheimnis weist auch das Sprichwort hin, dass Zeit alle Wunden heile. Durch diese Kraftwirkung des Ausgleichs wird das Fühlen erst menschlich. Freilich ist für diesen Ausgleich eine Ich-Aktivität notwendig. Anderes wäre nur eine Beruhigung durch Vergessen, die sich auch beim Tier finden lässt. Im menschlichen Fühlen liegt eine sanftmütige Qualität verborgen, die als Entwicklungslinie von animalischer Überspitzung und Grenzenlosigkeit zu Ausgleich und Anteilnahme führt.

Über das Denken ist in diesem Zusammenhang schon manches gesagt worden. Rudolf Steiner äußert darüber in seiner *Philosophie der Freiheit* lapidar: «In dem Denken haben wir das Element gegeben, das unsere besondere Individualität mit dem Kosmos zu einem Ganzen zusammenschließt.»[95] Dieses Element ist Medium und Agens zugleich. Ein Merkmal, das in allen drei Bereichen menschlicher Lebensäußerung bemerkt werden kann, in der Sinnestätigkeit, im Fühlen und im Denken. Überall ist die Gegenwart derjenigen Geistigkeit erfahrbar, die in der europäischen Tradition als «christlich» bezeichnet wird.

Individuum und Gesellschaft

Nur wenige Jahre vor der vorletzten Jahrhundertwende fand der junge Rudolf Steiner Gelegenheit, eine der wichtigsten Entdeckungen in der Entwicklung des gesellschaftlichen Lebens zu formulieren.

Anlass dazu bot das umfassende Werk über *Die soziale Frage im Lichte der Philosophie* des 1859 in Österreich-Ungarn geborenen Ludwig Stein. Wenngleich die Wissenschaftswelt nicht groß Notiz von dem polyglotten Mann nahm, verdankt sie ihm doch den Begriff der «Kulturphilosophie», den er 1899 als Erster in seinem Werk *An der Wende des Jahrhunderts. Versuch einer Kulturphilosophie* verwendete.

Stein stammte aus der etwa vierzig Kilometer östlich von Budapest gelegenen Ortschaft Benye. Nach einer wechselvollen Schulzeit in Ungarn und den Niederlanden studierte er in Berlin und Halle. Parallel dazu machte er am Rabbinerseminar der Hochschule für die Wissenschaft des Judentums in Berlin eine Ausbildung zum Rabbi, die er zeitgleich mit dem Doktorat an der Universität abschloss. Von 1881 bis 1883 lebte er zunächst als Rabbi, dann für drei Jahre als Schriftsteller in Berlin. 1886 habilitierte er in Zürich, erhielt dort als Dreißigjähriger eine Professur und wurde Schweizer Staatsbürger. Zwei Jahre später nahm er den Ruf auf eine Professur für Philosophie in Bern an, die er achtzehn Jahre lang innehatte. Dort hielt er auch regelmäßig Vorlesungen über Soziologie, an denen u.a. Trotzki und Lenin teilnahmen.

Nachdem er 1909 zum Präsidenten des «Institut International de Sociologie» gewählt worden war, gab er im folgenden Jahr seinen Lehrstuhl in Bern auf und ließ sich als freier Schriftsteller in Berlin nieder. Als ausgewiesener Pazifist war er politisch aktiv und gab neben wissenschaftlichen Periodika die *Vossische Zeitung*, die *Berliner Zeitung* sowie das Monatsmagazin *Nord und Süd* heraus.

In den Jahren vor Ausbruch des Ersten Weltkrieges wurde er als Berater hochrangiger Politiker wie dem Reichskanzler von Bülow, Karl Max Fürst Lichnowsky und weiterer ungarischer Vertreter wie Albert Apponyi, István Tisza und Gyula Andrássy d. J. geschätzt.

Die Zeit des Ersten Weltkrieges verbrachte er in Berlin, wo er als Schweizer Staatsbürger internationale Gäste für Gespräche zusammenbrachte und sich um Vermittlung bemühte. 1915 hatte er eine führende Stellung in der von Ludendorff als «Jakobinerklub» verunglimpften «Mittwochs-Gesellschaft» inne, in welcher Angehörige der verschiedensten politischen Lager zusammentrafen. Dadurch war zum Beispiel ein freier Gedankenaustausch zwischen dem Chef des Generalstabs Helmuth von Moltke und Generaloberst Alexander von Kluck mit führenden Sozialdemokraten möglich. In seinem *Nord-Süd-Magazin* ließ er ausländische Autoren in ihrer Muttersprache veröffentlichen, um die Verständigung der verfeindeten Lager zu fördern.

Sein Bemühen um Ausgleich hinderte ihn jedoch nicht daran bezüglich des Informations- und Nachrichtenwesens entschieden Stellung zu beziehen. So tadelte er die Kriegspropaganda Englands, die er in einem Aufsatz als «Dum-Dum-Geschosse aus Tinte»[96] bezeichnete und die Kappung der Transatlantikkabel, um die Mittelmächte von den Informationsströmen auszuschließen.

Nach dem Krieg bemühte er sich um Mäßigung in den Friedensverhandlungen und nahm an den Konferenzen von Genf und Rapallo teil. Sein Augenmerk richtete sich dabei auf ganz praktische Initiativen, durch die er helfen konnte. So bereiste er in den von Hyperinflation und Währungsreform geprägten Notjahren 1923/24 auf Einladung eines «Ludwig Stein Kommitees» die USA, hielt Vorträge an den großen Universitäten und sammelte dabei Spendengelder zur Unterstützung des kulturellen und wissenschaftlichen Lebens in Deutschland. Ludwig Stein starb 1930 in Salzburg.

Das 791 Seiten umfassende Werk über *Die Soziale Frage* erschien 1897 bei Ferdinand Enke in Stuttgart. Stein bemühte sich darin, wissenschaftskritische mit biologistisch-darwinistischen und soziologischen Ansätzen zu verbinden. Im Ergebnis suchte er den Gang der Geschichte als Grundlage für die Berechenbarkeit zukünftiger Entwicklungen nutzbar zu machen. Darwinistische und marxistische Komponenten sind dabei unverkennbar. Das «soziale Sollen» sei als «Sozialethik» aus den «konstatierten Rhythmen des bisherigen sozialen Geschehens» durch Schlussfolgerung zu erschließen.[97]

So sah er schon früh Indizien für ein Gesetz der Erfahrung, dass es überall in der zivilisierten Welt eine Bewegung zur Unverletzlichkeit des Individuums gebe. Der Staat dürfe zum Beispiel keine willkürlichen Verhaftungen (mehr) vornehmen, noch gelte die körperliche Züchtigung von Familienangehörigen als moralisch unbedenklich.[98]

Steins vielseitige Interessen, seine Verbindung von theoretischer Analyse mit geschichtlichen Veranschaulichungen und praktischen politisch-sozialen Aktivitäten machten ihn für die politische Rechte ebenso wie für den Wissenschaftsbetrieb unverträglich.

«Stein ist sicherlich der schwächste im Triumvirat der Begründer der Sozialphilosophie: Sein Eklektizismus mischt Neukantianisches, Sozialistisches, Utilitaristisches, Positivistisches, ohne dass eine bestimmte Linie in dieser Anordnung erkennbar würde. ... Zu Recht hat daher Ferdinand Tönnies diese Art von Sozialphilosophie sehr scharf kritisiert.»[99]

Bald nach Erscheinen des Buches über *Die Soziale Frage*

veröffentlicht auch Steiner in zwei Aufsätzen eine Rezension des umfangreichen Werkes in dem von ihm redigierten *Magazin für Literatur*.[100] Sein Fazit fällt insgesamt nicht weniger kritisch aus: «Den allgemeinen Kohl, der uns von den Mittelparteien und Kompromisskandidaten in aller Herren Länder aufgetischt wird, setzt uns Ludwig Stein mit ein wenig philosophischem Salat vor. Er wird dadurch nicht schmackhafter.» Insgesamt tadelt er den inkonsequenten Zug der Darstellung, nennt Stein allerdings auch einen «großen Gelehrten» und einen «guten Beobachter», dem es jedoch an «Mut» fehle aus seinen «Voraussetzungen» und seinen «Beobachtungen die Folgerungen zu ziehen und stattdessen einen «faulen Kompromiss zwischen Sozialismus und Anarchismus» schließe.

Das hauptsächliche Manko liege darin, dass «Ludwig Stein in sorgfältiger Weise die Ergebnisse der neueren Soziologie sammelt, die wichtigsten Beobachtungen aus dem reichen Materiale heraushebt, und dann nicht darauf ausgeht, mit dem Geiste des Darwinismus aus den Beobachtungen spezifisch soziologische Gesetze abzuleiten, sondern die Erfahrungen einfach so interpretiert, dass sich in ihnen genau dieselben Gesetze aufzeigen lassen, die im Tier- und Pflanzenreiche herrschen.»

Die richtig beobachteten Fortschritte in der Entwicklung sozialer Institutionen wie Ehe, Eigentum, Staat, Sprache, Recht und Religion ließen sich jedoch nur erkenntnisgewinnend interpretieren, wenn dabei das spezifisch Menschliche, das Eingreifen des Ich und seine individualisierende Wirkung deutlich werde.

So formuliert Steiner schließlich als Fazit seiner eigenen Auffassung: «Wenn man unsere Zeit versteht, so darf man wohl sagen, die Fortgeschrittensten streben solche Gemeinschaftsformen an, dass durch die Arten des Zusammenlebens das Individuum so wenig wie möglich in seinem Eigenleben behindert wird. Es schwindet immer mehr das Bewusstsein, dass die Gemeinschaften Selbstzweck sein können. Sie sollen Mittel zur Entwicklung der Individualitäten werden. Der Staat zum Beispiel soll eine solche Einrichtung erhalten, dass er der freien Entfaltung der Einzelpersönlichkeit den möglichst großen Spielraum gewährt. Die allgemeinen Einrichtungen sollen in dem Sinne gemacht werden, dass nicht dem Staate als solchem, sondern dass dem Individuum gedient ist. J. G. Fichte hat dieser Tendenz einen scheinbar paradoxen, aber ohne Zweifel einzig richtigen Ausdruck gegeben, indem er sagte: der Staat ist dazu da, um sich selbst allmählich überflüssig zu machen. Diesem Ausspruche liegt eine wichtige Wahrheit zugrunde. Im Anfange braucht das Individuum die Gemeinschaft. Denn nur aus der Gemeinschaft heraus kann es seine Kräfte entwickeln. Aber später, wenn diese Kräfte entwickelt sind, dann kann das Individuum die Bevormundung durch die Gemeinschaft nicht mehr ertragen. Es sagt sich dann so: ich richte die Gemeinschaft in der Weise ein, dass sie der Entfaltung meiner Eigenart am zweckdienlichsten ist. Alle staatlichen Reformationen und Revolutionen in der neueren Zeit haben den Zweck gehabt, die Einzelinteressen gegenüber den Interessen der Gesamtheit zur Geltung zu bringen.»

In der Formulierung Steiners liegt ein sowohl ontogenetischer wie phylogenetischer Aspekt. Individualisierung als das entscheidende Kriterium menschlicher Entwicklung wird sowohl menschheitsgeschichtlich als auch individualgeschichtlich angesprochen. Dieses entscheidende Moment aus den vorliegenden Befunden nicht klar genug herausgearbeitet zu haben, ist der zentrale Vorwurf an Stein. Dabei geht es um das maßgebliche Kriterium gesellschaftlicher Lebensformen für die Zukunft. Konsequent bezeichnet Steiner dieses Kriterium als «Soziologisches Grundgesetz» oder «Gesetz des Individualismus» und fasst es folgendermaßen zusammen: «Die Menschheit strebt im Anfange der Kulturzustände nach Entstehung sozialer Verbände; dem Interesse dieser Verbände wird zunächst das Interesse des Individuums geopfert; die weitere Entwicklung führt zur Befreiung des Individuums von dem Interesse der Verbände und zur freien Entfaltung der Bedürfnisse und Kräfte des Einzelnen.» [101]

Nach diesem Gesetz geschieht im sozialen Leben eine völlige Umstülpung. Was früher Mittelpunkt eines sozialen Zusammenhanges war, die Gemeinschaft, rückt jetzt in die Peripherie. Was früher Peripherie war, der Einzelne, steht im Mittelpunkt. In dieser allgemeinen Menschheitsentwicklung liegt eine Voraussetzung für die in der Gegenwart zu schauende Anwesenheit Christi. Was früher nur in kultischen Gemeinschaftsdiensten zu erleben war, zeigt sich mehr und mehr in jedem einzelnen Menschen. Das Individuum wird zum Zentrum menschlicher Entwicklung. An ihm und in ihm entscheidet sich die Wirklichkeit der Menschwerdung. Jeder Einzelne ist heute Volk, und Volk nur insofern berechtigt, als es den Einzelnen hervorbringt und fördert. Das kann zu hybrider Selbstüberschätzung des Einzelnen führen, muss es aber nicht. Sobald der Unterschied von Ego und Ich im Bewusstsein aufleuchtet, erhält auch das konstruktive Verhältnis von Ich und Gesellschaft Konturen.

Die neuen soziologischen Voraussetzungen führen zu veränderten Gestaltungsansätzen auf allen Lebensgebieten. Bezog die Erziehung früher ihre Zielsetzung daraus, gute Volkszugehörige, treue Christen, brauchbare Staatsbürger, wackere Hausfrauen oder tapfere Soldaten zu erziehen, so spielen heute die sozialen Gruppenwurzeln als Zielvorstellungen keine dominierende Rolle mehr.

Am 18. August 2006 wurde in Deutschland ein «Allgemeines Gleichbehandlungsgesetz» rechtskräftig, das sich zur Aufgabe setzt «Benachteiligungen aus Gründen der Rasse oder wegen der ethnischen Herkunft, des Geschlechts, der Religion oder Weltanschauung, einer Behinderung, des Alters oder der sexuellen Identität zu unterbinden oder zu beseitigen.» [102] Gruppenmerkmale verlieren offensichtlich an Relevanz, während dem Individuum der notwendige Raum zur Entwicklung gegeben werden soll.

Auf dem Gebiet schulischer Erziehung ist es zu großen Veränderungen gekommen. Die Kultusministerien schenken der «Individualisierung» in differenzierter Form starke Beachtung. Das drückt sich in Lehrplänen aus, die ein lückenloses Konzept individualisierender Förderung von Schülern enthalten. Vieles klingt da sehr theoretisch und manches viel zu schön um auch nur annähernd wahr zu sein, – aber es findet sich immerhin in den offiziellen Programmen und Verlautbarungen. «No child left behind» wurde 2001 der Titel eines Bildungsgesetzes, das die Qualität der staatlichen Schulen in den USA verbessern soll. Die Blair-Administration hatte bereits nach ihrem Erdrutsch-Wahlsieg von 1997 Bildungsreformen in diesem Sinne eingeleitet. 2010 spricht die deutsche Bundesbildungsministerin Schavan im Chor mit Bildungspolitikern verschiedener Parteien und treu-deutscher Übersetzung davon. «Kein Kind darf zurückbleiben.»

Vieles solcher Reformen mag unzulänglich sein, vieles mag ordnungspolitischem Kalkül und ökonomischen Motiven geschuldet sein, dennoch gibt es einen Grundton, der von Bedeutung ist. Die beteiligten Politiker und Verwaltungsfachleute halten die Programme und Formulierungen für entweder sachlich notwendig oder für zustimmungstechnisch opportun. Die Einsicht in eine veränderte Welt setzt sich durch, wenn auch verhalten und indirekt.

Vor allem in methodischer Hinsicht entbehren alle diese Reformen einer entscheidenden Qualität. Sie versuchen den neuen Verhältnissen durch Anordnungen und Vorschriften beizukommen. Bereits ihre Sprache verrät den kaiserlichen Duktus, der sich mit neuen Kleidern maskieren möchte. Da wimmelt es von selbstherrlich feststellenden und obrigkeitsstaatlichen Soll- und Muss-Formulierungen:

«Die Förderung der einzelnen Schülerin und des einzelnen

Schülers ist Prinzip des gesamten Unterrichts und Aufgabe der gesamten schulischen Arbeit. Jedes Kind soll mit anderen Kindern zusammen und auch durch sie gefördert werden. Die individuelle Förderung ist in den Gesamtzusammenhang schulischer Lernförderung zu stellen.

Die Gesamtkonferenz soll durch die Entwicklung eines schulischen Förderkonzeptes nach den Grundsätzen des Schulprogramms eine gemeinsame pädagogische Orientierung des Kollegiums sichern sowie die Kontinuität von Unterrichts- und Erziehungsprozessen gewährleisten. Die Lernförderung muss sich an den Curricula des Regelunterrichts orientieren. Sie soll nicht nur Lerndefizite beheben, sondern Lernbereitschaft und Lernfähigkeit insgesamt weiterentwickeln und fördern.»[103]

Das Ziel der Individualisierung wird da durch eine untaugliche Methodik konterkariert. Die Wirklichkeit individueller Selbstbestimmung in Freiheit ist noch zu neu und zu anspruchsvoll, um sofort bei ihrem ersten Auftreten umgesetzt werden zu können. Manche der schönen neuen Programme wirken ohnehin wie abgeschrieben aus dem Erfahrungsschatz der Waldorfschulen, bei denen vieles seit 1919 praktiziert wird, was in den staatlichen Proklamationen noch Theorie ist.

«Das Erziehungs- und Unterrichtswesen, aus dem ja doch alles geistige Leben herauswächst, muss in die Verwaltung derer gestellt werden, die erziehen und unterrichten. In diese Verwaltung soll nichts hineinreden oder hineinregieren, was im Staate oder in der Wirtschaft tätig ist. Jeder Unterrichtende hat für das Unterrichten nur so viel Zeit aufzuwenden, dass er auch noch ein Verwaltender auf seinem Gebiete sein kann. Er wird dadurch die Verwaltung so besorgen, wie er die Erziehung und den Unterricht selbst besorgt. Niemand gibt Vorschriften, der nicht gleichzeitig selbst im lebendigen Unterrichten und Erziehen drinnen steht. Kein Parlament, keine Persönlichkeit, die vielleicht einmal unterrichtet hat, aber dies nicht mehr selbst tut, sprechen mit. Was im Unterricht ganz unmittelbar erfahren wird, das fließt auch in die Verwaltung ein. Es ist naturgemäß, dass innerhalb einer solchen Einrichtung Sachlichkeit und Fachtüchtigkeit in dem höchstmöglichen Maße wirken.»[104]

Individualisierung erfordert Vertrauen und eine gewisse Risikobereitschaft. Man muss Verantwortungs- und Entscheidungsbefugnisse übertragen, um individuelle Fähigkeitsbildung zu ermöglichen. An die Stelle von Anordnung kann da nur Anregung treten, die Individualisierung des einen nur die Individualisierung des anderen sein. Die dabei zugrunde liegende Haltung ist wiederum ein «Nicht ich, sondern der Christus in mir». Woraus soll sich das Vertrauen in den anderen Menschen, in seine Erkenntnis- und Verantwortungsfähigkeit sonst speisen? Das Christentum ist größer und allgemeiner als es seine institutionalisierten Verwaltungsformen und Funktionäre glauben machen wollen. Die Christus-Wesenheit ist keine Angelegenheit der Glaubensdefinitionen, Sektencredos und Weltanschauungskrieger. Sie ist identisch mit einem Menschentum, dessen jeder in seinem Dasein teilhaftig ist, ganz gleich unter welchen Inkarnationsbedingungen er geboren wurde, auf welchem Kontinent, in welchem Kulturkreis und mit welcher Hautfarbe.

Das Gefühl für dieses Menschentum und seine ethischen Konsequenzen wird im geistigen Leben der Menschheit immer allgemeiner und deutlicher, es geht auf eine Kulmination zu. Ihm zur Geltung zu verhelfen erfordert methodische und inhaltliche Schritte. In Beziehung auf die Erziehung liegt neben dem genannten methodischen Beispiel auch ein inhaltlicher Vorschlag Steiners vor. Er stammt gleichfalls aus der Gründungsphase der Freien Waldorfschule von 1919:

«Was gelehrt und erzogen werden soll, das soll nur aus der Erkenntnis des werdenden Menschen und seiner individuellen Anlagen entnommen sein. Wahrhaftige Anthropologie soll die Grundlage der Erziehung und des Unterrichtes sein. Nicht gefragt soll werden: Was braucht der Mensch zu wissen und zu können für die soziale Ordnung, die besteht; sondern: Was ist im Menschen veranlagt und was kann in ihm entwickelt werden? Dann wird es möglich sein, der sozialen Ordnung immer neue Kräfte aus der heranwachsenden Generation zuzuführen. Dann wird in dieser Ordnung immer das leben, was die in sie eintretenden Vollmenschen aus ihr machen; nicht aber wird aus der heranwachsenden Generation das gemacht werden, was die bestehende soziale Organisation aus ihr machen will.»[105]

Wahrhaftige Anthropologie zur Grundlage von Erziehung und Unterricht zu machen bedeutet, das Subjekt von Menschenbildung zu ihrem Objekt bzw. das Objekt zu ihrem Subjekt zu machen. Es bezeichnet die tatsächliche Humanisierung der Schule. Lehrpläne enthalten da keine Standard-, Not- oder Luxus-Überlebensausstattung eines dreigliedrigen Schulwesens, sondern Inhalte, die dem Menschen zum Menschsein verhelfen können. Das Entscheidende der vier Grundrechenarten ist da nicht allein der Erwerb von Kulturtechniken, sondern auch der Gesichtspunkt, wie ihre unterschiedlichen Operationen das Wesen eines Kindes ansprechen. Die stetigen, gleichförmigen Vorgänge des Addierens mögen therapeutische Wirkungen für ein sprunghaft ungestümes Kind haben. Andererseits kann das Zerteilen oder Aufteilen von Divisionen eine herausfordernde und anregende Wirkung für Kinder mit überwiegend passivem Charakter entwickeln. In der Subtraktion steckt wiederum etwas Komplementäres zur Multiplikation. Im einen Fall vermindert sich stets und unerbittlich etwas an der Ausgangslage, im anderen steigen Beträge und Ergebnisse rasant ins Unüberschaubare. Die Multiplikation wird also Kinder mit weniger stark ausgebildetem Selbstvertrauen kurativ unterstützen können, Luftikusse wiederum können durch Subtraktionen ein Stück weit geerdet werden.

Anthropologie des Unterrichtes macht aus informativen Lerngegenständen Inhalte und Mittel des Erziehens. Jeder Unterrichtsstoff kann humanisiert, menschenkundlich relevant werden. Dadurch können sich Lehrpläne von Aufmarschplänen für Wissensfeldzüge zu hygienischen Strukturen verwandeln, um die Gesundheit der Schüler zu fördern. Der lebendige Wechsel von kognitiven und künstlerischen Fächern ist da von ebenso großer Bedeutung wie der von gemüts- und willensbildenden Tätigkeiten zu analytisch-abstrakten Beschäftigungen oder eine Vielfalt von bleibenden und veränderlichen Elementen.

Erziehung bedeutet Weltveränderung. Mit jedem jungen Menschen und seinen Talenten, Hoffnungen und wachsenden Fähigkeiten tritt ein bestimmtes Erneuerungspotential ins Weltgeschehen ein. Wie wenige andere Gebiete ist die Erziehung daher ein Feld, auf dem sich phylogenetische und ontogenetische Prozesse der Weltentwicklung durchdringen und überlagern.

Lernen geschieht an der Welt. Natur, Kulturgeschichte, Zukunftsimpulse und die gesellschaftliche Gegenwart sind seine wesentlichen Anreger. Sie fokussieren sich zentral im Menschen selbst. Niemand lernt für sich allein. Im Geboren-Werden, im Hineinfinden in die Schwereverhältnisse der Welt ist der Mensch ebenso in Gesellschaft wie im Erlernen der elementaren Grundfähigkeiten von Gehen, Sprechen und Denken oder aller weiterführender Schritte. Insofern ist jede Einzelentwicklung Bestandteil des Ganzen und die Gesamtentwicklung immer auch entscheidend für jeden einzelnen Menschen.

Eine wichtige – vielleicht sogar die zentrale – Entwicklungsaufgabe für den Menschen wird daher darin liegen, das Individuelle mit dem Gesamten in Einklang zu bringen. Bedürfnisse und Interessen des einzelnen Menschen stehen heute noch weitgehend unversöhnt den Gesetzmäßigkeiten der vielen gegenüber. Wenn das soziologische Grundgesetz der zunehmenden Individualisierung eine Wirklichkeit ausspricht, dann bleibt die Frage, wie diese Individualisierung im Einklang mit der gesamtgesellschaftlichen Wirklichkeit realisiert werden kann.

Vom Nachahmen zur Freiheit des schöpferischen Individuums

Schaut man einem kleinen Kind in seinen Lebensäußerungen zu, dann fällt die ungemeine Offenheit auf, mit der es seiner Umwelt begegnet. Diese Offenheit paart sich mit einem unmittelbaren Bezug zu seiner Umgebung und erschöpft sich nicht in dem Niederschlag von Stimmungen, die sich daraus ergeben. Vielmehr setzt sich das kleine Kind in einen praktischen Bezug zu dem, was ihm aus der Umgebung dargeboten wird, was es wahrnimmt. Es lässt sich meist augenblicklich anregen und beginnt die Kulisse nachzuahmen. Kulisse können in dieser Beziehung Menschen, Tiere, Gegenstände, Stimmungen und manches andere mehr sein.

Die Offenheit des Kindes ist mit Hingabe gepaart. Ob es die Hantierungen der Mutter in der Küche, die Geschäftigkeit des Vaters im Garten oder Hobby oder die Eigenarten der umgebenden Personen nachahmt, immer handelt es sich um Willensentfaltung, die nicht dem persönlichen Eigenwillen, sondern der zum Nachvollzug anregenden Kraft eines fremden Willens folgt. Insofern ist Nachahmung von elementarer Selbstlosigkeit geprägt. Tatsächlich erlebt der Erwachsene diese reine Kraft des Kindes als etwas tief seine Verantwortlichkeit Betreffendes. Er kann sich dem Anschluss des Kindes an seine innerste Existenz nicht entziehen. Durch diese Kind-Erwachsenenbeziehung ist er schicksalsbildende Umwelt des Kindes. Dies bedingt ja den pädagogischen Gestaltungsraum des tauglichen Vorbildes in der frühen Entwicklung der Kindheit.

Selbstlose Hingabe bedeutet, sich vollständig der Welt zu öffnen, ohne eine Zensur des persönlichen Urteils, Geschmackes oder der Befindlichkeit auszuüben. Solche Offenheit heißt, die Welt als Wahrnehmung intensiv zu erfahren. Es kommt dabei insbesondere auf die erste Silbe «Wahr-» des Vorganges «Wahrnehmung» an. Die Wahrheit der Welt wird vom Kind genommen. Und genau das ist es, was auf den Erwachsenen einen so erschütternden Eindruck macht. In dem ihn nachahmenden Kind erlebt er seine eigene Wahrheit. Und diese Wahrheit bildet sich der unschuldigen, schutzlosen Offenheit des Kindes ein.

Aus diesem Umstand kann sinnvolle Erziehung für dieses Lebensalter nur in der Einrichtung einer sinnvoll anregenden, nachahmenswerten Mitwelt und Umgebung bestehen. Denn alle durch Nachahmung geübten Handlungen prägen weniger die Außenwelt (wie es bei Handlungen der Erwachsenen der Fall ist) als die Innenwelt des Kindes selber. Dabei ist Innenwelt nicht in dem eingeschränkten psychologischen Sinn einer persönlichen Gestimmtheit zu verstehen, sondern als Einprägung in das gesamte komplexe Leibes- und Kräftegefüge des sich entwickelnden kindlichen Organismus. Was das Kind durch Nachahmung erfährt und übt, wirkt in seiner Biografie schicksalsmächtig. Deshalb wird jede verantwortliche Erziehung gerade diese Zukunftsperspektive in ihre Praxis aufnehmen wollen.

Spielzeug, das dem Kind Offenheit in der phantasiebestimmten Begegnung lässt, erzieherisch-vorbildliche Handlungen, die vom Sinn des Lebens zeugen, eine moralisch-gütige Gedanken- und Empfindungssphäre der Erwachsenen um das Kind herum spielen hier eine wesentliche Rolle.

Eine pädagogisch sinnvolle Nachahmungskultur fördert bis in die Leibesbildung hinein Offenheit als die Voraussetzung für Entwicklung und lebenslanges Lernen, und sie fördert die Fähigkeit der selbstlosen Hingabe.

Erste Schulzeit

An die Phase der frühen Kindheit schließt sich die Schulzeit im klassischen Sinn an. Auch wenn die Vorschulzeit heute durch allerlei systematische Lernvorbereitungen geprägt ist, bedeutet der Übergang in eine reguläre Schulklasse für das Kind außerordentlich viel. An den Kindern ist eine erregte, freudige Erwartung der Schule gegenüber zu erleben. Besonders stark kommt das in der Phase der Einschulung zum Ausdruck. Mit welcher Vorfreude, welchem Enthusiasmus streben die Kinder auf diese neue Lebenserfahrung zu. Selbst wenn sich hier und da auch eine Portion Bangigkeit geltend macht, – überall ist doch die Achtung der Instanz Schule gegenüber erlebbar, zu der die Kinder ehrfürchtig hinblicken. Was lebt sich in dieser Haltung aus?

Kinder, denen nicht ein ungesunder Skeptizismus eingeimpft worden ist, leben in der Erwartung, dass ihnen durch die Schule ein neuer Zugang zur Welt werden wird. Mitteilungen, Erfahrungen, Fähigkeiten erwarten sie, die ihnen die Geheimnisse der großen Welt der Erwachsenen, des Lebens überhaupt, erschließen werden. Und diese Erwartung ist nicht abstrakt. Vielmehr wird jeder Lehrer zum Hoffnungsträger in dieser Phase äußersten Lernenthusiasmus. Am Schulanfang schlägt dem Lehrer als Begeisterung entgegen, was ihm später auch in abwägenden, prüfenden Blicken begegnen wird: die Erwartung, dass der Lehrer etwas über die wichtigen Dinge des Lebens und der Welt zu sagen hat und dass man ihm deshalb in dem eigenen Lebensweg folgen kann. In dem Maße, als sich diese Erwartung für das Kind erfüllt, spricht das Kind dem Lehrer Achtung, Kompetenz, Autorität zu. Autorität, die man verehren, die man lieben kann.

Wodurch zeichnet sich solche Autorität aus? Durch eine zentrale Bedingung: dass nämlich der Lehrer so mit dem Wesen der Dinge verbunden ist, so Bürger dieser Welt ist, dass das Wesen der Dinge zu seinem Wesen geworden ist. Dadurch erweist er sich als Bürger zweier Welten, der das Geistige in der Welt mit dem Geistigen im Menschen verbinden kann und so dem Kind das schlüssige Zeugnis eines lebenswerten Daseins verbürgt.

Zu jeder Einzelheit, in jeden Weltwinkel ist das Kind auf diesem Weg dem Lehrer bereit im Unterricht zu folgen. Dem Kind erfüllt sich da am Lehrer, was es ihm als Erwartung entgegengetragen hat, nämlich, dass er der Welt, dass er den Dingen gerecht wird! So werden Ehrfurcht und Achtung der Natur und den Menschen gegenüber Wirklichkeit, indem Natur und Mensch wesensgemäß im Unterricht erscheinen, indem der Unterricht ihnen gerecht wird, ihnen Gerechtigkeit widerfahren lässt.

Ein Mittel ist dabei besonders imstande, diese Erfahrung einer elementaren Weltgerechtigkeit zu fördern und zu steigern. Es ist das Mittel der Schönheit. Denn Schönheit ist nichts anderes als praktizierte Achtung und Ehrfurcht der Welt gegenüber. In der Schönheit steigert sich diese Haltung zu Liebe, denn wenn Wahrheit und Hingabe sich einen, kann der Glanz des Schönen aufscheinen. Dadurch erweist der Unterricht den Wesen der Welt Gerechtigkeit, dass ihrem Wesenskern entsprochen und sie mit Liebe behandelt werden. Im Unterricht ist deshalb das Künstlerische so wichtig und das Bemühen um eine schöne Darstellung und Wiedergabe der Inhalte. Schönheit kann hier zur Wesenssprache werden, die über allen Ästhetizismus und alle Dekoration hinausgeht.

Wird dieser Zusammenhang von Autorität, Wahrheit und Schönheit durchschaut, so zeigt sich, warum die Kinder gerade in diesem Lebensalter eine starke Beziehung zur Gerechtigkeit haben. Sie leben in der selbstverständlichen Erwartung, dass jedem Menschen als Menschen entsprochen wird, ganz gleich in welcher Situation auch immer er sich befinden mag. Darum hassen es Kinder, wenn Lehrer ungerecht sind, d.h. einem Schüler gegenüber nicht den angemessenen Weg finden. Als menschlich autorisiert erweist sich nur derjenige, der dem individuellen Wesen des Menschen und seiner Situation gerecht wird.

Jugendzeit

In der Jugendzeit können über viele Jahre vertraute junge Menschen einem ganz fremd erscheinen. Jeder, der den Übergang von der Kindheit zur Jugend miterleben konnte, kennt den umfassenden Umbruch dieser Zeit. Mögen Schüler die im Vorhergehenden geschilderte berechtigte Autorität in noch so positiver Form erlebt haben, zum Ende der Kindheit sehnen sie den Abschied von ihren zentralen Bezugspersonen geradezu herbei. Sie freuen sich auf neue Lehrer, die ihnen verstärkt als Experten gegenüberstehen werden und mit denen sie eine weniger persönlich als durch die Perspektiven der Fächer, die Weite der Welt vermittelte Arbeit treiben können. Der neue Arbeitsstil sollte dadurch nicht entpersönlicht werden, der unterrichtende Mensch sich nicht hinter die kalte «Sachlichkeit» seines Faches zurückziehen. Das Fach als Ausschnitt der Welt soll aber doch im Lehrer klar und sachlich sichtbar werden und nicht mehr der Lehrer stellvertretend für die Weltbegegnung fungieren. Die Schüler wollen der Welt jetzt unvermittelter und selbständiger begegnen. In ihren Lehrern suchen sie Persönlichkeiten, die ihnen auf ihrer Suche lohnende Begegnungen vermitteln können. Lehrer für dieses Lebensalter müssen daher in besonderer Weise aktuell, geistesgegenwärtig, auf der Höhe der Zeit, Teilnehmer des gesellschaftlich-kulturellen Ringens, kurz: Zeitgenossen sein.

Diesem Bedürfnis der Schüler liegen neu erwachende Fähigkeiten zugrunde. Genügt einem der – wenn auch profunde – Blick eines anderen Menschen auf die Welt nicht, will man sich selbst überzeugen, dann reflektiert man auf das eigene Urteil. Tatsächlich ist es diese Fähigkeit des selbständigen Urteils, die jetzt dem Jugendlichen zur Verfügung steht und sein Weltverhältnis verändert.

In jedem Urteil liegt immer eine Doppelheit. Zwangsläufig ist mit jedem Urteil eine bestimmte Form der Bewusstheit verbunden. Urteilen kann man nur über etwas, das einem bewusst vor Augen steht. Wovon man nicht weiß oder worauf man nicht aufmerksam wird, darüber wird man nicht urteilen. In diesem Sinne bedeutet Urteilen also, sich in ein bestimmtes, bewusstes Verhältnis zu einer Sache zu setzen. Und in diesem Bewusstsein spielt sich eben etwas Doppeltes ab. Zum einen wird die beurteilte Sache als Gegenüber erlebt, die in den Horizont aller übrigen Urteile erst einzuordnen ist, und zum anderen wird sie, insbesondere nach vollzogenem Urteil, als mit dem Selbst existentiell verbunden erfahren. Das Selbst wird sich im Vorgang des Urteilens also sowohl seiner eigenen Existenz gegenüber den Dingen der Welt bewusst, als es sich andererseits auch mit diesen zunächst fremden Dingen im Vollzug des Urteilens verbindet. Gegenüber und Verbundensein liegen als Doppelgeschehen im Vorgang des Urteilens.

Im Urteilen zeigt sich die allgemein menschliche Fähigkeit, ein bewusstes, mündiges Verhältnis zur Welt zu begründen. Darum ist es notwendig, dass die Schüler in diesem Alter fruchtbare Gelegenheiten haben, ihre Urteilsfähigkeit zu üben. Die Urteilsfähigkeit muss zu einem Wahrheitsinstrument gebildet werden, d.h. zu selbstlos klarer Wirksamkeit. Sie muss eine Kultivierung im Menschen erfahren, da sie durch alle möglichen Hindernisse des Temperamentes, der Vorlieben, Abneigungen, Vorurteile o.ä. getrübt werden kann. Diesbezügliche Bildung tut also gerade am ganzen Menschen not. Künstlerisch-praktische Tätigkeit oder Arbeit an Projekten wie Landwirtschaft, Feldmessen, Industrie oder Pflege-Bedürftiger erweisen sich hier als besonders förderlich. Denn in der praktisch-tätigen Erfahrung dieser Arbeitsfelder erfährt das Urteil jeweils sofort und unwiderlegbar seine Bestätigung oder Korrektur durch die Wirklichkeit. Ein zerstörtes Werkstück, eine verzeichnete Landkarte werden auch durch aufwendige Argumentationen nicht verbessert. Belehrung und Aufforderung zu berichtigendem Üben vollziehen sich in der Konsequenz der Sache.

Menschliche Konflikte lassen sich hier leichter vermeiden als auf anderen Arbeitsfeldern, da die Arbeitsvorgänge sinnlich anschaubar sind. Die sachliche Ebene erleichtert den Umgang.

Noch ein anderes ist für die gesunde Entwicklung des Urteilsvermögens von entscheidender Bedeutung. Urteilen zielt darauf, eine Beziehung zwischen dem urteilenden Subjekt und der Welt zu schaffen. Was im Urteil also auch tatsächlich auftreten sollte, das ist die Welt! Das aber ist keineswegs selbstverständlich. Unsere Zeit liebt es, sich in extensiver Weise mit eigener Befindlichkeit zu beschäftigen und dieser Zug der Gegenwart geht an der Jugend nicht spurlos vorüber. Die Beschäftigung mit der eigenen Befindlichkeit kehrt sich jedoch eher von der Welt ab als ein Verhältnis zu ihr zu begründen. Ohne eine zuvor an der Welt erübte klare, kraftvolle Urteilsfähigkeit wird der Zugang zum eigenen Selbst schwierig und unsicher bleiben. Jugendliche sollten einen Zugang zur Welt eröffnet bekommen. Ihr Interesse an der Weltbegegnung draußen: an der Natur, an den sozialen Fragen des Daseins zu entzünden, bedeutet die beste Anregung.

Die Unbeholfenheit, Einseitigkeiten, Schroffheiten oder Radikalität des Urteilens in diesem Alter darf nicht erschrecken. Im Jugendlichen lebt zurecht eine grandiose Unbürgerlichkeit. Gleichzeitig macht ihn die ihm selbst bewusste notwendige Einsamkeit des Ringens verletzlich, schutzbedürftig, manchmal auch aggressiv. Verhasst ist ihm dann die heile Welt der Bürgerlichen, und selbst die Gesellschaft lebensfroher Kinder erscheint ihm als eine Versammlung «gemäßigter Spießer».

Tatsächlich legt der Jugendliche seine ganze Existenz in seine Urteile. Was er sagt, meint er; was er als Lebenseinstellung findet, ist für ihn Ideal, Anpassung verabscheut er. Diese Unbürgerlichkeit ist human. Der Jugendliche, der sie nicht entwickelt, ist mit Besorgnis ins Leben zu verfolgen.

Ebenso kraftvoll erfährt der junge Mensch in diesem Alter

die Liebe. Sie ist nun nicht mehr die wie unpersönlich ausstrahlende, vertrauensvolle Beziehung zu den Eltern, Geschwistern usw. Jetzt wird Liebe zu einem im Innersten zutiefst erlebten Glück, Schmerz, Erleben am anderen Menschen, das intensiver ist als alles im Leben sonst Erfahrene. Ebenso rückhaltlos wie die Urteilskraft übt der Jugendliche die Liebe. Er gibt sich ganz hin. Und diese Hingabe ist deshalb ebenso unbürgerlich, weil sie ganz von dem Festhalten am Eigenen absieht. Sie hält nichts von sich selbst zurück, sondern was sie besitzt, das schenkt sie, und dadurch ist sie in ihrem Wesen unbürgerlich. Nicht leicht erfährt der Mensch die Liebe so intensiv im Leben wie in der Jugendzeit.

Sozialerziehung

Erziehung sozialer Fähigkeiten kann nicht unmittelbar in ein Unterrichtsfach gemünzt werden. Für bestimmte Fachgebiete sind definierte Unterrichtsfächer eingerichtet. Geometrie übt man im Geometrieunterricht, Englisch im Englisch-, Chemie im Chemieunterricht. Die Ausbildung sozialer Fähigkeiten geschieht anders. In einem Sozialkundeunterricht wird man zwar Erkenntnisse sozial-gesellschaftlicher Zusammenhänge, nicht aber soziales Verhalten direkt erüben können. Das hängt mit dem Problem zusammen, Individualisierung und Sozialgestaltung in Einklang zu bringen. Handeln im Sozialen muss selbstbestimmt sein. Es muss aus der freien Initiative des Individuums geschehen, kann höchstens als Regelwerk formal vermittelt werden.

Einen umfassenden Entwurf, eine Sozialerziehung in großem Stil stellt Rudolf Steiner unmittelbar vor der Gründung der Waldorfschule dar. Er weist der Erziehung damit eine entscheidende Rolle bei der Lösung der großen Gegenwartsfragen zu. In den Vorträgen *Die Erziehungsfrage als soziale Frage*[106] geht er von den Grundzügen einer altersgemäßen Pädagogik aus, die er in Siebenjahresepochen darstellt.

Von der Geburt bis zum 21. Lebensjahr werden drei angemessene Erziehungsstile geschildert: das Prinzip der Nachahmung im ersten, das der Autorität im zweiten, des selbständigen Urteilens und tätigen Interesses im dritten Jahrsiebt.[107]

Steiner geht jedoch über die positive Wirksamkeit dieser pädagogischen Qualitäten für die individuelle Entwicklung weit hinaus und stellt ihre Folgen für spätere Zeiträume im Lebenslauf des Menschen dar. Da könnten sich Nachahmung, Autorität und Weltinteresse in den Erziehungsstilen zu Freiheit, Gleichheit und Brüderlichkeit als soziale Fähigkeiten verwandeln. Der Entwicklungszusammenhang spanne sich dabei von der geübten Nachahmung im ersten Jahrsiebt zur möglichen Freiheit auf geistig-kulturellem Gebiet im sechsten Jahrsiebt, von der erlebten Autorität im zweiten zur praktikablen Gleichheit auf rechtlich-politischem Gebiet im fünften Jahrsiebt und von dem im dritten Jahrsiebt gelebten tätigen Weltinteresse zur Möglichkeit, dem Mitmenschen auf wirtschaftlichem Gebiet brüderlich gegenüberzutreten im vierten Jahrsiebt.

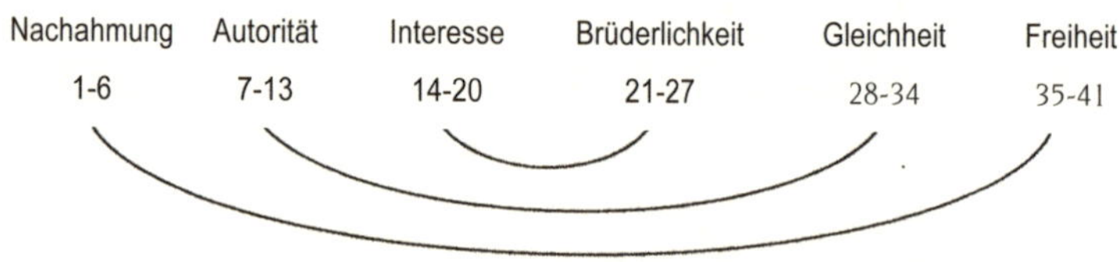

Mit den Motiven von Freiheit, Gleichheit und Brüderlichkeit werden die Ideale der Französischen Revolution ins Spiel gebracht. Sie stellen nach wie vor Ideale und keineswegs praktizierte Lebenswirklichkeit dar. Wie unerreichbare Sterne funkeln sie am fernen Horizont erträumter sozialer Realität.

Beethoven zerriss ob seiner Enttäuschung über das bonapartsche Ungenügen die Eroica, Goethe wurde von unbeschreiblichem Abscheu ergriffen, wenn er an die Wirren der Revolution dachte und Schiller erglühte in idealischem Entzücken angesichts ihrer weit reichenden Perspektiven. Den Idealen eine tragende geistige Kontur abzugewinnen, fiel und fällt außerordentlich schwer.

Liberté, Égalité, Fraternité gesellschaftlich konkret

In einer Untersuchung über «Die Entstehung der französischen Revolutionsparole Liberté, Égalité, Fraternité»[108] weist Artur Greive nach, welch unterschiedliche Bedeutung diese essentiellen Worte für das Bewusstsein der Beteiligten hatten. Öffentlich erschienen sie zum ersten Male 1790 auf den Fahnen der Föderierten vor allem des Dauphiné. Diese versammelten sich zu den großen Juli-Feierlichkeiten anlässlich der Jahrestagung des Sturmes auf die Bastille auf dem Champ-de-Mars. Den Durchbruch ihres Mottos förderte vor allem Antoine-Francois Momoro, der «premier imprimeur de la liberté», wie er sich nannte. Der 1794 guillotinierte Revolutionspolitiker soll sie bei den Vorbereitungen zu den Revolutionsfeierlichkeiten des Jahres 1791 des «Club des Cordeliers» vorgeschlagen haben, die sie auf ihre Fahnen schrieben. Er soll auch für ihre Eingravierung auf öffentliche Gebäude in Paris verantwortlich sein.

Liberté, Égalité, Fraternité kam zu diesem Zeitpunkt jedoch ein sehr unterschiedlicher Grad von Akzeptanz im politisch-sozialen Verständnis zu.

An erster Stelle stand in jeder Beziehung das Wort Liberté. Für die sozialen Schwärmer beginnt ein neues Zeitalter im Zeichen der Freiheit: 1789 ist «l'an I de la liberté», der Moniteur setzt sich zur Aufgabe, eine «science de la liberté» (erste Ausgabe vom 24. November 1789) zu begründen. An den Grenzen Frankreichs verkünden Schilder: «Ici commence le pays de la liberté». Ein gewaltiger kulturgeschichtlicher Strom mündet in das Zielwort: Liberté!

Schon die Égalité verfügte nicht über denselben tragenden Konsens. Eine «égalité naturelle» wurde am wenigsten in Frage gestellt. Von Geburt her erschien seiner natürlichen Existenz nach jeder Mensch gleich. So konnte man aus der «égalité naturelle» auch die «égalité légale» begründen. Daraus entwickelte sich das Rechtsverständnis von der Gleichbehandlung aller Menschen vor dem Gesetz.

1789 war dies noch keineswegs selbstverständlich. Man denke an das Klassenwahlrecht, in dessen Rahmen die untersten Einkommensstufen gar nicht berücksichtigt wurden, oder daran, dass den Frauen das Wahlrecht gänzlich vorenthalten blieb. Aber auch Forderungen nach einer «égalité sociale», manchmal «égalité parfaite» oder ähnlich genannt, wurden bereits erhoben. Radikale gesellschaftliche Veränderungen sollen das Glück und den Fortschritt der Menschheit garantieren. Utopische sozialistisch-kommunistische Ideen werden propagiert, die ein anderes Biennium, ein Biennium des «terreur», einleiten.

Beim dritten Element der Revolutionsideale, der «Fraternité» bleibt zu konstatieren, dass sie überhaupt keinen Eingang in irgendein Verfassungselement gefunden hat. Wenn auch in zahlreichen Hymnen und Liedern beschworen, bleibt ihre Konkretion in der gesellschaftlichen Wirklichkeit unbestimmt. Sie soll als Verpflichtung des Menschen universelle Geltung haben. Als solche erscheint sie dem analytischen Blick Artur Greives so schimär, dass er sie die «sentimentale Komponente der Revolutionsdevise» nennt.

Daraus kann deutlich werden, wie wenig selbstverständlich der Bezug der Revolutionsideale auf bestimmte Bereiche des gesellschaftlich-sozialen Lebens ist, wie ihn Rudolf Steiner mit den Ideen zur Dreigliederung des sozialen Organismus entdeckt und geschildert hat. Es liegt eine fundamentale

Leistung für das moderne soziale Leben vor, in den Idealen Freiheit, Gleichheit und Brüderlichkeit ihr eigenes Gebiet für eine fruchtbare Entwicklung des gesellschaftlichen Lebens im Geistesleben, Rechtsleben und Wirtschaftsleben entdeckt zu haben.

Was für viele inzwischen ein so selbstverständlicher Zusammenhang ist: Freiheit und Geistesleben, Gleichheit und Rechtsleben, Brüderlichkeit und Wirtschaftsleben, ist in Wahrheit eine Erkenntnis des zwanzigsten Jahrhunderts. Sie wird dargestellt in demselben zeitlichen Zusammenhang, in dem auch die Waldorfschule entsteht. Beides erhält durch die im Ersten Weltkrieg sichtbar werdende epochale Not auf allen Gebieten des Menschseins den nicht größer vorzustellenden Stellenwert.

Mit der Verknüpfung von erzieherischer und gesellschaftlicher Perspektive wird dabei jener Schritt vollzogen, der der Lösung der Antinomie von Individualisierung und Gesellschaft harrte.

Die Arbeit des Ich an den Erfahrungen der Kindheit und Jugend

Blickt man zusammenfassend auf die Beziehung von Nachahmung und Freiheit, Autorität und Gleichheit, Interesse und Brüderlichkeit, so wird bemerkbar, dass in jedem Fall zunächst ein Gegensatzpaar vorliegt, das immer seine «Symmetrieachse» im 21. Lebensjahr besitzt. Diese Symmetrieachse ist der Zeitpunkt, auf den nach drei Vorbereitungsepochen drei Erfüllungsepochen folgen können. Was ist das Geheimnis dieses Zeitpunktes? – Es ist das Geheimnis der Ich-Geburt!

Mit der mündigen Ergreifung des eigenen Schicksals durch die Ich-Geburt, beginnt der Mensch seinen Lebensweg in eigener Gestaltung zu beschreiten. Die Souveränität seines Handelns fängt an. Seine Souveränität ist aber nicht voraussetzungslos. In allen weiteren Lebensschritten begleitet ihn das zuvor Erfahrene. Die Arbeit des Ich an den Erfahrungen und Erwerbnissen von Nachahmung, Autorität und Interesse bringt verwandelnd die neuen sozialen Fähigkeiten hervor.

Interesse und Brüderlichkeit

Das Nächstliegende ist dabei das jüngst Erfahrene. Die erübte Urteilsfähigkeit wird auf die soziale Realität angewendet. Der mündig gewordene Mensch tritt handelnd in das gesellschaftliche Geschehen ein, und dort bietet sich die Chance, sozial fruchtbar einzugreifen. Die im dritten Jahrsiebt entwickelte essentielle Anteilnahme kann zur brüderlichen Geste im wirtschaftlich bestimmten Gesellschaftsprozess werden.

Ebenso wie die Begriffspaare Nachahmung/Freiheit und Autorität/Gleichheit enthält auch die Zusammenschau von Interesse und Brüderlichkeit einen scheinbaren Widerspruch. Zwar stellt Interesse immer auch Anteilnahme dar; von interessierter Anteilnahme bis zu gelebter Brüderlichkeit auf wirtschaftlich existentiellem Felde kann es aber doch ein weiter Weg sein.

Die zu erweckenden Tugenden des Jugendalters können aber durchaus den Weg zu gelebter Brüderlichkeit auf wirtschaftlichem Felde bahnen. Wer seinen Blick in die Welt zu verantwortlichem Interesse ausgebildet hat, wer sich der Welt gegenüber existentiell zu engagieren gelernt und seine Liebefähigkeit entwickelt hat, der ist bereit, wenn ihm verbindliches Handeln in der Gesellschaft zukommt, die Existenz des anderen als Wirklichkeit in sein Wirken aufzunehmen. Die praktische Konsequenz von Brüderlichkeit kann elementar auf dem Felde der Existenzsicherung des Wirtschaftslebens umgesetzt werden.

Autorität und Gleichheit

Das Aufgreifen der vorangegangenen Erfahrungen ist dem Menschen schwieriger. Was in der autoritativen Phase des zweiten Jahrsiebtes erlebt wurde, liegt dem späteren Bewusstsein nicht in derselben klaren, deutlichen Form offen, wie die Erlebnisse der Adoleszenz. Dies hängt mit der größeren zeitlichen Entfernung und dem qualitativen Unterschied der Erfahrungen zusammen. Das Urteilsvermögen entwickelt sich seiner Natur nach im wachen Bewusstsein. Im zweiten Jahrsiebt nimmt das Kind jedoch vieles durch Gewohnheit, Pflicht oder Neugier auf. Die daraus gewonnenen Fähigkeiten liegen untergründiger als das wache Urteilsvermögen. Hier geschieht Charakterbildung, deren Bedingungen erst später und mühsamer ergründet werden können. Die Umwandlung des durch Autorität Aufgenommenen zur Sozialfähigkeit der Gleichheit, gelingt daher in der Regel erst zu einem späteren Zeitpunkt.

Der Zusammenhang von Autorität und Gleichheit im rechtlichen Miteinander der Menschen erscheint selbstverständlich rätselhaft. Wie kann Autorität, die doch gerade ein Gefälle im menschlichen Verhältnis ausprägt, Voraussetzung für Gleichheit im politisch-rechtlichen Leben sein?

Der scheinbare Widerspruch löst sich auf, wenn man sich auf die humane Grundlage dieser Gleichheit besinnt. Gleich sind die Menschen in ihrer unantastbaren Würde, die ihnen unveräußerliche gleiche Rechte bezüglich ihres allgemeinen Menschseins sichert. Diese Rechtsauffassung allein bringt aber noch keine Rechtswirklichkeit. Es ist etwas anderes, von der Gleichheit der Menschen überzeugt zu sein, als die Gewährung gleicher Rechte auch tatsächlich zu praktizieren. Im Streitfall ist der Mensch doch allzuleicht geneigt, den eigenen Rechtsraum als etwas ausgedehnter anzusehen als den des Kontrahenten. Dann entstehen die «Gleicheren unter den Gleichen». Worauf es in der sozialen Wirklichkeit ankommt, das ist, Gleichheit auch tatsächlich gewähren zu können. Und diese soziale Praxis erfährt ihre Grundlage und ihre Vorstufen in der Erfahrung des Gerechtwerdens gegenüber Menschen und Dingen in der Kindheit. Die Erfahrung wesensgemäßer Autorität ist der Weg zur sozialen Fähigkeit als mündiger Mensch, Gleichheit auf rechtlich-politischem Felde verwirklichen zu können.

Nachahmung und Freiheit

Noch tiefer liegt das «Gelernte», welches während der Leibbildung im ersten Lebensjahrsiebt nach der Geburt durch Nachahmung aufgenommen wurde. Offenheit und selbstlose Hingabe sind unbewusst geübte Qualitäten, die, ergriffen durch ein erwachtes Ich, zur Voraussetzung von Freiheit als Kulturleistung im späteren Leben werden. Die Tore zur Welt bleiben offen, die Möglichkeit zu geistiger Offenheit, zu individueller Produktivität im gesellschaftlich-kulturellen Leben wird nicht durch eine belanglose, gleichgültige, banale Normierung schon in der frühen Kindheit behindert. Freiheit wird möglich.

Diese Grundlagen in mündiges, souveränes Handeln umzuwandeln, bedarf einer noch viel tieferen, intensiveren Anstrengung. Dadurch kann die im ersten Jahrsiebt geübte Nachahmung im Wandel des Lebenslaufes zur späteren Freiheit führen. So erklärt sich das Nacheinander der sozialen Tugenden im Lebenslauf als Spiegelung bestimmter pädagogischer Erfahrungen, die durch die weitere Arbeit des Menschen an sich selbst zu neuen Fähigkeiten gebildet werden.

Die innere Dynamik der Revolutionsparole

Erst heute wird ein Zusammenhang der Ideale der Französischen Revolution mit einer gesellschaftlichen Zukunft sichtbar, die bereits begonnen hat. In dem erwähnten Aufsatz geht Artur Greive dem Zauber, der Magie der Revolutionsparole nach. Als Philologe will er es ihr ersparen, «ihren ideengeschichtlichen Höhenflug mit der politischen Realität der Revolution von 1789 oder irgendeiner späteren zu konfrontieren». Zwei linguale Bedingungen aber möchte er konstatieren, die sicher ihren Erfolg bestimmt haben: «Die erste betrifft den semantischen Charakter der fraglichen Wörter. Vor allem liberté und égalité sind als Ergebnisse einer verzweigten Vorgeschichte in der Revolution vielschichtig gestaltete, unscharf konturierte und vielfältig ausdeutbare lexikalische Erscheinungen. Sie entsprechen damit ganz dem Typus des erfolgreichen, die Massen bewegenden Schlagwortes. Ein anderer Grund für den Erfolg der Revolutionsparole liegt in ihrer inhaltlichen und formalen Struktur. In der gegebenen Reihenfolge stehen die drei Termini in einer aufstrebenden Linie. Die Aussage über den Einzelnen weitet sich zu einer Aussage über die Gemeinschaft; die Steigerung von Rechten des Menschen zu seinen humanitären Verpflichtungen trägt den rhetorischen Glanz der Klimax. Der inhaltlichen Steigerung entspricht die formale: égalité und fraternité haben eine Silbe mehr als das vorausgehende liberté. Fraternité als das zuletzt genannte Glied der Devise zählt die meisten Phoneme.»[109] Wie weit entfernt formal-intellektuelle Betrachtung dem Wesen einer Sache selbst bei allernächster Nähe bleiben kann!

Tatsächlich besitzt die Revolutionsparole eine innere Bewegungsstruktur. Doch die ist nicht Ausdruck diffusen Aufstrebens, sondern nach ihren Elementen gleichermaßen verschieden und bestimmt. Kommt man diesem Geheimnis auf die Spur, so erschließt sich eine neue, tiefe Perspektive.

Wer die Formbildungsgeste denkend anschaulich verfolgt, welche im Erleben der Freiheit wirksam wird, der kann eine sich emanzipierende Bewegung erleben. Es ist die Bewegung des Selbständigwerdens, des den Eigenen-Standpunkt-Findens. Das Erheben aus der bindenden Wirkung der Schwerkraft, das Überwinden der Knechtschaft des Naturgesetzes erlebt der Mensch als Freiwerden im Aufrichten. Die Senkrechte ist das Formbild der Freiheit.

Demgegenüber hat die Gleichheit eine horizontale Bewegungstendenz. Sie zeigt nicht das Besondere, Herausgehobene des Einzelnen, sondern verbindet die Menschen durch ein Gemeinsames. Im Leben kann der Mensch nicht ohne das eine oder andere sein. Die beiden gegensätzlichen Bewegungsgesten sind ihm gleichermaßen notwendig. Wer nur die Freiheitsgeste der Senkrechten verwirklichen wollte, wäre dem Mitmenschen verloren. Wer nur die horizontale Gleichheitsgeste bilden wollte, wäre als Individuum nicht anwesend. So verbinden sich Senkrechte und Horizontale zur Voraussetzung des Sozialen in der Form des Kreuzes. Seine Lebenskrone erhält dieses Kreuz aber durch die Formgeste der Brüderlichkeit. Menschen tätig verbindend, schafft sie um seinen Mittelpunkt den Umkreis, der das Zentrum des Menschheitskreuzes mit dem der ganzen Welt verbindet.

In der Versöhnung von Individualität und Gesellschaft geschieht die Erweiterung jenes Satzes von Goethe über Natur und Tod. Bezeichnete er den Tod als Kunstgriff der Natur, viel Leben zu haben, so erweist sich das Hineinsterben der Egoität des Menschen in die Gesellschaft als Geburt seiner Ichheit und einer Gesellschaftskultur zugleich.

Mit der funktionalen Verortung der Ideale von Freiheit, Gleichheit und Brüderlichkeit in den Bereichen kulturellen Schaffens, rechtlicher Gleichbehandlung und wirtschaftlich-existentieller Solidarität ergibt sich ein fruchtbarer Ansatz für individuelle und gesamtgesellschaftliche Gestaltungsansätze.

Nach wie vor ist es dabei so, dass der Freiheit dabei eine Pilotfunktion zukommt. Sie ist es nach wie vor, an der sich die Menschenwürde entzündet und beweist. Allerdings wäre eine Freiheit nicht viel wert, die sich lediglich aus intellektuell-unverbindlichen Schattenspielen zu speisen versuchte. Freiheit ruft nach Konsequenz. Freiheit sucht auch die freie Verantwortung. Und Freiheit sucht das ungezwungene Verhältnis zu ihrem Handeln. Freiheit findet ihre Erfüllung in ungezwungener Initiative, konsequenter Verantwortung und freier Liebe zu den aufgegriffenen Projekten.

Aus dieser Überlegung findet das Erleben im gesellschaftlichen Zusammenhang unschwer zu einer bestimmten Entdeckung: alles soziale Leben ist heute ein Streben nach Befreiung des Menschen, wohlgemerkt – des ganzen Menschen. Dazu gehören alle seine gesellschaftlichen Grundbezüge. Daher kann man gleichsam als Gegenprobe zu den dargestellten Überlegungen sich die Frage vorlegen: Wie befreit man den Menschen in seiner gesellschaftlichen Existenz?

Die Antwort ist:

> Indem man ihn in seinem geistigen Leben von Vormundschaft, Autoritäten und Beschränkung befreit, die Entfaltung seiner schöpferischen Phantasie fördert und die Kraft zur Selbstbestimmung stärkt. *Im Geistesleben befreit man durch Freiheit.*
>
> Im Rechtsleben befreit man den Menschen durch die Überwindung von Diskriminierung und Ungerechtigkeit. Dabei gilt es, den Mut zur Wahrnehmung seiner menschlichen Grundrechte zu fördern. *Im Rechtsleben befreit man durch Gleichheit.*
>
> In den Aspekten der leiblichen Existenz geht es darum, dem Menschen eine Gewissheit auf die Unantastbarkeit des irdischen Daseins im Sinne einer verbürgten Grundversorgung zu vermitteln. *Im Wirtschaftsleben befreit man durch Brüderlichkeit.*

Die Befreiung des Menschen ist ebenfalls der Weg zu Gleichheit und Brüderlichkeit. Sie ist das Nadelöhr, durch welches ein Schiffstau zu fädeln ist, das sich auf dem Weg der Menschwerdung nützlich machen möchte.

Wie sehr sich die gesamte niedere Natur des Menschen gegen die angedeutete Praxis auflehnt, wird deutlich wenn man zuletzt das zweite große Gesetz des sozialen Lebens heranzieht, das Steiner in Bezug auf die gesellschaftliche Neugestaltung hin zum Menschlichen formuliert hat.

«Das Heil einer Gesamtheit von zusammenarbeitenden Menschen ist umso größer, je weniger der einzelne die Erträgnisse seiner Leistungen für sich beansprucht, das heißt, je mehr er von diesen Erträgnissen an seine Mitarbeiter abgibt, und je mehr seine eigenen Bedürfnisse nicht aus seinen Leistungen, sondern aus den Leistungen der anderen befriedigt werden.» [110]

Dieses «soziale Hauptgesetz» oder von Steiner auch so genannte «Gesetz des Sozialismus» (womit keine parteipolitische oder ideologische Identität gemeint ist), ergänzt in seiner Stoßrichtung das «soziologische Grundgesetz» oder «Gesetz des Individualismus». Individualisierung und Sozialisierung sind für ein zukunftsfähiges Selbstverständnis des Menschen keine sich ausschließenden Gegensätze mehr. Sie stellen vielmehr eine gegenseitige Ergänzung dar, die nur durch ihre atmend wechselseitige Durchdringung das menschliche Wesen in seiner Gesamtheit enthält.

Der individuelle und der gemeinschaftliche Aspekt durchdringen sich. Das eine findet im anderen seine Erfüllung. Dies denken, fühlen und verwirklichen zu können, ist der Weg auf dem die Begegnung mit dem lebendigen Menschheitsgeist wirklich geschieht.

Anmerkungen

1 Samuel P. Huntington, *Kampf der Kulturen. Die Neugestaltung der Weltpolitik im 21. Jahrhundert*, München 2002.

2 *Le Décadent*, Zeitschrift von 1886-1889, bis 1887 unter *Le Décadent littéraire et artistique* erschienen (http://fr.wikipedia.org/wiki/Le_Décadent), gegr. von Anatole Baju. Zu ihrem Mitarbeiterkreis gehörten Verlaine, Tailhade, Gheusi u.a.

3 Hermann Bahr, *Fin de Siècle*, Reprint, Nabu Press 2010.

4 Hugo von Hofmannsthal, *Sämtliche Werke*, Kritische Ausgabe, Band XXIX: Erzählungen 2, Hrsg. von Ellen Ritter, Frankfurt 1978.

5 Hugo von Hofmannsthal, *Gesammelte Werke in zehn Einzelbänden*, Band 1: Gedichte, Dramen, Hrsg. von Bernd Schoeller, Frankfurt 1979.

6 Ernst Wilhelm Lotz, *Wolkenüberflaggt*, Gedichte, München-Leipzig 1916.

7 in: Vietta/Kemper, *Expressionismus*, München 1975.

8 Gottfried Benn, *Gedichte*, Ditzingen 2000.

9 Hugo von Hofmannsthal, *Gedichte und kleine Dramen*, Bibliothek Suhrkamp 174, Frankfurt 1989.

10 Georg Trakl, *Die Dichtungen*, Berlin 1989.

11 Jakob van Hoddis, *Weltende*, Zürich 2001.

12 Karl Kraus, *Worte in Versen*, München 1959.

13 Franz Liszt in einem Brief an Olga von Meyendorff von 1883.

14 *Im Schatten Wagners: Thomas Mann über Richard Wagner.* Texte und Zeugnisse, Frankfurt 2005.

15 Theodor W. Adorno, Versuch über Wagner, in: *Die musikalischen Monographien*, Bd.13, Berlin 2003.

16 Isadora Duncan, *Memoiren*, Berlin 1992.

17 *La question de la femme*. Deutschsprachige Erstveröffentlichung in:

Paul Lafargue, *Geschlechterverhältnisse*, Hrsg. Fritz Keller, Hamburg 1995.

18 Lily Braun, *Die Frauenfrage*, Bremen 2010.

19 ebda.

20 Franziska zu Reventlow, *Sämtliche Werke in fünf Bänden*, Hamburg 2004.

21 zit. nach: Bert te Wildt (Hrsg.), *Anderswohin tragen – Erinnerung und Sehnsucht in Wissenschaft und Kunst*, Würzburg 2008.

22 Lou Andreas-Salomé, *Die Erotik. Vier Aufsätze*, Berlin 1990.

23 empfehlenswerte neuere Biografien zu Thomas A. Edison sind (jeweils in englischer Sprache):
Neil Baldwin, *Edison – Inventing the century*, Chicago 1995.
Paul Israel, *Edison – A Life of Invention*, New York 1998.

24 *New York Times* vom 19. Oktober 1931.

25 Ellen Key, *Das Jahrhundert des Kindes*, Neuenkirchen 2010.

26 *Charles Darwin – Mein Leben*, hrsg. von Nora Barlow, Berlin 2008.

27 Bernd Sösemann, Die sog. Hunnenrede Wilhelms II. Textkritische und interpretatorische Bemerkungen zur Ansprache des Kaisers vom 27. Juli 1900 in Bremerhaven. In: *Historische Zeitschrift* 222, 1976.

28 Rudolf Steiner, *Mein Lebensgang*, GA 28, S. 346, Dornach 1995.

29 zit. nach Fred Poeppig: *Rudolf Steiner – Der große Unbekannte. Leben und Werk*, Wien 1960.

30 zit. nach Vögele, *Der andere Rudolf Steiner,* Dornach 2005.

31 ebda.

32 Rudolf Steiner, *Magazin für Literatur*, Nr. 39, 30. September 1898, in: *Gesammelte Aufsätze zur Kultur- und Zeitgeschichte* 1887-1901, GA 31, S. 284, Dornach 1989.

33 Rudolf Steiner, *Methodische Grundlagen der Anthroposophie – Gesammelte Aufsätze zur Philosophie, Naturwissenschaft, Ästhetik und Seelenkunde 1884–1901*, GA 30, S. 559, Dornach 1989.

34 Rudolf Steiner, *Die Mystik im Aufgange des neuzeitlichen Geisteslebens und ihr Verhältnis zur modernen Weltanschauung*, GA 7, Dornach 1987.

– *Das Christentum als mystische Tatsache und die Mysterien des Altertums*, GA 8, Dornach 1989.

35 Rudolf Bultmann, *Das Urchristentum im Rahmen der antiken Religionen*, Mannheim 2000.

36 Erich Gräßer, *Das Problem der Parusieverzögerung in den synoptischen Evangelien und in der Apostelgeschichte*, Berlin 1960.

37 siehe Anm. 28, Seite 367.

38 siehe Anm. 28, Seite 366.

39 siehe Anm. 28, Seite 366.

40 Karl Barth, *Kirchliche Dogmatik,* Zürich 1993.

41 zit. nach: Michael Trowitzsch, *Karl Barth heute*, Göttingen 2007.

42 Alcyone, *Zu Füßen des Meisters*, Graz 1971.

43 Mary Lutyens, *Krishnamurti – Jahre des Erwachens. Eine Biographie*, Augsburg 1986.

44 Notizen von Marie Steiner zum Vortrag vom 12. 1. 1910 in Stockholm. Rudolf Steiner Nachlassverwaltung, Archiv-Nr. 2140.

45 Rudolf Steiner, Novalis und die Geisteswissenschaft, 23. Januar 1910, in: *Wege und Ziele des geistigen Menschen*, GA 125, Dornach 1992.

46 ebda.

47 Rudolf Steiner, *Wie erlangt man Erkenntnisse der höheren Welten?*, Kontrolle der Gedanken und Gefühle, GA 10, Dornach 1993.

48 Rainer Maria Rilke, *Duineser Elegien,* Die erste Elegie, Berlin 1975.

49 siehe Anm. 28, Seite 366.

50 *Römisches Recht*, Berlin 1991.

51 Pupul Jayakar, *Krishnamurti. Ein Leben in Freiheit: Die autorisierte Biographie*, Frankfurt 2003.

52 Jiddu Krishnamurti, *Song of life,* 1931.

53 Rudolf Steiner, *Wahrspruchworte*, GA 40, Dornach 2005.

54 Heraklit, *Fragmente*, B 30, Zürich und München, [13]2004.

55 Léopold Sédar Senghor, Négritude und Humanismus in: *Europäische Gesellschaft. Grundlagen und Perspektiven*, Wiesbaden 2005.

56 Arnold Sommerfeld, *Atombau und Spektrallinien*, Nachdruck 8. Aufl., Verlag Harri Deutsch, Thun 1978, Vorwort der 1. Auflage (1919).

57 Wolfgang Kayser, *Kleine deutsche Versschule*, (Uni-Taschenbücher S), 27. unv. Nachdr. 2009.
58 Conrad Ferdinand Meyer, *Sämtliche Gedichte*, Ditzingen 1986.
59 Marc Aurel, *Selbstbetrachtungen*, Wiesbaden 2004.
60 Seneca, *Glück und Schicksal*, Ditzingen 2009.
61 Platon, *Apologie des Sokrates*, Ditzingen 1986.
62 Immanuel Kant, *Deines Lebens Sinn, Eine Auswahl aus dem Gesamtwerk*, Zürich 2004.
63 Angelus Silesius, *Cherubinischer Wandersmann*, Ditzingen 1986.
64 *Das Leben des Diogenes von Sinope – erzählt von Diogenes Laertios*, Zürich 2009.
65 Anders Österling, «Ales Stenar» in: *Tonen fran havet*, 1933, eigene Übersetzung.
66 Immanuel Kant, *Praktische Vernunft. Grundlegung zur Metaphysik der Sitten*, Berlin 2000.
67 Brüder Grimm, *Kinder- und Hausmärchen*, Ditzingen 2001.
68 *Das Gilgamesch-Epos*, Ditzingen 2009.
69 Friedrich Schiller, *Sämtliche Gedichte und Balladen*, Berlin 2005.
70 siehe Anm. 67.
71 Rudolf Steiner, *Die Konstitution der Allgemeinen Anthroposophischen Gesellschaft und der Freien Hochschule für Geisteswissenschaft*, Die Neugestaltung der Anthroposophischen Gesellschaft durch die Weihnachtstagung 1923. 19 Briefe an die Mitglieder, Seite 34 f., GA 260a, Dornach 1987.
72 zit. nach «Wulfila» von Friedrich Vogt in: *Allgemeine Deutsche Biographie*, herausgegeben von der Historischen Kommission bei der Bayerischen Akademie der Wissenschaften, Band 44, 1898.
73 *Gotisches etymologisches Wörterbuch: Mit Einschluss der Eigennamen und der gotischen Lehnwörter im Romanischen*, Heidelberg 2002.
74 Die gotische Bibel Bd. 1 und 2, *Gotisch-Griechisch-Deutsches Wörterbuch*, Heidelberg 2000.
75 Alfred Lichtenstein, *Gedichte*, Zürich 1989.
76 siehe Anm. 63.

77 Rainer Maria Rilke, *Sämtliche Werke*, Band 1, Hrsg. vom Rilke-Archiv, Frankfurt 1955.

78 Rudolf Steiner, *Die Weihnachtstagung zur Begründung der Allgemeinen Anthroposophischen Gesellschaft 1923/24*, GA 260, Dornach 1994.

79 *Ulfilas oder die uns erhaltenen Denkmäler der Gotischen Sprache: Text, Grammatik, Wörterbuch*, Boston 2010.

80 Rudolf Steiner, *Die Naturwissenschaft und die weltgeschichtliche Entwickelung der Menschheit seit dem Altertum*, 15. Mai 1921, S. 41 ff., GA 325, Dornach 1989.

81 Andreas Gryphius, *Gedichte*, Ditzingen 1986.

82 Johann Wolfgang von Goethe, *Sämtliche Werke nach Epochen seines Schaffens*, Band 2.2: Erstes Weimarer Jahrzehnt 1775-1786. 2. Teil Naturwissenschaftliche Schriften, Hrsg. von H. Schlaffer u. a., München 1987.

83 Friedhelm Mennekes, *Beuys zu Christus. Eine Position im Gespräch*, Stuttgart 1989.

84 Die Sonette an Orpheus, Zweiter Teil, I in: Rainer Maria Rilke, *Duineser Elegien. Die Sonette an Orpheus*, Zürich 2000.

85 Albert Einstein, *The Human Side*, Princeton University Press 1979.

86 Wilhelm Dilthey, *Der Aufbau der geschichtlichen Welt in den Geisteswissenschaften*, Berlin 1981.

87 siehe Anm. 20.

88 Rudolf Steiner, *Die Methodik des Lehrens und die Lebensbedingungen des Erziehens*, 5. Vortrag, 11. April 1924, GA 308, Dornach 1986.

89 Fjodor Dostojewski, *Tagebuch eines Schriftstellers*, Berlin 2003.

90 Christian Morgenstern, *Stufen*, München 1918.

91 Rudolf Steiner, Im Anbruch des Michael-Zeitalters, 17. August 1924 in: *Anthroposophische Leitsätze*, GA 26, Dornach 1998.

92 Rudolf Steiner, *Die Geheimnisse der Schwelle*, 5. Vortrag, 28. August 1913, GA 147, Dornach 1997.

93 Johannesevangelium, 14,6

94 Johann Wolfgang von Goethe, «Zahme Xenien» IX.

95 Rudolf Steiner, *Die Philosophie der Freiheit*, 5. Kap., GA 4, Dornach 1995.

96 zit. nach Peter Hoeres, Dum-Dum-Geschosse aus Tinte. Der politische Publizist Ludwig Stein und der Erste Weltkrieg, in: *Newsletter Arbeitskreis Militärgeschichte*, Historisches Institut Universität Bern, Oktober 2004.

97 Ludwig Stein, *Die soziale Frage im Lichte der Philosophie*, Stuttgart 1897.

98 Ludwig Stein, *Wesen und Aufgabe der Soziologie*, Stuttgart 1923.

99 Kurt Röttgers, *Kategorien der Sozialphilosophie*, Berlin 2002.

100 Rudolf Steiner, *Magazin für Literatur*, Berlin, 16., 23. und 30. Juli 1898, in: *Gesammelte Aufsätze zur Kultur- und Zeitgeschichte 1887 – 1901*, GA 31, Dornach 1989.

101 siehe Anm. 100, alle Zitate aus den genannten Aufsätzen, S. 247-262.

102 Allgemeines Gleichbehandlungsgesetz (AGG), Stand vom 5.2.2009.

103 Individuelle Förderung, Veröffentlichung des Hessischen Kultusministeriums, 2010.

104 Rudolf Steiner, *Die Kernpunkte der Sozialen Frage*, Vorrede und Einleitung zum 41. – 80. Tausend, GA 23, Dornach 1976.

105 Rudolf Steiner, Freie Schule und Dreigliederung, in: *Aufsätze über die Dreigliederung des sozialen Organismus und zur Zeitlage 1915-1921*, GA 24, Dornach 1982.

106 Rudolf Steiner, *Die Erziehungsfrage als soziale Frage*, GA 296, Dornach 1979.

107 Rudolf Steiner, «Die Erziehung des Kindes vom Gesichtspunkt der Geisteswissenschaft», in: GA 34, Dornach 1987.

108 In: *Dt. Vierteljahrsschrift für Literaturwissenschaft und Geistesgeschichte* (DVjs), Heft 43 (1969).

109 siehe Anm. 108.

110 Rudolf Steiner, «Geisteswissenschaft und soziale Frage», in: *Lucifer-Gnosis*, GA 34, Dornach 1987.

Literaturverzeichnis

Theodor W. Adorno, Versuch über Wagner, in: *Die musikalischen Monographien*, Bd.13, Berlin 2003.

Allgemeines Gleichbehandlungsgesetz (AGG), Stand vom 5.2.2009, Veröffentlichungen des Bundesministeriums der Justiz.

Lou Andreas-Salomé, *Die Erotik. Vier Aufsätze*, Berlin 1990.

Alcyone (Krishnamurti/Leadbeater), *Zu Füßen des Meisters*, Graz 1971.

Hermann Bahr, *Fin de Siècle*, Reprint, Nabu Press 2010.

Neil Baldwin, *Edison - Inventing the century*, Chicago 1995.

Karl Barth, *Kirchliche Dogmatik*, Zürich 1993.

Gottfried Benn, *Gedichte*, Ditzingen 2000.

Lily Braun, *Die Frauenfrage*, Bremen 2010.

Rudolf Bultmann, *Das Urchristentum im Rahmen der antiken Religionen*, Mannheim 2000.

Charles Darwin. Mein Leben, hrsg. von Nora Barlow, Berlin 2008.

Wilhelm Dilthey, *Der Aufbau der geschichtlichen Welt in den Geisteswissenschaften*, Berlin 1981.

Das Leben des Diogenes von Sinope: erzählt von Diogenes Laertios, Zürich 2009.

Fjodor Dostojewski, *Tagebuch eines Schriftstellers*, Berlin 2003.

Isadora Duncan, *Memoiren*, Berlin 1992.

Albert Einstein, *The Human Side* 1979, Princeton University Press.

Das Gilgamesch-Epos, Ditzingen 2009.

Johann Wolfgang von Goethe, *Die Schiller-Goethe'schen Xenien*, London 2010.

Johann Wolfgang von Goethe, *Sämtliche Werke nach Epochen seines Schaffens.* Band 2.2, Naturwissenschaftliche Schriften, Hrsg. von H. Schlaffer u.a., München 1987.

Die gotische Bibel, Bd. 1 und 2, *Gotisch-Griechisch-Deutsches Wörterbuch,* Heidelberg 2000.

Gotisches etymologisches Wörterbuch: Mit Einschluss der Eigennamen und der gotischen Lehnwörter im Romanischen, Heidelberg 2002.

Erich Gräßer, *Das Problem der Parusieverzögerung in den synoptischen Evangelien und in der Apostelgeschichte*, Berlin [2]1960.

Artur Greive, Die Entstehung der französischen Revolutionsparole Liberté, Egalité, Fraternité, in: *Dt. Vjschr. für Literaturwissenschaft und Geistesgeschichte,* Heft 43 (1969).

Brüder Grimm, *Kinder- und Hausmärchen,* Ditzingen 2001.

Andreas Gryphius, *Gedichte,* Ditzingen 1986.

Heraklit, *Fragmente,* B 30, Zürich und München, [13]2004.

Veröffentlichung des Hessischen Kultusministeriums zu den Lehrplänen der staatlichen Bildungseinrichtungen, «Individuelle Förderung», 2010.

Georg Heym, *Dichtungen,* München 1922.

Jakob van Hoddis, *Weltende,* Zürich 2001.

Peter Hoeres, Dum-Dum-Geschosse aus Tinte. Der politische Publizist Ludwig Stein und der Erste Weltkrieg, in: *Newsletter Arbeitskreis Militärgeschichte,* Historisches Institut Universität Bern, Oktober 2004.

Hugo von Hofmannsthal, *Sämtliche Werke,* Kritische Ausgabe, Frankfurt 1978.

Hugo von Hofmannsthal, *Gesammelte Werke in zehn Einzelbänden,* Frankfurt 1979.

Hugo von Hofmannsthal, *Gedichte und kleine Dramen,* Frankfurt 1989.

Samuel P. Huntington, *Kampf der Kulturen. Die Neugestaltung der Weltpolitik im 21. Jahrhundert,* München 2002.

Paul Israel, *Edison – A Life of Invention,* New York 1998.

Pupul Jayakar, *Krishnamurti. Ein Leben in Freiheit: Die autorisierte Biographie,* Frankfurt 2003.

Immanuel Kant, *Die drei Kritiken,* Berlin 1995.

Immanuel Kant, *Praktische Vernunft. Grundlegung zur Metaphysik der Sitten,* Berlin 2000.

Immanuel Kant, *Deines Lebens Sinn, Eine Auswahl aus dem Gesamtwerk,* Zürich 2004.

Wolfgang Kayser, *Kleine deutsche Versschule* (Uni-Taschenbücher S), 27., unv. Nachdr. 2009.
Ellen Key, *Das Jahrhundert des Kindes*, Neuenkirchen 2010.
Karl Kraus, *Worte in Versen*, München 1959.
Jiddu Krishnamurti, *Song of life*, 1931.
Paul Lafargue, *Geschlechterverhältnisse*, Hamburg 1995.
Alfred Lichtenstein, *Gedichte*, Zürich 1989.
Franz Liszt in einem Brief an Olga von Meyendorff von 1883.
Ernst Wilhelm Lotz, *Wolkenüberflaggt*, Gedichte, München-Leipzig 1916.
Mary Lutyens, *Krishnamurti – Jahre des Erwachens. Eine Biographie*, Augsburg 1986.
Thomas Mann über Richard Wagner. *Texte und Zeugnisse*, Frankfurt 2005.
Marc Aurel, *Selbstbetrachtungen*, Wiesbaden 2004.
Friedhelm Mennekes, *Beuys zu Christus. Eine Position im Gespräch*, Stuttgart 1989.
Conrad Ferdinand Meyer, *Sämtliche Gedichte*, Ditzingen 1986.
Christian Morgenstern, *Stufen*, München 1918.
New York Times vom 19. Oktober 1931, Online Archiv der New York Times.
Anders Österling, *Tonen fran havet*, 1933.
Platon, *Apologie des Sokrates*, Ditzingen 1986.
Fred Poeppig, *Rudolf Steiner – Der große Unbekannte. Leben und Werk*, Wien 1960.
Franziska zu Reventlow, *Sämtliche Werke in fünf Bänden*, Hamburg 2004.
Rainer Maria Rilke, *Die Gedichte*, Frankfurt und Leipzig 1996.
Rainer Maria Rilke, *Sämtliche Werke*, Hrsg. vom Rilke-Archiv, Frankfurt 1955.
Rainer Maria Rilke, *Duineser Elegien. Die Sonette an Orpheus*, Zürich 2000.
Römisches Recht, Berlin 1991.
Kurt Röttgers, *Kategorien der Sozialphilosophie*, Berlin 2002.
Friedrich Schiller, *Sämtliche Gedichte und Balladen*, Berlin 2005.
Léopold Sédar Senghor, Négritude und Humanismus in: *Europäische Gesellschaft. Grundlagen und Perspektiven*, Wiesbaden 2005.
Seneca, *Glück und Schicksal*, Ditzingen 2009.
Angelus Silesius, *Cherubinischer Wandersmann*, Ditzingen 1986.

Bernd Sösemann, Die sog. Hunnenrede Wilhelms II. Textkritische und interpretatorische Bemerkungen zur Ansprache des Kaisers vom 27. Juli 1900 in Bremerhaven. In: *Historische Zeitschrift*, Nr. 222, 1976.

Arnold Sommerfeld, *Atombau und Spektrallinien*, Nachdruck 8. Aufl., Verlag Harri Deutsch, Thun 1978, Vorwort der 1. Auflage (1919).

Ludwig Stein, *Die soziale Frage im Lichte der Philosophie*: Vorlesungen über Sozialphilosophie und ihre Geschichte, New York 2005.

Ludwig Stein, *Wesen und Aufgabe der Soziologie*, Stuttgart ⁴1923.

Marie Steiner, Notizen zum Vortrag vom 12.1.1910 in Stockholm. Rudolf Steiner Nachlassverwaltung, Archiv-Nr. 2140.

Rudolf Steiner, *Grundlinien einer Erkenntnistheorie der Goetheschen Weltanschauung, mit besonderer Rücksicht auf Schiller*, GA 2, Dornach 2003.

Rudolf Steiner, *Die Philosophie der Freiheit*, GA 4, Dornach 1995.

Rudolf Steiner, *Die Mystik im Aufgange des neuzeitlichen Geisteslebens und ihr Verhältnis zur modernen Weltanschauung*, GA 7, Dornach 1987.

Rudolf Steiner, *Das Christentum als mystische Tatsache und die Mysterien des Altertums*, GA 8, Dornach 1989.

Rudolf Steiner, *Wie erlangt man Erkenntnisse der höheren Welten?*, GA 10, Dornach 1992.

Rudolf Steiner, *Die Kernpunkte der Sozialen Frage*, GA 23, Dornach 1976.

Rudolf Steiner, *Aufsätze über die Dreigliederung des sozialen Organismus und zur Zeitlage 1915-1921*, GA 24, Dornach 1982.

Rudolf Steiner, Im Anbruch des Michael-Zeitalters, 17. August 1924, in: *Anthroposophische Leitsätze*, GA 26, Dornach 1998.

Rudolf Steiner, *Mein Lebensgang*, GA 28, Dornach 1995.

Rudolf Steiner, *Methodische Grundlagen der Anthroposophie – Gesammelte Aufsätze zur Philosophie, Naturwissenschaft, Ästhetik und Seelenkunde 1884-1901*, GA 30, Dornach.

Rudolf Steiner, *Magazin für Literatur*, in: *Gesammelte Aufsätze zur Kultur- und Zeitgeschichte 1887-1901*, GA 31, Dornach 1989.

Rudolf Steiner, «Die Erziehung des Kindes vom Gesichtspunkt der Geisteswissenschaft», in: GA 34, Dornach 1987.

Rudolf Steiner, «Geisteswissenschaft und soziale Frage» in: GA 34, Dornach 1987.

Rudolf Steiner, *Wahrspruchworte*, GA 40, Dornach 2005.

Rudolf Steiner, *Der Christus-Impuls und die Entwicklung des Ich-Bewusstseins*, GA 116, Dornach 2006.

Rudolf Steiner, *Das Ereignis der Christus-Erscheinung in der ätherischen Welt*, GA 118, Dornach 1984.

Rudolf Steiner, *Makrokosmos und Mikrokosmos*, GA 119, Dornach 1988.

Rudolf Steiner, Novalis und die Geisteswissenschaft, in: *Wege und Ziele des geistigen Menschen*, GA 125, Dornach 1992.

Rudolf Steiner, *Die Geheimnisse der Schwelle*, 28. August 1913, GA 147, Dornach 1997.

Rudolf Steiner, *Die Weihnachtstagung zur Begründung der Allgemeinen Anthroposophischen Gesellschaft 1923/24*, GA 260, Dornach 1994.

Rudolf Steiner, *Die Konstitution der Allgemeinen Anthroposophischen Gesellschaft und der Freien Hochschule für Geisteswissenschaft*, GA 260a, Dornach 1987.

Rudolf Steiner, *Die Erziehungsfrage als soziale Frage*, GA 296, Dornach 1979.

Rudolf Steiner, *Die Methodik des Lehrens und die Lebensbedingungen des Erziehens*, GA 308, Dornach 1986.

Rudolf Steiner, *Die Naturwissenschaft und die weltgeschichtliche Entwickelung der Menschheit seit dem Altertum*, GA 325, Dornach 1989.

Georg Trakl, *Die Dichtungen*, Berlin 1989.

Michael Trowitzsch, *Karl Barth heute*, Göttingen ^{11}2007.

Ulfilas oder die uns erhaltenen Denkmäler der Gotischen Sprache: Text, Grammatik, Wörterbuch, Boston 2010.

Vietta/Kemper, *Expressionismus*, München 1975.

Wolfgang G. Vögele, *Der andere Rudolf Steiner*, Dornach 2005.

Friedrich Vogt, «Wulfila», *Allgemeine Deutsche Biographie*, herausgegeben von der Historischen Kommission bei der Bayerischen Akademie der Wissenschaften.

Bert te Wildt, *Anderswohin tragen – Erinnerung und Sehnsucht in Wissenschaft und Kunst*, Würzburg 2008.